# Kraft aus der Seele
Meditative Texte für jeden Tag

Hrsg. Edition NAAM

# KRAFT
## AUS DER SEELE

Meditative Texte
für jeden Tag

EDITION
**NAAM**

Die Deutsche Bibliothek - CIP Einheitsaufnahme
Ein Titeldatensatz für diese Publikation ist bei
der Deutschen Bibliothek erhältlich

Auszugsweise Übersetzungen englischer Originaltexte von Sant Kirpal Singh und Baba Sawan Singh und Ausschnitte aus deutschen Veröffentlichungen der Edition Naam von Sant Thakar Singh und Sant Kirpal Singh und anderen Sant Mat Veröffentlichungen.

© 2003 Edition NAAM, Augsburg
www.edition-naam.com

Alle Rechte, auch das des auszugsweisen Nachdrucks,
der photomechanischen Wiedergabe
und der Speicherung auf Datenträgern, vorbehalten.

Druck und Bindung: Athesia Druck, Bozen

ISBN: 3-930103-46-X

# Vorwort

„Ein Gramm Praxis ist mehr wert als Tonnen von Theorie." Dieser Ausspruch eines großen Meditationslehrers erinnert uns, daß Spiritualität zuallererst darin besteht, sich praktisch mit ihr zu beschäftigen. Nur dadurch gewinnen wir eigene Erfahrungen und können schrittweise den Sinngehalt dessen, was wir lesen und hören, selber erfahren. Nur so können wir innerlich wachsen.

Weshalb dann aber ein Buch mit spirituellen Texten, wie in dem vorliegenden Band? Nun, er soll uns erinnern, welche Schätze in jedem von uns ruhen, welche großartigen Lebenshorizonte sich auftun, wenn wir nicht nur der äusseren, sondern auch der inneren Welt unsere Aufmerksamkeit schenken:

> *„Selbst wenn man alle Berge zu Tintenpulver zerriebe*
> *und mit den Fluten der Ozeane vermischte;*
> *wenn man alle Wälder zu Schreibfedern machte*
> *und die ganze Erde eine Fläche von Papier würde:*
> *selbst dann könnte die Herrlichkeit Gottes oder ‚Naam',*
> *die sich zum Ausdruck bringende Kraft*
> *Gottes, nicht beschrieben werden."*

Sahjobai

Es ist wie mit einem Mittagessen, von dem uns erzählt wird. Es stellt keinen Ersatz für eine selbst genossene Mahlzeit dar. Dennoch kann allein das Hören darüber unseren Appetit anregen, uns neugierig machen, uns ermutigen und die Aufmerksamkeit auf etwas lenken, was sonst verborgen oder unbeachtet geblieben wäre.

Dieses Buch enthält Ausschnitte aus den uralten Lehren des Sant Mat, des ‚heiligen Pfades', die von der Rückverbindung des Menschen mit seinem Ursprung, seiner unvergänglichen Seele und deren ewiger Heimat, Gott, sprechen. Das innere Licht und der innere Ton, welche die ersten Offenbarungen der Gotteskraft und die lebendige Quelle der Schöpfung sind, zeigen den Weg. So läßt sich die alte Weisung des „Mensch, erkenne dich selbst" für jeden verwirklichen.

Jeden Tag zur Hand genommen, möchte dieser Band uns anregen, selber nach innen zu gehen und dort den eigenen Mittelpunkt zu finden. Er stellt einen Impuls dar, sich der Quelle des Lebens zuzuwenden und aus ihr zu schöpfen. Unser ganzes Sein wird dann erfüllt von Liebe, Bewußtsein, Größe, Schönheit und Kraft des inneren Seins.

Jeder Atemzug, jeder Tag und jedes Jahr sind ein ‚kleines Leben' innerhalb der uns zugemessenen Lebensspanne. Wenn wir nicht nur dem äußeren, sondern auch dem inneren Leben Raum geben, wachsen wir spirituell und entwickeln uns zu Menschen voller Achtung, Mitgefühl und Liebe für unsere Mitmenschen und die Schöpfung und verwirklichen so das Ziel unseres Lebens.

*Achte gut auf diesen Tag,*
*denn er ist das Leben –*
*das Leben allen Lebens.*

*In seinem kurzen Ablauf*
*liegt alle Wirklichkeit und*
*Wahrheit des Daseins.*
*Die Wonne des Wachsens,*
*die Größe der Tat,*
*die Herrlichkeit der Kraft –*

*Denn das Gestern ist nichts*
*als ein Traum*
*und das Morgen nur eine Vision.*

*Das Heute jedoch – recht gelebt –*
*macht jedes Gestern*
*zu einem Traum voller Glück*
*und jedes Morgen*
*zu einer Vision voller Hoffnung.*

*Darum achte gut auf diesen Tag!*


Sinnspruch aus dem Sanskrit

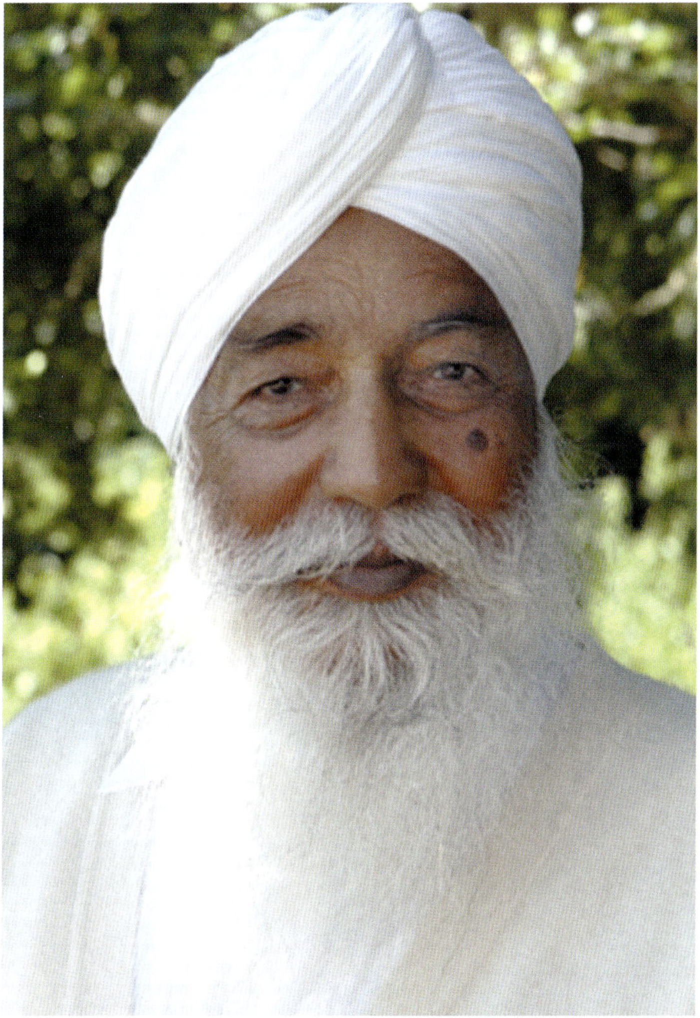

Sant Thakar Singh

# Nehmt euch ein Ziel vor

Nehmt euch für das neue Jahr ein Ziel vor, dann werdet ihr es erreichen. Schließlich waren jene, die Gott fanden, auch Menschen. Oder glaubt ihr, sie fielen vom Himmel herab? Sie wurden auf die gleiche Weise geboren wie ihr oder ich.

Zwei Schüler waren auf dem Weg zur Schule und hatten sich verspätet. Einer fing an zu beten und lief. Der andere setzte sich an den Wegrand und betete: „Gott, lass mich rechtzeitig ankommen." Welcher von beiden wird ankommen? Der erste läuft, und vielleicht wird er vier oder fünf Minuten zu spät kommen. Aber der, welcher am Wegrand sitzt und betet: „O Gott ..." – das genügt nicht.

Wenn Gott sieht, dass ihr eilt, dann wird Er euch den notwendigen Auftrieb geben und euch helfen.

1. Januar

# Ein Quell des Friedens
# und der Freude sein

Aus einer Quelle sprudelt unaufhörlich Wasser und dennoch geht ihr nichts ab. Diese Fülle an Wasser wird von so vielen Menschen gebraucht, die durstig sind, die ihre Gärten und Felder bewässern oder ihr Vieh tränken. Der Quelle fällt es nicht schwer zu geben – es ist ihr Wesen.

In gleicher Weise werdet auch ihr ein Quell des Friedens und der Freude sein, ein wunderbares Schatzhaus. Ihr seid keine Bittenden, braucht nichts von irgend jemandem zu erfragen, sondern könnt zu allen freigiebig sein. Das entspricht dem Menschen.

Ihr seid nicht Körper, sondern die Quelle liegt in eurem Inneren und ist euer eigenes Selbst.

# Sein Geld ehrlich verdienen

Wir sollten auf eigenen Beinen stehen, seht ihr: seid von niemandem abhängig.

Ein Heiliger betete: „O Gott, gib mir, dass ich auf eigenen Beinen stehen kann. Wenn ich von anderen abhängig sein muss, ist es besser, Du nimmst meine Seele aus dem Körper." Von anderen abhängig zu sein, ist ein schlimmes Verbrechen, alles Üble findet Einlass. Wir müssen also einen ehrlichen Verdienst haben. Alle Meister haben sich darauf bezogen.

Guru Nanak sagte: „Wer sein Geld ehrlich verdient und es mit anderen teilt, ein solcher Mensch allein kann Gott erkennen." Alles Geld, das wir auf unehrliche Weise verdienen, wird natürlich bewirken, dass sich diese Unehrlichkeit in uns einschleicht. Wenn das Geld auf ehrliche Weise verdient wird, dann werdet ihr eine gewisse Ruhe – einen gewissen Frieden finden.

3. Januar

# Wie ein Fisch im Wasser

Der Meister sagt: „Kommt zu mir, denn ich bin für euch da! Ich liebe euch, und ihr könnt mich lieben. Meine Liebe ist so groß und stark, dass ihr euch darin verlieren könnt wie ein Fisch im Wasser. Er schwimmt hierhin und dorthin in einem Meer, so weit und endlos wie der Pazifische Ozean. Er lebt in diesem weiten Meer und schwimmt und schwimmt immer weiter, ohne je auf eine trockene Stelle zu stoßen. Überall ist nur Wasser und Wasser, nichts als Wasser.

Die Seele erfreut sich wie der Fisch und ist selig wie er. Sie schwelgt in diesem großen Ozean aus Liebe, Licht, Leben und nochmals Liebe – nichts anderem.

Auch die Seele ist Liebe, und so vermischt sich Liebe mit Liebe, und beide werden zu einer einzigen Liebe. Es sind nicht mehr zwei Energien, sondern eine einzige. Auf diese Weise könnt ihr leben."

# Weltflucht

Ein Schüler glaubt, dass man seinen spirituellen Weg leichter gehen kann, wenn man sich von der Welt zurückzieht.

Der Meister widerspricht: „Wir sollten die Welt nicht verlassen. In der Welt können wir besser lernen, mit dem Leben zurechtzukommen und Gott zu finden. Diejenigen, die der Welt den Rücken kehren, haben diese zwar hinter sich gelassen, aber sie können nichts in sie hinaustragen, verstehst du? Es ist also gut, dass wir in der Welt leben und feststellen, wo wir stehen."

# König Akbar und die beiden Schnüre

Es war einmal ein indischer König namens Akbar. Dieser König spannte eine Schnur und erklärte seinen Zuhörern, dass diese Schnur verkürzt werden sollte, ohne sie abzuschneiden oder zu biegen. Da fragte sich jeder, wie die Leine verkürzt werden könnte, wenn sie nicht zerschnitten und nicht gebogen werden sollte?

Schließlich erhob sich einer seiner weisesten Minister und spannte eine längere Schnur daneben. Die erste Schnur erschien nun kürzer. Sie wurde nicht gebogen, sie wurde nicht zertrennt, aber sie wurde kürzer.

In ähnlicher Weise sollt ihr die Meinung eines anderen nicht beschneiden noch verbiegen, sondern eure eigene Schnur spannen – eine lange Schnur. Erzählt ihnen über das Große und Schöne, das ihr selber habt, und sprecht immer wieder davon.

# Selbstbeherrschung ist notwendig

Wenn ihr den Körper verlasst, verändert ihr euch nicht. Ihr bleibt das, was ihr jetzt seid. Nachdem ihr den Körper verlassen habt, könnt ihr kein Gelehrter mehr werden. Wenn ihr an der Welt hängt, während ihr in ihr lebt, wird eure Aufmerksamkeit noch in der Welt sein, selbst wenn ihr den Körper verlassen habt. Wohin geht ihr also? Dorthin, wo ihr gebunden seid. Woran sollen wir uns binden? Die Seele ist eine bewusste Wesenheit, sie sollte sich schon im Leben mit der Überseele verbinden, die vollkommene Bewusstheit ist. Dann hängt ihr nicht mehr an der Welt, obwohl ihr noch in ihr lebt. Ihr seid in der Welt und doch nicht von ihr. Wenn ihr den Körper verlasst, eilt ihr zu Füssen des Herrn. Wir müssen also alle nach außen fließenden Energien beherrschen. Wir sollten fähig sein, sie zu gebrauchen, wenn es nötig ist und uns nicht nach außen ziehen lassen.

Ihr müsst erkennen, woran ihr hängt. Durch die Gnade Gottes erhaltet ihr eine innere Verbindung. Ihr seht das Licht Gottes in euch und hört den Tonstrom. Wenn ihr ihm eure ganze Aufmerksamkeit zuwendet, wird er euch magnetisch nach oben ziehen. Selbst wer eine innere Verbindung mit dem Herrn erhalten hat, wird sie verlieren, wenn er nicht Selbstbeherrschung übt. Nur wenn ihr euch selbst beherrscht, könnt ihr eure Aufmerksamkeit lenken, wohin immer ihr wollt.

# Universelle Liebe finden

Seid ihr wirklich mit Gott verbunden, wird alles euer eigenes Selbst sein. „Liebe deinen Nächsten wie dich selbst und liebe deine Feinde." Ihr werdet alles und jeden lieben. Das wird universelle Liebe sein, eure wahre Liebe.

Dann seid ihr nicht davon abhängig, ob euch jemand mag oder nicht. Eure eigene Liebe wird von selbst in jedem von euch in Erscheinung treten. Ihr seid nicht darauf angewiesen, dass euch jemand liebt und ihr euch geliebt fühlt. Falls der andere nichts von euch wissen will, fühlt ihr euch nicht zurückgewiesen und niedergeschlagen. Gott ist in euch und in jedem und ihr erfreut euch an der Liebe Gottes, an der Liebe aller anderen und an eurer eigenen Liebe. Alle sind eins.

Das ist der wahre Lebensstil, mit dem der Mensch gesegnet ist.

# Eile herbei, denn ich bin schwach

*Mein liebender Vater, ich brauche Dich, ohne Dich kann ich nichts vollbringen. Eile herbei, denn ich bin schwach, ohne Dich bin ich ein Versager in dieser Welt. In Deiner Barmherzigkeit verleihe mir die heilige Verbindung mit Naam.*
*Umringt von Verwandten wie von einem Feuerkreis, hält mich diese Welt unerbittlich gefangen; Zweifel und Bindungen sind mein Los. Umhüllt von der Finsternis meiner Unwissenheit erleide ich höllische Qualen.*
*Einem verlassenen Schiff komme ich gleich, führungslos ausgeliefert dem Meer; hilflos tanze ich auf den Wellen meines Seins. Freude und Schmerz, Seligkeit und Kummer reichen sich abwechselnd die Hand.*
*Eine unkontrollierbare Gier nach Besitz hält mein Gemüt beständig gefangen; niemals ist es mir vergönnt, zufrieden zu sein. Wie besessen bin ich von dieser Begierde.*
*An Untugend und Laster bin ich unheilbar erkrankt. Die fünf Feinde des Menschen sind meine ständigen Begleiter: Lust, Gier, Ärger, Bindung und Ego werden sie genannt. Dämonen gleich, haben sie Macht über mich, sie zu überwinden, liegt außerhalb meiner Kraft.*
*Mein Gott, alle Seelen gehören allein Dir. Du bist der Herr aller Kreatur, und auch jeder weltliche Reichtum ist Dein.*
*Begreife, o Mensch, wie nahe dein Schöpfer dir ist.*

Arjun Dev, 675

9. Januar

# Hilfreiches auf dem Weg

Fühle dich in keiner Weise entmutigt, sondern wende dich mit liebevoller Hingabe deinen Meditationen zu. Alle gütige Hilfe und Führung werden dir von oben zukommen.

Die Ichsucht ist wirklich ein großer Feind des geistigen Fortschritts auf dem Pfad. Liebe für den Meister gleicht dem Feuer in einem Ziegelofen. Bläst man es aus, anstatt es brennen zu lassen, erhalten die Ziegel nicht die nötige Festigkeit. So ist es auch bei allen geistigen Dingen. Die Schüler sollten die Liebe zu ihrem Meister bewahren und bei sich behalten, so dass sie in Ruhe vorwärtskommen.

Dein Rat, keinen Augenblick mit wertlosen Dingen zu vergeuden, sondern aus der ihnen zur Verfügung stehenden kostbaren Zeit Nutzen zu ziehen, damit sie spirituell Fortschritte machen, ist sehr gut. Doch die Welt ist voll von Menschen aller Art, und du musst ihnen so freundlich und liebenswürdig wie möglich begegnen.

# Der Duft der Meditationen

Wenn ihr meditiert, gelangt ihr zur Quelle eurer Kraft, und das wird euch weiterhelfen. Wenn ihr über einen Markt voller Wohlgerüche geht und einem Duft folgt, werdet ihr diesen nur so lange genießen können, wie ihr euch dort aufhaltet. Nehmt ihr aber davon ein Fläschchen mit nachhause, so wird es euch den Duft bewahren, selbst wenn ihr den Markt verlasst.

Meditieren bedeutet, dass wir eine Zeitlang auf dem Markt sind und etwas von dort mitnehmen, woran wir uns auch in anderen Stunden erfreuen können. Falls der äußere Schmutz nicht zu groß ist, können wir den inneren Duft genießen, er muss nur stärker als der schlechte Geruch von außen sein. Treten wir aber mit der äußeren Welt in Beziehung und trennen uns vom inneren Duft, dann wirkt die Welt störend.

Ihr werdet, wenn ihr ein bis zwei Stunden am Morgen meditiert habt, auch festgestellt haben, dass die Morgenstunden dazu geeigneter sind. Dagegen sind die Nachmittagsstunden dafür beschwerlicher. Euer Gemüt ist zerstreuter, fühlt sich friedlos und unruhig, doch die Morgenstunden werdet ihr besser und friedlicher finden.

11. Januar

# Lord Krishna besiegt die tausendköpfige Schlange

*12. Januar*

In der Lebensbeschreibung Lord Krishnas wird von einer hydraköpfigen Schlange, einer neunköpfigen Kobra im Fluss Jumna erzählt. Krishna besiegte sie nur durch sein Flötenspiel. Diesen Klängen konnte das Ungeheuer nicht widerstehen. Diese Erzählung soll euch zeigen, welche Macht der göttliche innere Tonstrom besitzt und wie man das Gemüt besiegen kann.

In euch befindet sich eine Hydra mit hundert Möglichkeiten, die euch in die Welt hinauszieht und euch vom Meister und von Gott wegführt. Das Ego im Menschen sagt: „Ich bin alles, ich kann alles, ich weiß alles." Jeder Mensch erliegt dieser Versuchung. Nur derjenige ist sicher, der unter den Schutz der Gotteskraft kommt, ihre Gebote befolgt und Empfänglichkeit entwickelt.

# Der Schöpfer

*Es gibt nur eine Wirklichkeit,*
*die Offenbarung des Ungeoffenbarten;*

*der Ewig-Seiende, Er ist Naam, bewusster Geist.*
*Der Schöpfer, der alles durchdringt,*
*ohne Furcht, ohne Feindschaft;*

*Der Zeitlose, der Ungeborene*
*und aus sich selbst Existierende,*
*in sich selbst vollständig.*

*Durch die Gunst Seines wahren Dieners, des Meisters,*
*kann Er erkannt werden.*

*Er war, als da nichts war,*
*Er war vor dem Beginn aller Zeiten.*

*Er existiert jetzt, o Nanak,*
*und Er wird in alle Ewigkeit bestehen.*


Guru Nanak

# Unwandelbare Liebe

*14. Januar*

Verbindungen zwischen Verwandten und Freunden liegen in der Natur begründet. Manchmal fühlen wir uns sehr stark zu jemandem hingezogen. Es ist ein bestimmtes Karma, das uns mit dem anderen verbindet. Um dieses Karma abtragen zu können, lässt die Natur Zuneigung und Anziehung zwischen uns und dem anderen entstehen, damit wir unsere gegenseitigen Schulden sehr liebevoll und auf angemessene Art begleichen können. Auf diese Weise wirkt die Natur. Sie schafft vorübergehende Verhältnisse und Umstände.

Auch zwischen Mutter und Kind gibt es keine wirkliche Liebe, genauso wenig wie zwischen anderen Menschen. Dies sind alles zeitlich begrenzte, naturgegebene Beziehungen.

„Liebe" im wahren Sinne des Wortes existiert nicht in dieser Welt; wir dürfen dieses Wort hier nicht mit Recht benützen. Nur zwischen der Seele und Gott besteht eine Verbindung in Liebe. Die Seele kommt von Gott und hat die gleichen Merkmale wie Gott. Die Seele ist ein Teil Gottes und kann nicht von ihm getrennt werden. „Gott ist Liebe, und Liebe ist Gott", und als solches sind auch wir Liebe.

Wenn die Seele erweckt ist, entwickelt sie die Fähigkeit, jeden zu lieben, jedem zu dienen, zu helfen, und Hingabe für jeden zu empfinden. Dieses Gefühl ist von einer Verbindung oder Verwandtschaft zu dem anderen unabhängig und frei von egoistischen Beweggründen. Wir werden nicht wollen, dass uns gedient wird. Diese unwandelbare Liebe erhalten wir von Gott, und dann beginnt die erwachte Seele nach und nach zu verstehen, was Liebe ist.

# Den Kompass ausrichten

Das Gemüt muss rein sein – wir sollten unsere Gedanken rein halten. Im menschlichen Körper von einem, dessen Gedanken rein sind, werdet ihr den rechten Boden finden, auf dem Gott sich offenbaren kann.

Tulsi Das sagt: „Reinigt einfach euer Herz, euer Gemüt." Und worin besteht das Reinigen des Gemüts? Lasst dort keinen anderen Gedanken als den an Gott aufkommen. Auch wenn ihr in der Welt lebt, unter euren Kindern, eurer Familie, euren Freunden, sollte die Nadel eures Kompasses immer auf Gott gerichtet sein. Es ist Gott, der sie uns gegeben hat; es ist Gott, der in ihnen wohnt.

Wenn ihr stets denkt: Alle Menschen sind gleich; sie haben von Gott die gleichen Vorrechte erhalten und werden auf dieselbe Weise geboren: sie sind alle verkörperte Seelen und dieselbe Gotteskraft überwacht sie in ihrem Körper; ihr Körper ist der Tempel Gottes – dann werdet ihr natürlich Achtung für alle empfinden. Das ist also die erforderliche Reinheit, um von Tag zu Tag fortschreiten zu können.

15. Januar

# Der Spiegel

*16. Januar*

Ich will euch eine kleine Geschichte erzählen: Es war einmal ein sehr, sehr hässlicher Mann. Glücklicherweise besaß er keinen Spiegel in seinem Haus, und da er in einer sehr rückständigen Gegend lebte, hatte er sich selbst nie gesehen und wusste nicht, wie er aussah. Eines Tages ging er in die Stadt und da lag, Gott weiß, wie er dort hinkam, ein Spiegel auf dem Weg. Er meinte, dass das etwas Besonderes sein müsste und hob ihn auf. Als er in den Spiegel blickte, ließ er ihn sogleich entsetzt fallen: „Deshalb also hat man dich weggeworfen, weil du so hässlich bist." Aber es war nicht der Spiegel, der so unansehnlich war, sondern es war derjenige, der in diesen Spiegel geschaut hatte. Er hatte sein eigenes Spiegelbild gesehen.

Hier auf dieser Welt ist niemand schlecht oder hässlich. Es ist nur unser eigenes Spiegelbild, das wir erblicken und dann meinen, es sei das eines anderen.

# Das wahre Brot und Wasser

Was sagen uns die Meister, wenn sie kommen? Sie sagen, dass Gott den Menschen geschaffen hat. Der Mensch hat den physischen Körper und den Intellekt erhalten, aber er ist ein beseelter Körper, eine bewusste Wesenheit, ein Tropfen aus dem Meer aller Bewusstheit.

Auf der weltlichen Ebene ernähren wir den Körper. Wir haben uns körperlich entwickelt, weil wir die richtige Nahrung zu uns genommen haben. Wir haben den Intellekt auf eine hohe Stufe gebracht und dadurch viele Dinge gelernt, wundervolle Erfindungen gemacht und alle Arten von Informationen über diese physische Welt und andere äussere Dinge gesammelt. Dies ist das Brot für den Intellekt. Wir wurden also körperlich und geistig stark, indem wir Körper und Verstand die rechte Nahrung gaben.

Doch wir sind bewusste Wesen. Und welche Nahrung haben wir unserer Seele, unserem wahren Selbst gegeben? Lernen und äusseres Wissen ist nur Nahrung für den Verstand, aber nicht für die Seele. Die Seele ist eine bewusste Wesenheit und ihr Brot und Wasser des Lebens kann nur etwas Bewusstes sein.

Zuerst müssen wir unser Selbst erkennen. Alle Meister haben das von Anfang an gesagt. Wir können unser Selbst nicht durch Meinungen, Gefühle oder Schlussfolgerungen erkennen. Das ist wirklich nur möglich, wenn wir uns durch Selbstanalyse über das Körperbewusstsein erheben, um praktisch zu erkennen, wer wir sind. Wenn wir uns selbst erkennen und uns mit dem allbewussten Gott verbinden – das ist das Brot und Wasser des Lebens für die Seele.

# Auf Fragen eine Antwort finden

Solange ihr nicht in der Lage seid, den inneren Meister wirklich zu sehen und ihn direkt um Antwort auf eine Frage zu bitten, solltet ihr euch in Meditation begeben.

Nach ungefähr einer halben Stunde, wenn euer Gemüt innen konzentriert ist, könnt ihr über das Problem nachdenken und werdet dann eine weitaus bessere Lösung finden. Denn in dieser Zeit wird Gott in euren Gedanken die Oberhand haben, und die Antwort oder Idee, die euch dann in den Sinn kommt, wird von der Gotteskraft sein.

# Der Schrei der Seele

*Gesungen habe ich bis jetzt für die Menschen der Welt,*
*lass mich weinen eine Weile um meine eigene Seele.*
*Gearbeitet habe ich Tag und Nacht als Sklave für die Welt,*
*lass mich ausruhen einen Augenblick lang*
*im Schoße Vater Gottes.*
*Verherrlicht wurde der Staub der Welt,*
*verloren war die Herrlichkeit der Seele.*
*Lass mich einen Augenblick genießen*
*die Liebe und den Frieden des liebenden Einen.*
*Erlitten habe ich die Gefängnisse der Materie*
*geduldig, lange, lange.*
*Lass mich finden einen Schimmer von Freiheit*
*im Meer der Liebe.*
*Gesungen habe ich bis jetzt für die Menschen der Welt,*
*lass mich weinen eine Weile um meine eigene Seele.*
*Gelitten habe ich endlose Qualen*
*und hoffnungslose Kriege gefochten.*
*Lass mich heimgehen, jetzt bin ich müde*
*auszuruhen in den Armen Gottes.*
*Ich lebte in der Verbannung*
*und diente dem Reich des Todes.*
*Lass mich nun Leben erfahren*
*und niemals dem zweiten Tod verfallen.*
*Der Meister ist jetzt zu mir gekommen*
*durch Gottes Erbarmen mit mir.*
*Der Meister ist jetzt zu mir gekommen*
*weil Gott gnädig mit mir ist.*

Sant Thakar Singh

19. Januar

# Entscheidungen

20. Januar

Jemand steht vor einer beruflichen Entscheidung und hat Angst, einen Fehler zu machen. Der Meister sagt:

„Nur eine Entscheidung ist wichtig: ob wir dem Weg des Lebens oder dem Weg des Todes folgen. Wir mögen falsche Entscheidungen treffen, auf welchem Gebiet auch immer, beim Heiraten, bei Freundschaften, bei der Berufswahl, das ist nicht das Schlimmste.

Aber über unser wahres Leben sollten wir gut nachdenken. Doch darauf passen die Menschen am wenigsten auf. Sonst sind sie so vorsichtig. Wenn sie einen Kugelschreiber für einen Dollar kaufen, schrauben sie ihn auf und schauen hinein. An ihrem ewigen Leben aber sind sie völlig desinteressiert."

# Täuschung

Jeder erhält das Leben von Gott, dem Vater. „In ihm war das Leben, und das Leben war das Licht der Menschen." Dieses Licht ist vorhanden, es leuchtet in uns und ist hier in unserem Inneren – der Meister zeigt auf das Dritte Auge – zu finden. Dieses Licht ist das Licht des Wissens und der Weisheit. In diesem Licht können wir alles finden.

Jedes andere Licht, wie das von Sonne, Mond und Sternen oder das irgendeiner anderen Lichtquelle von dieser Welt, lässt schön erscheinen, was im Grunde hässlich ist. Es hat den Anschein, als ob etwas schön sei – wie wenn jemand auf den Boden gespuckt hat, und ihr es im nächtlichen Mondlicht für ein goldenes oder silbernes Schmuckstück haltet. Ihr fühlt euch davon angezogen und findet eure Hand dann im Schmutz wieder. Deshalb leiden wir.

21. Januar

# Der Wert der Zeit

Wenn wir unsere Zeit verschwenden, jammern wir und fühlen uns nicht wohl. Wir sind innerlich unruhig, unsere Seele wird nicht froh, sie kann uns nicht aufrichten und glücklich machen. Sie wird sich fortwährend selbst tadeln.

Wenn wir dagegen etwas Nützliches tun, sei es zu Hause oder auswärts, um jemandem ergeben zu dienen und zu helfen, dann sind wir sehr erfreut, mit etwas Gutem, Sinnvollem vor uns selbst bestehen zu können. Haben wir aber lediglich die Zeit totgeschlagen, dann fühlen wir uns in unserer eigenen Haut nicht wohl; uns ist ganz abscheulich zumute. Das könnt ihr allgemein feststellen.

Wer den Wert der Zeit nicht erkennt, sie nicht richtig einteilt und müßig ist, der wird schließlich ein Sklave der Zeit.

# Der Affe als Freund

Ein Mann hatte einen Affen zum Freund, und dieser begleitete ihn auf all seinen Wegen. Eines Mittags, als es sehr, sehr heiß war, wollte der Mann eine Ruhepause einlegen. Er legte sich hin und schloss die Augen, um zu schlafen. Da kam plötzlich eine Fliege angeflogen und belästigte den Mann, so wie Fliegen dies im allgemeinen tun. Sie setzen sich gerne auf die Augen oder auf die Nase, am liebsten auf die Nase, weil diese etwas herausragt. So schwirrte auch diese Fliege um den Mann herum und ließ sich immer wieder auf seiner Nase nieder. Und er musste sie immer wieder verscheuchen.

Der Affe beobachtete, wie sich dies mehrmals wiederholte, und er dachte: „Diese Fliege quält meinen Freund zu arg." Er wurde ganz ärgerlich und entschied, dass die Fliege erledigt werden müsse. Er nahm also einen Stein, saß ruhig da und wartete auf die Fliege. In dem Augenblick, als sie sich wieder auf der Nase des Mannes niederließ, schleuderte er den Stein mit aller Kraft nach ihr.

Wir wissen nicht, ob die Fliege verletzt wurde oder nicht, aber die Nase war nicht mehr da ...

Solche Freunde sind auch wir. Es gibt ein Sprichwort, das heißt: „Es ist besser, einen klugen Feind zu haben, als einen törichten Freund." Ein törichter Freund kann uns in aller Freundschaft durch seine Dummheit mehr Schaden zufügen, denn wir vertrauen eher ihm, dem Freund, als einem klugen Feind. Ein weiser Feind aber wird, wenn er uns etwas Schreckliches antun möchte, das Schlechte daran doch selbst erkennen und sich sagen: „Das ist zu schlimm" und wird die Tat nicht begehen.

# Meister und Schüler

Die Bande zwischen Meister und Schüler sind die stärksten der Welt. Selbst der Tod vermag sie nicht zu lösen, denn sie wurden durch den heiligen und allmächtigen Willen Gottes geknüpft.

Der Meister ist immer beim Ergebenen, wo dieser auch sein mag. Entfernung und Tod sind in der Beziehung zwischen Meister und Schüler unwesentlich. Er ist immer an dessen Seite, sei es hier oder im Jenseits.

# Das einzige Gebet

Überlasst es dem Willen unseres Vaters vorzusehen, was nützlich für uns ist; und was nicht gut ist, so einzurichten, wie Er es möchte. Dann mischen wir uns nicht in sein Wirken ein, sein vollkommenes Mitgefühl und seine Liebe. So lasst uns zu unserem eigenen Vorteil arbeiten, lasst uns nur um seine Liebe, sein Mitgefühl und seine Barmherzigkeit bitten und dass wir stets in seinem Schoß sein mögen. Dies ist das einzige Gebet, das wir an Ihn richten sollten – bittet um nichts Weltliches in irgendeiner Weise.

Erbittet Ihn von Ihm: "Wir wollen Dich allein – Dein Mitgefühl, Deine Liebe." Verlangen wir dieses, brauchen wir um nichts sonst zu bitten. In diesem einen ist alles inbegriffen.

# Polarität in der Schöpfung

Frage: Sieht der Schüler Gott in seiner Meditation?

Meister: Niemand kann je den absoluten Gott sehen. Der sich zum Ausdruck bringende Gott, auch das „Wort" oder Naam genannt, offenbart sich als inneres Licht und innerer Ton.

Er hat eine zweifache Wirkungsweise: zum einen als Negativkraft, zum anderen als positive Kraft. Beides sind Aspekte des einen großen, ungeteilten Gottes.

Die Negativkraft bringt sich in Form der Schöpfung zum Ausdruck. Die andere, die positive Kraft, ist die Kraft, welche sich einwärts wendet und die Seele zu ihrem Ursprung zurückführt. Es sind also zentrifugale und zentripetale Kräfte, die am Werk sind.

Das Gemüt als Vertreter der negativen Kraft zieht uns ständig in die äußere Welt. Dagegen führt die Verbindung der Seele mit dem göttlichen Licht- und Tonstrom im Innern zurück zu Gott, der wortlos und absolut ist.

# Eine Familie in Gott

Die gesamte Schöpfung ist der Tempel Gottes. Es gibt keinen Ort, wo Er nicht ist. In den Mineralien schläft das Leben, in den Pflanzen träumt das Leben, in den Vögeln und jeglichem Getier erwacht das Leben, und im Menschen ist das Leben voll entwickelt. Somit sind wir Geschwister aller Geschöpfe, der Pflanzen, Vögel und anderen Tiere. Die Blumen und Bäume, Sperlinge und Tauben sind wie Angehörige unserer eigenen Art. Wie einfach, rein, liebevoll und schön sie sind. Wir sollten von ihnen lernen, ein Leben der Reinheit, heiliger Einfachheit und göttlicher Liebe zu führen.

Wir sollten alle lieben, auch die Sünder und Räuber. Wir sollten nicht den ganzen Baum abschlagen, sondern ihm eine Möglichkeit geben, wieder zu wachsen. Wir atmen die gleiche Luft, trinken das gleiche Wasser, wärmen uns an derselben Sonne und leben auf derselben Mutter Erde. Tag und Nacht sind die beiden Ammen, die uns nähren.

Wer Gott liebt, sollte alle Geschöpfe lieben. Er wohnt in jeder Form. Es gibt Predigten in Steinen und Bücher in Bächen. Wir sollten uns allem Geschaffenen, allem Leben zugehörig fühlen.

Die Schöpfung ist eine Familie in Gott.

27. Januar

# Froschperspektive

*28. Januar*

Ein Frosch aus einem Fluss besuchte einmal einen anderen Frosch, der in einem Brunnen lebte und sprach: „Ich wohne in einem Fluss, der viel breiter und größer ist als dein Brunnen". Darauf hüpfte der andere vom Rand des Brunnens in dessen Mitte und fragte: „Ist dein Fluss vielleicht so groß?" „Nein, mein Lieber, er ist viel, viel größer."

Da hüpfte der Brunnenfrosch weiter und weiter bis an die andere Seite des Brunnens und fragte: „Ist dein Fluss so breit?" Der andere erwiderte: „Nein, er ist noch viel, viel breiter." Da rief der Brunnenfrosch: „Das ist unmöglich. Es gibt nichts Breiteres als meinen Brunnen." Denn seine Vorstellungskraft reichte nur von einem Brunnenrand zum anderen.

# Inspiration

Es gibt zwei Arten von Menschen auf der Welt:

Erstens diejenigen, die sich zurückziehen, nach innen wenden und Inspiration direkt von der großen Kraft im Innern holen können.

Zweitens jene, die für ihre Andacht von äußeren Hilfen abhängig sind, wie Kirchen und Tempeln. Oder sie suchen Inspiration von den großen Kräften der Natur zu erhalten, der Sonne, dem Mond, den schneebedeckten Berggipfeln, den Wassern von heiligen Flüssen, von den verschiedenen Offenbarungsformen der einen Kraft, die hinter dem gesamten Universum steht.

Jeder erhält entsprechend seines Glaubens und dem Grad seiner Konzentration irgendeinen Gewinn durch seine Art der Verehrung, denn in der Natur geht nichts verloren, und keine Bemühung ist umsonst.

29. Januar

# Zum Kern vorstoßen

**30. Januar**

Wir sollten erkennen, was wir sind und uns die Frage beantworten: „Was bin ich?" Wenn man einem Kind ein paar Mandeln gibt, wird es nur mit diesen ‚hölzernen Kugeln' spielen. Es wird nicht wissen, was eine Mandel wirklich ist. Die Mandel ist der innere Kern. Erst wenn wir das entdeckt haben, ziehen wir auch einen Nutzen daraus. Genauso ist es beim Obst, zum Beispiel bei Orangen. Die Orange ist nicht die äußere Schale, sondern der Saft im Inneren. Wenn wir ihn entdecken, dann haben wir das Gute an der Orange erkannt.

Mit unserem physischen Körper verhält es sich ebenso. Auch er birgt ein großes Geheimnis in sich, und wenn wir dieses Geheimnis aufdecken, erkennen wir alles, denn mehr gibt es nicht zu erkennen.

# Die Sprache des Herzens

*Aufrichtig und freundlich sein zu allen,*
*ernst und ehrlich sein zu sich selbst,*
*gut zu anderen sein und ihnen Gutes tun,*
*andere glücklich machen,*
*die Kranken und Leidenden trösten,*
*den Armen und Bedürftigen dienen.*
*Gott und Seine ganze Schöpfung lieben,*
*selbst die mit geringem Bewusstsein,*
*denn alle sind Mitglieder der einen Familie Gottes.*
*Es gibt nur eine Gesellschaftsschicht,*
*eine Religion und einen Gott.*
*Es gibt nur eine Gesellschaft:*
*die der Menschheit.*
*Es gibt nur eine Religion:*
*die der Liebe.*
*Es gibt nur eine Verhaltensweise:*
*die der Wahrheit.*
*Es gibt nur einen Gott:*
*den Allgegenwärtigen,*
*den Allwissenden,*
*den Allmächtigen.*
*Es gibt nur eine Sprache:*
*die Sprache des Herzens.*

Sant Kirpal Singh

# Wie du säst, so wirst du ernten

Im Orient fragen die Leute an jedem ersten Tag des Monats, was dieser ihnen bringen wird. Die Meister sagen dann, sie sollten einfach den richtigen Weg einschlagen. Die besondere Botschaft für diesen Monat heißt: „Wie du säst, so wirst du ernten." Wenn Schwierigkeiten auftauchen, so sind das Folgen früherer Handlungen. Schlagt jetzt den richtigen Weg ein. Euer Leid ist das Ergebnis eurer eigenen Handlungen. Ihr müsst eure Handlungsweise ändern und an Gott denken. Das ist die Lehre. Meister hängen nie an Äußerlichkeiten, zum Beispiel welcher Monat beginnt oder welcher Monat endet. Sie sagen: Verbindet eure Seele mit Gott oder denkt immer liebevoll an Ihn – und achtet auch darauf, wie ihr euren Lebensunterhalt verdient. All euer Leid ist die Folge früherer Handlungen. Sie sagen: „Gut, ihr müsst für das leiden, was ihr getan habt, aber ihr müsst in Zukunft euer Leben ändern." So werden die Lehren den Menschen auf die Weise vermittelt, die sie am besten verstehen.

Die Lehre für diesen Monat lautet also: Was du gesät hast, wirst du ernten. Wenn ihr eine bessere Zukunft wollt, dann sät anders. Jene, die geben, werden empfangen. Wie können jene empfangen, die nicht geben? Was man der Natur gibt, gibt sie in anderer Form wieder zurück – das ist alles. Das andere ist: Fangt noch heute an und denkt einfach an Gott. Der Monat, in dem ihr das tut, wird euch eine gute Ernte bringen. Die Menschen hängen sich an bloße Äußerlichkeiten. Sie verstehen nicht, was uns die Lehren oder Botschaften sagen wollen, die vom Sinn des Lebens sprechen und für unser zukünftiges physisches und spirituelles Wohlergehen gedacht sind.

# Die Kraft des Gemüts

Das Gemüt hat eine nicht zu unterschätzende Macht. Es zu kontrollieren ist kein leichtes Spiel. Wenn wir seine Wirkungsweise genau untersuchen, stellen wir fest, dass es die gesamte Schöpfung regiert: nicht nur die physische Ebene, sondern ebenso die astralen und kausalen Ebenen. Die Engel in den Himmeln, die Weisen, die Eremiten und die Familienväter, Reiche und Arme, wilde Tiere, Vögel, Insekten, alle müssen tun, was es will.

Unter dem machtvollen Einfluss des Gemüts handeln die Menschen und ihre Taten binden sie ihrerseits wieder und sind der Grund für die Reinkarnation. Wie wir säen, so werden wir ernten. Was jetzt heranwächst haben wir früher gesät. Wir schaffen unser eigenes Schicksal selbst. Die Strukturen unseres jetzigen Lebens, die unveränderlich sind, wurden von uns selber gebildet, bevor wir auf dieser Ebene hier erschienen. Wir schaffen uns aber auch unsere eigene Zukunft. Was wir jetzt säen, werden wir später ernten.

Solange das Gemüt unser Meister ist, befinden wir uns im Rad von Geburt und Tod. Wenn wir es aber beherrschen, wird es unser treuester Verbündeter sein. Die einzige Kraft, welche das Gemüt kontrollieren kann, ist das Wort, auch ‚Naam' genannt. Um in Verbindung mit dem Wort zu kommen, muss man am Augenbrennpunkt nach innen gehen. Der innere Meister befindet sich dort und gibt die erforderliche Hilfe und Anleitung. Mit Vertrauen, Liebe und Ausdauer wird dann allmählich das Gemüt besiegt.

# Den Verstand verloren

Wir haben unsere eigene, dauerhafte Lebensweise, die uns Gott gegeben hat. Nehmt doch an, was von Gott kommt, von ihm, der Bestand hat, der die Wahrheit ist und ewig besteht, der schon immer war, jetzt ist und in Ewigkeit sein wird, in dessen Schoß wir leben und uns erfreuen werden.

Steht euch das denn nicht zur Verfügung? Habt ihr denn nichts? Müsst ihr irgendwo in der Wildnis oder im Wald bleiben, wo euch Löwen, Wölfe und Schlangen verschlingen und ihr den Morgen nicht mehr erlebt? Habt ihr kein Zuhause, wo ihr sicher seid? Habt ihr keinen Platz, an dem ihr euch bequem ausruhen könnt, wo ihr zu essen bekommt, wo ihr geliebt werdet, wo euch Mitgefühl entgegengebracht wird und wo ihr sagen könnt: „Ich bin, ich werde sein, ich werde existieren, ich lebe und werde nicht verschwinden wie eine Blase auf der Oberfläche des Wassers."

Warum wählt ihr nicht diese Existenz, die beständig ist und wo ihr nicht verschwindet? Warum empfindet ihr euch nur als Körper? Warum liebt ihr nur irgendeinen anderen Körper?

Ihr seid Seelen, meine Lieben, ihr gehört zu Gott und Gott zu euch, und alles, was Gott besitzt, gehört euch ebenfalls. Ihr seid ewig, Gott ist ewig, und alles im Reiche Gottes ist ewig. Ihr gehört also zu jener Familie, die ewig ist, ihr gehört nicht zur Familie der Körper, die Materie sind und jeden Augenblick wieder zu Staub zerfallen können.

Besitzen wir denn kein Verständnis? Habt ihr denn euren Verstand ganz verloren, dass ihr alles mit euch machen lasst?

# Meditieren für sich und andere

Wenn ihr nur eine Minute meditiert, bringt euch das Nutzen. Je mehr ihr aber meditiert, desto mehr könnt ihr genießen. Durch mehr Meditation verringern sich die Leiden und werden vollständig verschwinden. Wenn ihr nur wenig meditiert, wird auch das Ergebnis nicht besonders sein.

Gewöhnlich meditiert ihr nicht nur für euch selbst, sondern für jeden, den ihr liebt, denn in Liebe werden wir miteinander teilen. Ein großer Teil der Frucht eurer Meditationen wird zu jenen Menschen gehen, für die ihr Sympathie oder Liebe oder irgendeine Beziehung empfindet. Drei Stunden sind also für euch selbst, und um den anderen zu helfen, könnt ihr für jeden noch drei Stunden dazuzählen. Wenn ‚siebenundzwanzig' Stunden pro Tag dabei herauskommen, dann stellt euch darauf ein – der Meister lacht. Ihr solltet vierundzwanzig Stunden am Tag einsetzen und der Meister wird den Rest dazugeben.

# Der Wert eines Edelsteins

Einst gab Guru Nanak einem Schüler einen Edelstein, um ihn auf dem Markt schätzen zu lassen. Der Schüler ging von Geschäft zu Geschäft und erhielt überall die Auskunft, dass er nur etwa zwei Rupien wert sei, doch das war dem Meister zu wenig. Er bat daher seinen Schüler, von einem sachverständigen Juwelier den wahren Wert des Steines feststellen zu lassen.

Der Juwelier nahm den Edelstein entgegen, gab ihn aber dem Schüler zusammen mit hundert Rupien zurück. Dieser dachte, dass hundert Rupien ein gerechter Preis für das Juwel seien und forderte den Juwelier auf, den Edelstein zu behalten, da er ja dafür bezahlt habe. Daraufhin sagte der Juwelier: „Dieser Edelstein ist so kostbar, dass ich ihn nicht kaufen kann. Allein ihn betrachten zu dürfen, ist hundert Rupien wert, und somit habe ich den Preis für das Anschauen bezahlt."

Das Leben in diesem physischen Körper ist auch ein unschätzbarer, von Gott gegebener Edelstein. Nur die Arbeit, die wir in Liebe, Zuneigung und Hingabe für den Meister und seine Mission verrichten, macht uns als Kronjuwel würdig. Auf dieser Welt kann niemand ein solches Leben richtig schätzen.

# Seid gut und tut Gutes

„Meine Lieben,

an diesem Tag, meinem 69. physischen Geburtstag, übermittle ich euch allen meine Liebe und besten Wünsche für euer spirituelles Wohlergehen.

Ich möchte, dass ihr einfacher, einfacher und noch einfacher werdet. In allen Aspekten des Lebens einfach zu sein, heißt das Leben zu akzeptieren.

Bemüht euch, allen anderen in einem Geist der Uneigennützigkeit zu helfen. Dann wird sich euer Selbst ausdehnen und die gesamte Menschheit und die andere Schöpfung einschließen.

Seid rein in Gedanken, Worten und Taten und liebt alle. Liebe ist das Heilmittel für alles Leid des Lebens. Seid gut und tut Gutes. Diese fünf Worte enthalten das Wesen aller Religionen der Welt.

Meine Arbeit wird reichlich belohnt werden, wenn ihr nach diesen Worten lebt."

6. 2. 1894 – Geburtstag Sant Kirpal Singh

# Die Augen sind der Spiegel des Herzens

Es heißt, das Gesicht sei der Spiegel des Menschen. Das stimmt. Aber die Augen sind der Spiegel unseres Herzens. Was in euren Herzen ist, strömt aus euren Augen, und wenn Gott in eurem Herzen wohnt, wird er aus euren Augen strömen.

Alles, worauf ihr blickt oder woran ihr denkt, ohne es zu sehen, wird von Gott berührt. Eure Göttlichkeit wird dorthin gelangen, und ihr werdet imstande sein, Menschen zu segnen, die vielleicht Tausende von Kilometern von euch entfernt sind. Ihr werdet in der Lage sein, ihnen allen Segen zu bringen.

Das ist der Sinn des menschlichen Lebens. Dazu wurde der Mensch erschaffen.

# Der Brunnen der Liebe ist in uns

Wenn die Seele erweckt wird, erwacht auch der Quell der Liebe. Ist die Seele erst mit Gott verbunden, so ist sie mit dem grenzenlosen Meer der Liebe verbunden.

Wenn wir als Seele erwachen, dann wird auch ein wenig Liebe entfacht, und je mehr wir uns Gott nähern, desto mehr wachsen wir in der Liebe. Wenn wir ganz zu Liebe geworden sind, dann sind wir völlig in Gott; denn Gott ist Liebe und Liebe ist Gott.

Der Brunnen der Liebe ist in uns erschlossen und wir können Tag und Nacht daraus schöpfen, soviel wir nur wollen. Wir werden mit allen Tugenden erfüllt.

8. Februar

# Vergeben und vergessen

**9. Februar**

Ihr solltet um Vergebung bitten. Und ihr solltet auch vergeben und vergessen. Für gewöhnlich vergessen wir nichts. Wir sagen: „Oh, das macht nichts", aber das Gift frisst weiter in unseren Gedanken. Früher oder später wirkt sich das aus. Vergebt deshalb immer, wenn jemand eure Gefühle durch Worte oder Taten verletzt hat. Vergebung ist das einzige liebliche Wasser, das allen Schmutz wegwaschen kann. Gerechtigkeit kann es nicht, denkt daran! Wenn ihr euer Recht verlangt, wird das neue Folgen nach sich ziehen. Vergebung allein wäscht allen Schmutz fort. Vergebt und vergesst – das ist der Weg zur Spiritualität.

Einmal ging ein Mann zu Lord Buddha und fing an, ihn wild zu beschimpfen. Er schimpfte eine, zwei, drei Stunden lang, bis es dunkel wurde. Als die Nacht hereinbrach, wollte er gehen. Da sagte Lord Buddha: „Nun, lieber Freund, sag mir doch eines." Der Mann fragte, was Buddha wissen wollte. Buddha antwortete: „Wenn einer einem anderen ein Geschenk bringt und dieser es nicht annimmt, bei wem verbleibt es dann?" Der Mann antwortete: „Bei dem, der es gebracht hat." „Gut," sagte Buddha, „ich nehme das Geschenk, das du gebracht hast, nicht an."

# Nichts in unmöglich,
# wenn wir mit Seiner Hilfe arbeiten

Zwischen Meister und Schüler besteht eine dauerhafte Beziehung, und wann immer wir an Ihn denken, werden wir von dem warmen, friedlichen Gefühl seiner Liebe berührt. Auch unter uns besteht eine Beziehung, und wir beeinflussen einander durch unsere Gedanken und Gefühle.

Wenn ihr an ein furchtbares Ereignis denkt und euch auf etwas Trauriges konzentriert, werdet ihr weinen und euch betrübt fühlen. Doch denkt ihr an glückliche und erfreuliche Umstände, werdet ihr beginnen zu lächeln. Vielleicht werdet ihr sogar unwillkürlich laut lachen. Nun, geschehen ist gar nichts, nichts Schlechtes und nichts Gutes, doch ein Gedanke kam und wirkte auf euren Körper, so dass ihr Furchtbares durchlitten oder Glückliches erlebt habt. Also haben alle unsere Gedanken und Gefühle eine Wirkung.

Aber es gibt Dinge, die seit vielen Zeitaltern in unserem Gemüt verankert sind, und diese können wir nicht umwandeln. Manche Menschen sind voll von Hass und Negativem. Die Leute sagen: „Das ist eben ihre Natur, sie können nicht geändert werden."

Und tatsächlich, mit Hilfe weltlicher Methoden ist es fast unmöglich, einen solchen Menschen zu ändern, aber mit der Meisterkraft haben wir die notwendigen Mittel und Wege. Nichts ist unmöglich, wenn wir mit ihrer Hilfe arbeiten. Sie wandelt all die zerstörerischen Eindrücke, welche dieser Mensch schon viele Zeitalter mit sich herum trägt.

*10. Februar*

# Heimkehr

Die Meister sagen: „Wenn dies hier nicht euer Zuhause ist, warum geht ihr dann nicht zurück in eure wahre Heimat? Ihr seid bewusste Wesen. Eure Heimat kann nur die Allbewusstheit sein. Ihr seid von Gott hier herab geschickt worden, warum kehrt ihr dann nicht nach Hause zurück?" So sendet Gott seine Botschafter, um den Menschen zu sagen: „Kommt, macht euch bitte auf, kehrt nach Hause zurück!

Der menschliche Körper ist die höchste Stufe der ganzen Schöpfung, und ihr habt ihn bereits erhalten. Ihr seid sehr begünstigt – das ist nun die goldene Gelegenheit, durch die ihr heimkehren könnt", und sie zeigen euch, wie ihr heimkehren könnt. Die Meditation dient diesem Zweck: die Aufmerksamkeit von außen nach innen zurück zu ziehen. Wenn ihr davon im Innersten überzeugt seid, wird sich euer ganzes Leben ändern.

# Es gibt einen Weg

*Man kann Ihn nicht durch den Verstand erfassen,*
*denkt man auch ewig über Ihn nach.*

*Man kann durch äußeres Schweigen*
*nicht inneren Frieden finden,*
*bliebe man auch für immer stumm.*

*Nicht mit allem Reichtum der Welt*
*lässt sich Zufriedenheit erkaufen,*
*noch kann man sie durch alle Findigkeit erreichen.*

*Wie kann man die Wahrheit erkennen*
*und die Wolken des Falschen durchbrechen?*

*Es gibt einen Weg, o Nanak:*
*Seinen Willen zu dem unseren zu machen,*
*Seinen Willen, der bereits in unser Dasein eingewoben ist.*

Guru Nanak

## Das Leben ordnen

Das Allerwichtigste ist, auf das heilige Licht und den heiligen Klang zu meditieren. Das ist das erste, was zu tun ist. Das zweite ist der Dienst im Werk des Meisters. Aber wir müssen auch unser weltliches Leben beachten.

Wenn ihr irgendwelche Pflichten oder eine Arbeit habt, solltet ihr auch damit weitermachen, denn unser Familienleben und unser ganzes weltliches Leben sollten wir nicht vernachlässigen. All das ist aufeinander abzustimmen, und es hängt von eurer Klugheit ab, wie weit euch das gelingt.

Wenn ihr meditiert, werden diese Dinge von der Gotteskraft, der Meisterkraft gelenkt und ihr werdet in der Stille geführt. Es werden Gedanken in euch auftauchen: was gut ist für euch, was nötig ist und wie es zu tun ist. Mit der Meditation habt ihr eine wunderbare Führung und Hilfe, die in jeder Beziehung vollkommen ist und die euch immer zur Verfügung steht.

# Der Wert der Bilder

Frage: Es hat den Anschein, dass es schwierig ist, unsere starke Bindung mit der äußeren Welt zu lösen, wenn wir nicht innen einige sehr schöne Dinge zu sehen bekommen.

Meister: Wenn ihr euch im Inneren gefestigt, friedvoll und wohl fühlt, dann werdet ihr von selbst nur die Verbindung mit den Segnungen von innen und die Loslösung vom Äußeren wollen. Die inneren Bilder werden euch nicht anziehen. Was ihr wirklich sehr genießt, sind Wohlgefühl und Frieden. Wenn ihr ausschließlich Bilder seht – seien es auch schöne – was habt ihr nachher davon?

An Süße und Frieden, die ihr innen erhalten habt, werdet ihr euch danach erfreuen können, das wird euch berauschen. Diese Berauschung werdet ihr während des ganzen Tages genießen, in all den Stunden, die ihr in der Welt tätig seid.

Die Bilder werden fort sein, doch diese Dinge werden stark in euch wirken. Mehr und mehr werdet ihr euch berauscht fühlen, den ganzen Tag hindurch.

14. Februar

# Liebevolle Hinweise

Ich freue mich, dass du dich mehr von der Welt löst. Alle weltlichen Beziehungen und Verbindungen müssen gemäß den karmischen Gesetzmäßigkeiten abgewickelt werden.

Dein Weg ist klar. Mache mit liebendem Vertrauen weiter und du kommst auf dem Pfad und deinem inneren Flug täglich vorwärts. Bitte, widme liebevoll und zuversichtlich alle verfügbare Zeit der Meditation. Der gütige Vater sieht immer nach seinen Kindern, wirkt für ihr Wohl und verleiht ihnen seine Gnade und seine Segnungen.

Durch Reden wird nichts gewonnen, aber wenn man es in die Tat umsetzt, kann man auf dem Pfad fortschreiten.

Versäume also bitte nicht, voller Vertrauen regelmäßig zu meditieren, und du wirst von Tag zu Tag weiterkommen. Die Meisterkraft oben wird dir alle nur mögliche innere Hilfe geben.

Es ist für den Schüler unbedingt notwendig, an allen moralischen Gesetzen eines ethischen Lebens streng festzuhalten. Ein reines und enthaltsames Leben ist Voraussetzung für den Fortschritt auf dem Pfad. Es ist das Fundament, das keine Lockerung zulässt. Jeder, der sich darüber hinwegsetzt, hat die Frucht davon zu ernten.

# Den Blick nach oben richten

Vier Freunde waren aus Indien nach New York gekommen. Um in Indien angeben zu können, mieteten sie ein Apartment im 100. Stockwerk. Als sie mit dem Lift hinauffahren wollten, war er defekt, und sie mussten zu Fuß hinaufsteigen. Sie einigten sich darauf, Geschichten zu erzählen, um ein wenig Spaß zu haben.

Einer begann mit einer Erzählung, während sie die Treppen hinaufstiegen. Dann kam der zweite mit seiner Geschichte an die Reihe und schließlich der dritte. Auf diese Weise erreichten sie mit viel Mühe das 99. Stockwerk. Jetzt war die Reihe am vierten Freund, und dieser sagte: „Jetzt ist nur noch ein Stockwerk übrig. Wenn wir die Tür erreicht haben, werde ich euch die Geschichte erzählen." Sie kamen zu der Tür des Apartments. Da seufzte der vierte Freund: „Meine Geschichte ist sehr kurz: Der Schlüssel ist unten geblieben."

Genau das ist unsere Geschichte, meine Lieben. Nach einer langen beschwerlichen Reise durch viele Zeitalter sind wir hier im menschlichen Körper angelangt, aber anstatt weiter aufwärts zu gehen, den Blick nach oben zu richten, wenden wir uns wieder nach unten: „Ich liebe meine Katze. Ich liebe meinen Hund. Ich liebe mein Haus, meine Steine, meine Bäume und die von mir gesäten Pflanzen." So fallen wir wieder hinab in die Gräben, in denen wir bereits früher waren und aus denen wir unter sehr großer Mühe und mit sehr großem Zeitaufwand herausgeklettert sind.

## Lächeln aus ganzer Seele

In unseren Augen sollte keine Angst mehr sein, nur ein Lächeln — ein Lächeln von Herzen, aus ganzer Seele, nicht künstlich aus dem Gemüt. Seid glücklich, denn wenn unsere Seele lächelt, werden wir nur noch Glück kennen, weil Gott beständiges Glück ist. Er ist niemals traurig. Sein höchster Zustand von Glück und Frieden ändert sich nie. Und auch wir werden in dieser Stimmung sein, wenn Er in uns ist. Auch wir werden lächeln und in Freude leben, so wie Er in Freude lebt. Wie Er vollkommen ist, werden auch wir vollkommen sein. In Ihm ist alles wunderbar.

Dies ist der einfache Weg, doch ihr müsst darauf vertrauen, denn Er ist vertrauenswürdig. Arbeitet dafür und ihr werdet mit wachsender Zufriedenheit feststellen, dass es damit seine Richtigkeit hat.

# Wenn ihr mich liebt, haltet meine Gebote

Prüft, wo ihr steht. Liebt ihr Gott wirklich? Seid ihr wirklich auf dem Weg? Wenn ja, dann ist es gut. Das könnt ihr besser an euren Taten prüfen, nicht an den Worten. Das ABC fängt mit dem Befolgen seiner Gebote an. Das sind die Zeichen dafür, dass ihr beginnt, Gott oder den Meister zu lieben. Alles fängt mit dem Befolgen seiner Gebote an. „Wenn ihr mich liebt, haltet meine Gebote", hat Christus gesagt. Eure Liebe zeigt sich wirklich erst im Dienst am anderen. Wer Gott liebt, aber seine Brüder und andere Geschöpfe Gottes hasst – wie kann der Gott wirklich lieben? Das ist ein bloßes Lippenbekenntnis.

Geht der Sache auf den Grund und findet heraus, wo ihr steht. Einander zu lieben, sich selbst für den anderen zu opfern – das wären erste Zeichen. Ihr solltet alle lieben, die zu euch kommen – ob sie Schüler sind oder nicht. So beginnt ihr in die Liebe hinein zu wachsen. Nur darüber nachzudenken nützt nichts. Ihr müsst es in die Praxis umsetzen. Ihr müsst danach leben. Manche glauben, dass sie einen Himmel für sich errichten, indem sie dem Meister dienen, aber ihr könnt den Himmel hier auf der Stelle verwirklichen, wenn ihr bescheiden, einfach und liebevoll zu Füssen des Meisters lebt.

Kabir sagte einst: „Ich ging zum Hause meines Vaters und sah, dass er nicht da war. Ich erkannte, dass er mit den Heiligen hier auf Erden lebt." Ihr könnt den Himmel auf Erden verwirklichen. Das ist mit „Dein Reich komme auf Erden" gemeint. Es kann nur kommen, wenn ihr so lebt. Nun entscheidet, wo ihr steht, indem ihr euer Herz erforscht. Redereien nützen nichts, ihr müsst es durch Taten beweisen.

# Selbsterkenntnis

Solange wir nicht unser wahres Selbst entdecken, können wir uns keine Vorstellung machen von jenem Lebensimpuls, der im ganzen Universum vibriert, noch viel weniger ihn tatsächlich in anderen erkennen.

Aus diesem Grund wird in erster Linie auf Selbsterkenntnis Nachdruck gelegt, denn sie ebnet den Weg zur Gotterkenntnis; und wenn diese aufdämmert, sieht man nichts als den Geist Gottes, der in aller Harmonie in jedem Geschöpf am Werk ist.

Wer das Selbst des Menschen erkennt, versteht die ganze Menschheit.

# Besitz

„Sind weltlicher Besitz und äußeres Ansehen wirklich negativ?", will ein Schüler wissen. „Alles, wofür wir uns verantwortlich fühlen, wird uns beunruhigen", erklärt der Meister.

„Wir können noch so hart arbeiten – was wir am Morgen geschaffen haben, wird am Abend vergangen sein. Das Essen, das Trinken behalten wir kaum einen Tag in uns, und die Luft, die wir einatmen, ist schon innerhalb von Sekunden unbrauchbar.

Wenn einer eine Krone trägt, drückt sie ihn, und ein gekröntes Haupt schläft schlecht. Wenn du auch nur einen Dollar in der Tasche hast, musst du ihn mit der Hand festhalten, damit er nicht gestohlen wird. Die weltliche Herrlichkeit bringt Sorgen mit sich, aber was göttlich ist, trägst du bereits in dir, und keiner kann es dir nehmen.

Dein göttlicher Besitz wird Sorge für dich tragen und nicht du für ihn."

# Göttliche Erkenntnis erleuchtet alles

*In der Sphäre des Wissens erleuchtet
göttliche Erkenntnis alles,
während himmlische Symphonien
ewiger Musik ertönen,
und Freude und Wonne über allem herrschen.*

*Als nächstes kommt der Bereich der Ekstase,
in dem das Wort bezaubert.*

*Alles dort Geschaffene ist wunderbar neu
und trotzt jeder Beschreibung.*

*Wer immer dies zu schildern sucht,
muss seine Torheit bereuen.*

*Hier werden Gemüt, Vernunft und Verstand verklärt,
das Selbst kommt zu sich und durchdringt
in seiner Entfaltung die Götter und die Weisen.*


Guru Nanak

# Vergeudet keine Zeit

Vergeudet keine Zeit. Es ist meine kleine, demütige Bitte an euch alle, wenn ich euch anflehe: Vergeudet keine Zeit. Ich sage euch das nicht gerne immer wieder. Es widerstrebt mir, diese Dinge ständig zu wiederholen, denn wenn ich euch jetzt darum bitte und in einer halben Stunde wieder, werden sich eure Herzen verhärten: „Beständig bedrängt er uns und treibt uns ununterbrochen an!" Es entspricht dem Wesen der Herzen, so zu reagieren.

Darum muss der Meister seine Worte so wählen, dass er eine solche Reaktion des Gemüts vermeidet. Es bedarf einer sanften, behutsamen Pflege. Mit Härte ist da nichts zu machen, nur mit sehr, sehr viel Liebe, damit die Herzen der Menschen die Botschaft annehmen mögen.

Aber wie weit habt ihr sie angenommen?

# Wie sieht ein Elefant aus

Vier Blinde wollten wissen, was ein Elefant ist. Da sie nicht sehen konnten, betasteten sie das Tier mit den Händen.

Einer bekam ein Bein des Elefanten zu fassen, der zweite den Bauch, der dritte eines der großen Ohren und der vierte den Rüssel. Es war ein großes Erlebnis für sie, denn jeder hatte etwas von der Mächtigkeit des Tieres empfunden.

Als sie wieder nach Hause gingen, fragte ihr Begleiter: „Nun, wie findet ihr den Elefanten?" „Oh, er ist wie eine Säule, an die man sich anlehnen kann", sagte der erste. „Nein, er ist wie ein riesiges Fass", meinte der zweite. „Das finde ich gar nicht, er ist wie ein großer, mächtiger Fächer", widersprach der dritte. Und der vierte sagte ärgerlich: „Das ist ja alles nicht wahr, der Elefant ist wie ein dickes, kräftiges Seil, an dem man schwere Lasten hochziehen kann."

Es entstand ein Streit zwischen ihnen, denn jeder beharrte auf seiner ‚Wahrheit'.

„Haltet ein", unterbrach sie schließlich ihr Freund. „Jeder von euch hat recht, aber nur zum Teil. Ich will euch erklären, warum jeder den Elefanten anders wahrgenommen hat, denn ich konnte ihn sehen. Seine Beine sind es, die wie Säulen sind, und sein Bauch ist wie ein großes Fass. Was sich wie ein Fächer anfühlte, war eines seiner Ohren, und das dicke Seil war sein Rüssel. Jeder von euch hat nur einen Teil des Ganzen berührt, und es gibt keinen Grund, sich deswegen in die Haare zu geraten."

# Der Pfeil, der ins Ziel trifft

Ihr werdet feststellen, dass „ein Gramm Praxis mehr wert ist als Tonnen von Theorien". Was nützt es, die Grundsätze zu kennen, wenn man nicht nach ihnen lebt? Wenn ihr sagt: „Sprecht die Wahrheit" und ihr nicht ehrlich seid; wenn ihr sagt: „Liebt andere, denkt nicht schlecht von anderen" und ihr dennoch schlecht von anderen denkt – was nützt es dann, dies zu wissen? Das ist ein Festhalten von Informationen in eurem Gehirn: „Die Schriften besagen dies und jenes, der und der Meister sagt dies und das." Nun, was bringt euch das ein?

Ein fachkundiger Mensch ohne Praxis ist nicht besser als ein Lasttier, das einen Packen Bücher oder Schriften mit sich trägt – das ist alles. Es ist also unendlich besser zu praktizieren statt zu predigen. Lebt erst danach, dann sprecht. Auch wenn ihr gelehrt seid und vielleicht Kommentare über bestimmte Themen geschrieben habt, die oberflächlich betrachtet sehr religiös klingen; auch wenn ihr Schriften lest und dies anderen predigt – was hat es für einen Sinn, wenn ihr nicht nach ihnen lebt? In Wirklichkeit hat ein solches Reden keine Wirkung. Nur der Pfeil, der zur Brust gezogen wird, trifft ins Ziel.

Die Worte, die aus unserem Herzen kommen, haben, wenn wir danach leben, durch ihre Ausstrahlung eine Wirkung auf die Herzen anderer.

24. Februar

# Selbstanalyse und Selbstprüfung

Frage: Die Menschen sagen, sie würden nach der ‚Wahrheit' suchen oder hätten die Wahrheit gefunden. Was bedeutet dieses Wort ‚Wahrheit' in den Lehren der Meister?

Meister: In den Lehren der Meister ist die Wahrheit eine fest umrissene Wissenschaft. Sie wird das ‚Wort' oder ‚Naam' genannt. Sie hat einen praktischen Aspekt. Sie ist universal und für die ganze Menschheit gedacht. Sie ist der ‚natürliche Weg zurück zu Gott', der während der Lebenszeit erreicht werden kann. Sie ist ein Vorgang der Selbstanalyse und Selbstprüfung, wobei der Meister zur Zeit der Initiation eine Ersthand-Erfahrung gibt: Er öffnet die Schau für das Licht im Innern, welches das ‚Licht Gottes' genannt wird, und gibt eine Verbindung mit dem Ton, dem hörbaren Lebensstrom oder der ‚Stimme Gottes' – beides erfahrbar gemäß der Empfänglichkeit und dem Hintergrund jedes Menschen. Der Schüler hat dies weiter zu entwickeln, indem er jeden Tag regelmäßig mit Liebe und Hingabe Zeit für die Meditation einsetzt.

# Verweile als Seele
# in deinem Geliebten

*Sei immer verankert in deinem Gott, mein Gemüt,*
*als Seele verweile in deinem Geliebten;*

*dann wird der Herr, dein Gott, deine Stütze sein,*
*Er selbst wird dich von deinem Leid befreien.*

*Dann bist du Sein Eigen, dann gehörst du ganz Ihm,*
*und der Sinn deines Lebens hat sich erfüllt.*

*Gott ist allmächtig, Er vermag alles zu tun,*
*warum Ihn dann fernhalten von deinem Gemüt?*

*Sei du immer verbunden*
*mit deinem Gott, mein Gemüt,*
*als Seele verweile in deinem Geliebten.*

Amar Das

# Die ganze Welt ist eine Täuschung

In Delhi gab es einen Arzt, der sich für einen Fachmann auf dem Gebiet der Hepatitis hielt. Als Spezialist half er auch einigen, die diese schwere Krankheit hatten.

Als ich einmal zu Besuch bei ihm gehen wollte, war er nicht da. Sein Sohn war anwesend, und ich fragte ihn, wo sein Vater sei. „Er ist gestorben", sagte er. Ich wollte wissen, woran sein Vater gestorben war und erhielt die Antwort: „An Hepatitis." Dieser Arzt bezeichnete sich selbst als einen Spezialisten für diese Krankheit und musste doch an ihr sterben.

Was kann uns dann überhaupt helfen? Alles ist Einbildung und Täuschung. In uns wird die Vorstellung erzeugt: „Dies ist dein Freund, das ist deine Familie, dies ist jemand, der dir helfen kann. Dies ist ein Arzt, das ist ein Polizist, das ist Medizin, die dir hilft, das sind Bäume, Pflanzen, die dir helfen und so weiter und so weiter."

Alles hier dient nur dazu, uns zum Narren zu halten. Die ganze Welt ist ein einziger Betrug, eine Täuschung, ein Blendwerk. Nichts auf der Welt ist wahr, nichts ist echt. Es gibt niemanden hier, der euch wirklich helfen kann.

Daher sprach Gott zu uns: „Ich bin deine Mutter, ich bin dein Vater, ich bin dein Bruder, ich bin deine Schwester, und alle Hilfe, die du findest, Liebe und Frieden, den sie dir vermitteln, kannst du auch von mir bekommen. Ich bin dein Gott, du kannst dich auf meine Hilfe verlassen und mir vertrauen."

# Von Herz zu Herz

Seht, weltlich gesehen sind die Leute im allgemeinen von Mitteilungen abhängig. Deshalb haben wir manchmal das Gefühl, wir müssten sagen: „Ich liebe dich", damit sich der andere ein wenig getröstet fühlt. Aber das sind bloß mentale Dinge. Liebe ist nichts, worüber man sprechen müsste; sie ist eine Empfindung von Herz zu Herz, ein Gefühl von Herz zu Herz. Wenn wir in der Liebe zu Gott entwickelt sind, dann wird unsere Liebe auf allen Ebenen, überall stark sein.

Hauptsächlich wird sie über die Augen wirken und unmittelbar ins Herz des anderen dringen. Dessen Herz wird dann mit dieser Liebe angefüllt, und so wird er die Liebe zwischen euch empfinden.

Darüber zu sprechen ist nicht wirklich nötig. Nur in sehr niedrigen Phasen unseres Daseins, wenn wir völlig mental und weltlich eingestellt sind und noch nicht im geringsten spirituell erwacht sind, mögen solche Worte von irgendwelchem Nutzen sein.

28. Februar

# Im Anfang war das Wort

Es ist das Grundprinzip des Lebens, von dem es im Evangelium des Johannes heißt:

„Im Anfang war das Wort, und das Wort war bei Gott, und Gott war das Wort. Dasselbe war im Anfang bei Gott. Alle Dinge sind durch dasselbe gemacht, und ohne dasselbe ist nichts gemacht, was gemacht ist."

Das bedeutet, dass es am Anfang nur Gott in seiner eigenen absoluten Form gab. Es gab keine Schöpfung, und er erfreute sich in sich selbst.

Aber irgendwann hatte er den Wunsch, eine Schöpfung ins Leben zu rufen. Der absolute Gott blieb dabei unberührt, er behielt seine vollkommene Freude und seinen Frieden. Aber eine bestimmte Kraft, nämlich das Schöpfungsprinzip Gottes, das auch als ‚Wort' bezeichnet wurde, ging von ihm aus.

Dieses Wort Gottes erschuf alles, die Vitamine, Proteine und Kohlenhydrate, das Wasser, die Sonne, Mond und Sterne, alles wurde durch diesen Wort-Gott erschaffen.

Wenn wir mit diesem ursprünglichen Schöpfer, dem Erschaffer aller Dinge in Verbindung kommen, wird alles, was unser menschlicher Körper braucht, automatisch von diesem geschaffen. Dann hängen wir von nichts mehr in dieser Welt ab, sondern alles wird von Gott bereitgestellt.

„Der Mensch lebt nicht vom Brot allein, sondern von einem jeglichen Wort, das aus dem Munde Gottes kommt" – von dem Lebensstrom, aus dem Wort-Gott, und das gibt uns Leben und erhält uns am Leben.

# Überlegt sprechen

Alles wirklich Gute oder Schlechte, das einen Menschen treffen kann, stammt von ihm selbst. Wenn ihr schlecht von anderen denkt, werdet ihr nicht nur sie verletzen, sondern genauso euch selbst, denn Gedanken sind sehr mächtig.

Nichts in der Welt ist gut oder schlecht – nur unsere Gedanken machen es dazu. Wir ziehen Impulse aus der Atmosphäre an, so wie sie unserer eigenen mentalen Struktur entsprechen. Alle befinden sich auf dem Weg zur Vervollkommnung, und es ist für keinen weise, Fehler an anderen zu finden. Reden ist einfach, handeln ist schwer. Durch Reden wird nichts erreicht, aber durch Handeln kann man auf dem Pfad vorankommen.

Und noch etwas: Zuviel sprechen verschwendet spirituelle Energie. Überlegt zweimal, bevor ihr sprecht. Denkt nach, ob das, was ihr sagt, wahr, liebevoll und notwendig ist.

*1. März*

# Rom wurde nicht an einem Tag erbaut

Die meisten Schüler wollen rasche Ergebnisse. Sie wollen Wunder und plötzliche Umwandlungen. Aber in einer dünnen Bodenschicht geht die Saat zwar für gewöhnlich schnell auf, jedoch schwindet sie dann wieder dahin. Der Sämling, der zu einem lebensspendenden Baum heranwachsen soll, muss langsamer wachsen.

Rom wurde nicht an einem Tag erbaut, und die wahre Wohnstatt des Herrn kann nicht durch die Arbeit von ein paar Wochen erreicht werden.

# Die Lebensgeschichte eines Heiligen

Sant Kirpal Singh erzählte von einem Mann namens Guru Dev. Dieser wurde gebeten, die Biografie eines Heiligen zu schreiben. Er willigte ein, und nach einem Jahr fragte man ihn: „Hast du sie beendet?" Er antwortete: „Sie ist noch nicht fertig, aber ich beeile mich sehr."

Zwei Jahre später fragte man ihn wieder und er gab eine ähnliche Antwort. Nach einem weiteren Jahr sagte er nochmals das gleiche. Da wurden die Leute misstrauisch: „Wie ist es möglich, dass er stets behauptet, sehr schnell zu schreiben, aber in drei Jahren die Biografie immer noch nicht beendet hat?" Sie wollten es genau wissen und baten: „Lass uns doch wenigstens sehen, wie viel du schon geschrieben hast."

Guru Dev erwiderte: „Die Lebensgeschichte eines Heiligen ist keine gewöhnliche Biografie. Bevor wir nicht selbst heilig geworden sind, verstehen wir nichts und sind nicht fähig, seine Geschichte zu schreiben. Denn was könnt ihr dann berichten?"

Er hatte den Heiligen, dessen Lebensgeschichte er schreiben sollte, nie getroffen und nur wenig von ihm gehört. Selbst eine Begegnung wäre von wenig Nutzen gewesen. Es kommt nicht darauf an, mit dem Körper eines Heiligen zusammen zu sein, sondern dorthin zu gehen, wo seine Seele in der Meditation verweilt.

3. März

# Denkt nie schlecht über andere

Verletze nie jemanden. Wir verletzen andere, indem wir schlecht über sie denken. Wir denken schlecht über andere – wir wollen ihnen nichts Gutes. Das ist falsch, da Gedanken sehr mächtig sind. Wenn ihr schlecht über andere denkt, wirkt das wie ein Telegramm auf sie. Ihr braucht keinem etwas zu sagen – wenn ihr an ihn denkt, ist schon die entsprechende Ausstrahlung da.

Ein Minister erklärte einst Akbar, einem großen Herrscher Indiens, dass Gedanken sehr mächtig seien und dass wir sehr darauf achten sollten, wie wir über andere denken. Akbar fragte seinen Minister, wie er das meine. Der Minister sagte: „Gut, ich werde es Euch an einem lebendigen Beispiel klarmachen. Gehen wir hinaus."

Also gingen beide nach draußen. Sie sahen einen Mann, der in einer Entfernung von ein paar hundert Metern auf sie zukam. „Gebt acht", sagte der Minister zum König. „Denkt Euch nun einfach etwas über diesen Mann, und wenn er herankommt, könnt ihr ihn fragen, was ihm in diesem Augenblick durch den Sinn ging. Ihr braucht nur zu schauen und zu denken." Der König dachte bei sich, dass dieser Mann erschossen werden sollte. Der Mann kam näher und der König fragte ihn: „Was ging dir durch den Kopf, als du mich sahst?" Der Mann sagte: „Verzeiht mir, Majestät, aber ich dachte, dass ich Euch verprügeln und den Schädel einschlagen sollte."

Gedanken sind also sehr mächtig. Wenn ihr schlecht über andere denkt, werden sie darauf reagieren. Ihr solltet darauf achten, wie ihr mit den Leuten sprecht.

# Sein Kamel anbinden

Tut, was ihr tun könnt, dann ist es in Ordnung. Was ihr nicht zustande bringt, wird Gott übernehmen, dafür wird Er sorgen.

Baba Sawan Singh pflegte zu sagen, wenn ihr ein Kamel habt und befürchtet, es könnte euch gestohlen werden, so trefft selbst die nötige Vorsorge dafür, dass das Kamel vor Dieben sicher ist. Alles aber, was über eure Möglichkeiten geht, überlasst der Gotteskraft, der Meisterkraft. Dann wird Gott sich darum kümmern.

Zuerst also tut selbst euer Bestes. Danach werden Gott und der Meister sich eurer Dinge annehmen, und ihr werdet euch in bester Obhut befinden. Es wird keinerlei Schwierigkeiten oder Probleme geben. Das ist ganz sicher.

5. März

# Gott ist jenseits aller Schilderung

*Manche besingen Seine Größe,*
*doch nur entsprechend der Kraft,*
*die ihnen verliehen wurde;*
*manche besingen Seine Gaben*
*und nehmen sie als Seine Zeichen;*
*manche besingen Ihn als unbegreiflich;*
*manche besingen Ihn als den,*
*der Staub zu Leben und Leben zu Staub verwandelt:*
*als den Schöpfer und Zerstörer,*
*der Leben gibt und wieder nimmt.*

*Manche singen von Ihm als dem Nächsten und*
*den gleichzeitig am weitest Entfernten.*

*Seiner Beschreibung ist kein Ende.*
*Unzählige haben versucht, Ihn in Worte zu fassen;*
*dennoch ist Er jenseits aller Schilderung.*

*Die von Ihm empfangen, mögen ermüden,*
*aber Seine Großzügigkeit lässt nie nach;*
*seit Ewigkeiten wurde der Mensch von ihr erhalten.*

*Sein Wille lenkt die Welt,*
*und dennoch, o Nanak,*
*weilt Er jenseits von Sorge und Kümmernis.*

Guru Nanak

# Von Elefanten und Ameisen

Macht euch dieses Wissen zu eigen, dass jedermann Gott ist und dass auch ihr Gott seid. Keiner ist hoch, keiner ist niedrig, keiner ist besser, keiner ist weniger als der andere.

Nur die Körper mögen größer oder kleiner sein, das Leben in jedem einzelnen aber ist dasselbe. Die Seele in einer Ameise ist die gleiche wie die in einem Elefanten. Es ist nicht so, dass die Seele im Elefanten viel größer und stärker wäre. Nein. In jedem noch so kleinen Wesen ist die Seele dieselbe wie im größten Geschöpf.

Auf die gleiche Weise ist Gott so wunderbar, so bedeutend, so groß in Seinem höchsten Reich und dennoch so klein in eurem winzigen Körper. Er kann sich selbst in eurem Körper unterbringen, wenn ihr gerade geboren werdet und noch ganz klein seid. Auch damals war Gott schon in all Seiner Fülle anwesend.

Als wir geboren wurden, war nicht nur ein Teil von Gott in uns, sondern der vollständige Gott. Und wenn wir jetzt ein wenig erwachsen sind, dann ist es immer noch derselbe vollständige Gott, der in uns allen ist.

*7. März*

# Das Los der Affen

In früheren Zeiten war den Jägern die Eigenart der Tiere wohl vertraut, und so hatten sie auch eine einfache Methode herausgefunden, Affen einzufangen.

Sie nahmen Krüge mit sehr kleinen Öffnungen, durch die Affen gerade noch hineingreifen konnten. Die Krüge füllten sie mit Nüssen und Früchten. Anschließend befestigten sie die Krüge im Erdreich an einem Weg, den die Affen zu benutzen pflegten.

Die Affen kamen munter auf ihrem gewohnten Weg daher und entdeckten die Töpfe mit dem Futter. Gierig steckten sie ihre Hände hinein, griffen nach dem Futter und wollten die gefüllten Hände wieder herausziehen. Doch so sehr sie auch zerrten und zogen, die vollen Hände gingen nun nicht mehr durch den engen Hals des Kruges. In diesem Augenblick erschienen die Jäger. Die Affen sahen sie kommen, und sie begannen, ihr Schicksal zu begreifen. In höchster Aufregung setzten sie verzweifelt alles daran freizukommen. Aber um nichts in der Welt ließen sie das los, was so großen Genuss versprach.

Die Jäger kamen, banden die Affen an Ketten und führten sie in ihre langjährige Gefangenschaft. Hier wurden sie dressiert und lernten tanzen. Den Rest ihres Lebens blieben sie dazu verdammt, ihr Können einer johlenden und lachenden Menge vorzuführen.

# Verwandlung durch Meditation

Durch die Meditation ändert sich unser Leben und mit ihm sogar der Aufbau unseres physischen und unserer feinstofflichen Körper. Welcher Unterschied besteht zwischen diesen? Es ist die Substanz, aus der sie geformt sind.

Der physische Körper ist aus sehr groben Teilchen gefügt. Die Substanz des Astralkörpers ist weniger grob, die des kausalen ist feiner und die des Superkausalkörpers ist von noch feinerer Beschaffenheit. Doch auch da gibt es Abstufungen, und es wird nicht nur ein einziger Stoff verwendet, sondern bis zu einem bestimmten Grad ist er physisch, jenseits davon astral, danach in weiterer Abstufung kausal und superkausal. Er wirkt wie ein ununterbrochenes Ganzes.

Wo findet unsere Verwandlung statt? Es gibt keinen plötzlichen Übergang. Hochwertiges Material kommt in unterschiedlichen Feinheitsgraden herab. Dabei werden die gröberen Teilchen entfernt und durch feinere Partikel in allen Körpern ersetzt. Der feinste Stoff des Körpers bleibt immer gleich, der andere aber, der gröbere, wird ausgetauscht.

So geschieht eine vollständige Umwandlung in diesem Körper. Ihr werdet manchmal während der Meditation Vibrationen fühlen, eine feine Schwingung. Durch die Meditationen findet eine unentwegte Veränderung statt. Aber selbst wenn wir nur einen kleinen Gedanken an Gott, an den Simran oder den Meister hegen, geht dieser Vorgang weiter. Nach und nach werden wir so verwandelt sein, dass wir uns sogar hier in diesem Körper in der höchsten Region befinden werden.

9. März

# Achte auf Gedanken, Worte und Taten

Wir können niemals untätig sein. Irgendetwas müssen wir immer tun. Es gibt drei Arten von Handlungen, die aufgezeichnet und in unsere Akte aufgenommen werden.

Die eine ist euch wohlbekannt, nämlich das Gute oder Böse, das wir tun. So etwas wird als Tugend oder Sünde auf unserem Konto verzeichnet.

Das Nächste ist, was wir Gutes oder Schlechtes sprechen, und auch worauf wir hören, wenn jemand etwas Gutes oder Böses und Unfreundliches sagt. Darauf achten wir im Allgemeinen nicht und machen damit immer weiter, in dem Glauben, das sei nicht schlimm und würde in unseren Aufzeichnungen nicht als Tat verzeichnet.

Es gibt aber noch etwas weiteres, das sich schlimm auswirkt, nämlich Gutes oder Schlechtes, das wir über andere denken. Es mag sich noch gar nicht in Worten oder einer Handlung niedergeschlagen haben, sondern Gedanke geblieben sein — auch das wird als Handlung verzeichnet und in unsere Akte als gute oder schlechte Tat aufgenommen.

Wenn wir wach sind, tun wir immer etwas, wir können gar nicht anders. Sogar Kinder, die weder Pflicht noch Arbeit haben, sind ständig beschäftigt. Wenn wir einmal keine Arbeit zu erledigen oder keine Lust haben zu arbeiten, können wir immer noch Gutes oder Schlechtes reden. Ist niemand da, mit dem wir sprechen oder dem wir zuhören können, dann denken wir – entweder Gutes oder Schlechtes. Auch das wird in den Bericht unserer Taten aufgenommen.

# Du wirst sehr geliebt

Ich habe einen Freund für dich gefunden – einen Freund, der auch jetzt geduldig darauf wartet, dass du dich ihm zuwendest. Er ist ständig an deiner Seite und liebt dich, will an deinem Leben teilhaben, möchte deine Liebe, deine Gedanken und dein Vertrauen.

Du selbst hast eine Mauer verschiedener Vorstellungen zwischen dir und deinem Freund errichtet. Suche sie zu entfernen, und du wirst einen Freund sehen, der nach dir Ausschau hält, um dich voll Liebe in seine Arme zu schließen und dir während dieses gesamten Lebens und auch danach beizustehen.

Sei nicht verzweifelt, du wirst sehr geliebt. Wolltest du nur deine negative Einstellung ablegen und empfänglich sein, wäre alles dein eigen.

11. März

# Das große Gesetz

*Willst du glücklich sein,*
*mache andere glücklich.*

*Willst du gesegnet sein,*
*segne andere.*

*Wer anderen Unrecht tut,*
*schadet sich selbst.*

*So will es das große Gesetz.*

Sant Kirpal Singh

# Der Wert der Initiation

Ich wundere mich nicht darüber, dass du den Wert der Initiation nicht schätzt, denn du bist noch nicht nach innen gegangen. Sicher, man muss etwas tun und sich verändern, um den größten Nutzen daraus zu ziehen.

Aber allein schon initiiert zu werden ist ein großer Vorzug und vielleicht wird dir das nach und nach klar. Es ist nichts Unbedeutendes, auf den rechten Weg gestellt zu werden und einen unfehlbaren Führer zu haben; er ist immer bereit dich auf dem Weg zu begleiten, sobald du einen Anfang machst; der sich dir zeigt, wenn du weiter gehst und dir in allen Situationen zur Seite steht.

Denke nur an die Tausende, die schwer arbeiteten, sich alle Vergnügungen und sogar Annehmlichkeiten versagten und trotzdem das Ziel nicht erreichen konnten, weil sie nicht von einem vollkommenen Meister initiiert waren.

Tatsächlich vertun jene, die überkritisch sind, oft ihre Chancen, wogegen die mit einem einfachen Gemüt das Rennen machen.

# Den Baum des inneren Wachstums pflegen

Gott hat es so gefügt, dass ein lebender kompetenter Meister in der Lage ist, unsere Seele, die jede Zelle unseres Körpers durchdringt und in ihm verstrickt ist, zu befreien. Er verschafft uns Eintritt ins Reich Gottes, wo die Seele einer weiteren Reinigung unterzogen wird.

Als erstes verlassen wir diesen physischen Körper, um anschließend aus dem Astralkörper heraus zu kommen. Nun befinden wir uns im Kausalkörper, aus dem wir wiederum als Superkausalkörper hervorgehen. Jenseits des Superkausalkörpers werden wir noch einige andere Körper ablegen, bevor wir reine Seele werden. Schließlich sind wir eins mit Gott. Aber jeder einzelne Schritt erfordert sehr viel Arbeit.

Stellt euch eine Pflanze vor. Zuerst hat sie zwei Blätter. Wenn diese beiden Blätter der Pflanze ein Jahr lang gedient haben, ist sie für die nächsten beiden Blätter bereit, die wiederum ein Jahr lang wachsen. Nun treibt die Pflanze weiter und bringt neue Blätter hervor. Es bedarf einiger Jahre, in denen die Pflanze diesen Prozess durchmacht, Blätter zu entfalten, Blätter abzuwerfen, neue Blätter hervorzubringen und die alten nach einem Jahr wieder abzuschütteln. Dann aber beginnt sie, Blüten zu tragen und dazu wunderbare Früchte.

Das ist der Grund, warum wir den Baum gepflegt haben. Darauf haben wir so lange gewartet.

# Bedingungslose Liebe

Bei den Tieren sehen wir, dass das Junge seine Mutter sehr liebt. Das Muttertier seinerseits ist ganz für das Junge da, allerdings nur für eine gewisse Zeit. Wenn der Nachwuchs größer geworden ist und schon für sich selber sorgen kann, gibt es keine Spur von Liebe mehr. Die Mutter scheucht das Junge weg und auch das Junge empfindet keine Liebe mehr, weil diese Art der Liebe von der bindenden Kraft nur dazu erzeugt wurde, ihre Erde zu bevölkern.

Hier auf der Welt lieben die Kinder ihre Eltern ebenfalls sehr. Die Kleinen umklammern ständig die Beine der Mutter. Sind sie aber etwas größer, fünfzehn, achtzehn oder zwanzig Jahre, dann kümmern sie sich nicht mehr um Mutter oder Vater. Sie möchten lieber in Ruhe gelassen werden, frei sein von der Aufsicht durch die Eltern und tun, was ihnen gefällt. Die Liebe der Eltern macht ihnen keine Freude mehr. Warum? Weil es keine tiefe Liebe ist, sondern nur etwas Aufgezwungenes, eben eine zweckgebundene Liebe, durch die der Fortbestand der Erdbevölkerung gesichert wird.

Liebe jedoch sollte ewig und bedingungslos sein. Seid ihr fähig, jemanden zu lieben, so seid ihr großartig. Liebt der andere euch oder sonst jemanden wahrhaftig, so ist er groß, denn wer stark ist in der Liebe, ist auf dieser Welt und auch im Reich Gottes groß. Und wer ist groß? Derjenige, der liebt, dessen Herz erfüllt ist von Liebe zu allen, die ihn verachten, verletzen, treten und schlagen. Bleibt dies ohne Wirkung auf euch, ist eure Liebe unerschütterlich, dann seid ihr eine große Seele, dann habt ihr wirklich Liebe in euch. Das müssen wir von Gott lernen.

# In Gott leben

Der heilige Johannes schreibt in seinem Evangelium: „In Ihm war das Leben und das Leben war das Licht der Menschen." Dieses Licht, das Wort Gottes, ist das Leben.

Leben gibt es also nur im Ton und im Licht Gottes, auch wenn es vielleicht auf den untersten Stufen beginnt, die man bei der Initiation durch einen kompetenten Meister wahrnimmt. Es ist zumindest ein Anfang – auch ein neugeborenes Kind, ja selbst das Kind eines Königs, ist nicht gleich fähig, in irgendeiner Weise zu wirken. Ist es dann nach fünfzehn, zwanzig oder fünfundzwanzig Jahren erwachsen, wird es auch in der Lage sein, als erfolgreiche Persönlichkeit zu handeln.

Ganz ähnlich werden auch wir als Seele heranwachsen, wenn wir den Meditationen regelmäßig Zeit widmen. Haben wir dann die Quelle des heiligen Lichts und des heiligen Tons und damit Gott wirklich erreicht, werden wir volle Kompetenz besitzen und uns uneingeschränkter Kräfte erfreuen.

# Die fünf Diebe

Ein frommer Mann hatte die Welt in tiefer Sehnsucht nach Gott aufgegeben und sich in einen einsamen Wald zurückgezogen. Eines Tages kam ein Wanderer vorbei und fragte ihn: „Bist du der große Heilige, der kürzlich seine Familie, sein Haus und alle weltlichen Vergnügungen verlassen hat?" Der Heilige fühlte sich sehr geschmeichelt, dass er mit seinem entbehrungsreichen Lebenswandel schon einen solchen Ruhm erlangt hatte.

Der Fremde fragte ihn weiter: „Hast du auch Lust, Ärger, Gier, Verhaftetsein und dein kleines Ego hinter dir gelassen?" Der Heilige war etwas betroffen, denn er spürte, dass er diese Gefühle noch nicht überwunden hatte. „Lust, Ärger, Gier, Verhaftetsein und Ego sind noch immer in mir", sprach er leise.

Da erklärte der Fremde: „Dann kehre zu deinem Heim zurück. Es nützt nichts, dein Haus und die Welt zu verlassen und diese fünf Diebe in die Einsamkeit mitzunehmen. Hier werden sie dir mehr Sorgen bereiten als bei deinem Leben in der Welt. Gehe zurück, lasse die fünf weltlichen Diebe in der Welt und kehre dann in die Stille des Waldes zurück. Nur so wirst du mit deiner Meditation und der Läuterung deiner Persönlichkeit Erfolg haben und zu Gott gelangen."

# Unbeirrt Gottes Willen tun

Arbeitet für diesen Weg des Lebens, damit ihr das Ziel erreicht. Arbeitet auch für alle eure Brüder und Schwestern, Verwandten und Freunde und sogar für Fremde, damit auch sie nicht mehr in der Finsternis wandeln.

Macht euch keine Sorgen darüber, was die Welt über euch sagt. Achtet darauf, was Gott sagt und von euch hält.

Auch Jesus Christus wurde verspottet und die Leute sprachen schlecht über ihn. Doch ihn kümmerte nicht, was die weltlichen Menschen Gutes oder Schlechtes über ihn sagten. Er tat alles, um den Willen seines Vaters Gott zu erfüllen und Ihm zu gefallen. Er hielt durch bis an sein Ende, obwohl er von den Menschen verfolgt wurde. Er betete sogar für diejenigen, die ihn verfolgten.

Dies ist die Haltung, die auch ihr einnehmen solltet. Lebt in dieser Welt für Gott, geht zu Ihm und werdet eins mit Ihm.

# Öffne Deine Tür

*Demütig und bittend stehe ich*
*vor Deinem königlichen Hof, mein Gott.*

*Wen sonst gibt es außer Dir,*
*der Sorge tragen könnte für mich?*

*So öffne Deine Tür und gewähre mir,*
*einzutreten in Dein liebliches Himmelreich.*

*Unzählbar sind Deine Schätze und unerschöpflich,*
*Du selbst wirst barmherziger Vater genannt.*

*Ohne an Deine Schöpfung gebunden zu sein,*
*verwaltest Du Dein göttliches Reich.*

*Diese Loblieder über Dich habe ich*
*mit meinen eigenen Ohren gehört.*

*Bei wem sollte ich anklopfen, wenn nicht bei Dir?*
*Ist jeder andere doch nur ein Bettler.*

*Du allein bist mein Erlöser.*

Kabir

# Herr im eigenen Hause sein

Ein Großgrundbesitzer verließ eines Tages seine Familie. Mit der Versorgung der Familie beauftragte er einige Diener. Aber als er weggegangen war, erwiesen sich die Diener als die Stärkeren, warfen einfach die Angehörigen des Besitzers hinaus und rissen alles an sich. Als der Herr nach einiger Zeit zurückkam, sah er, dass alle seine Leute vertrieben oder getötet worden waren. Sein gesamter Besitz war von den Dienern, die eigentlich für ihn hätten arbeiten sollen, weggeschafft worden.

Genauso ist die Welt, in der wir uns befinden. Alles, was es hier gibt, alle Engel und Teufel wurden uns, den Seelen, zur Seite gestellt. Die Seelen wohnen in einem Körper und die Engel und Teufel sollten ihnen dienen. Alle Ländereien und Häuser waren von Gott dazu bestimmt, seinen Seelen Freude zu bereiten. Was Er schuf, sollte seinen Sinn erfüllen. In der Bibel wird uns auch folgende Frage gestellt: „Wisset ihr nicht, dass ihr der Tempel des lebendigen Gottes seid und der Geist Gottes in euch wohnt?"

# Genug ist nie genug

Wir Menschen neigen zu der Annahme, dass wir niemals genug haben, um unsere ‚Bedürfnisse' zu befriedigen und andere um uns herum mehr haben als wir besitzen. Dann versuchen wir, ihnen das, was sie haben, wegzuschnappen oder zu entreißen, und sie wiederum versuchen, sich zu verteidigen, und daraus entsteht Verwirrung.

Dieses Durcheinander herrscht auch in den Familien. Die Kinder haben nicht alles, was sie wollen; deshalb versuchen sie, sich die Dinge gegenseitig weg zu nehmen, manchmal auch mit Gewalt. Und so vermehren sich Aufruhr und Streit innerhalb der Familien, Gemeinschaften und Nationen, alles nur aus einem Grund: Wir haben uns von der fundamentalen Wahrheit entfernt, dass es einen großen Geber – Gott – gibt und wenn wir in Ihm leben, es uns an nichts mangeln wird.

# Deine Gebete wurden nicht erhört

Es war einmal ein frommer Moslem. Eines Tages, als er gerade dabei war, seine Gebete zu sprechen, kam ein Fremder des Weges. Dieser Mann, der in enger Verbindung mit Gott zu stehen schien, sprach zu ihm: „Deine Gebete wurden von Gott nicht erhört, und deswegen werden sie keine Frucht tragen."

Als der junge Mann dies hörte, sprang er voller Freude in die Höhe und strahlte vor Glück. Der fremde Mann wiederholte erstaunt: „Hast du nicht verstanden? Ich sagte, dass deine Gebete nicht erhört wurden."

Der Fromme antwortete: „Ich habe dich schon richtig verstanden. Das ist der Grund, weswegen ich vor Freude springe. Ich bin sehr glücklich über diese Nachricht." „Was macht dich denn daran so glücklich?", fragte der andere verständnislos.

„Ich bin glücklich, weil ich nun weiß, dass Gott meine Gebete wenigstens gehört hat. Wenn er dich wissen ließ, dass er meine Bitten nicht erhört, heißt das doch, dass er auf alle Fälle weiß, dass ich gebetet habe. Ich habe meine Pflicht getan, und jetzt ist es Seine Sache, die Gebete zu erhören oder nicht. Darüber brauche ich mir keine Sorgen zu machen."

# Gefärbte Brillengläser

Der erste Grundsatz von Hingabe ist die Erkenntnis, dass Gott überall ist. Das ist eine Tatsache. Wir müssen das innere Auge entwickeln und öffnen, damit wir sehen, dass Er überall ist. Es wird sich nur öffnen, wenn ihr einen findet, der es in euch auftut. Es heißt das Dritte Auge oder Einzelauge.

Ihr werdet im Inneren beginnen zu sehen, dass alles die Offenbarung Gottes ist. Es gibt nichts Böses in der Welt. Wenn sie böse erscheint, so liegt das an der rauchfarbenen oder sonst wie gefärbten Brille eures Herzens oder Gemüts. Wenn ihr das so überdenkt, wie ich es eben dargelegt habe, dann liebt und achtet ihr natürlich alle, selbst eure Feinde. Sie mögen anders über euch denken. Aber wenn ihr alle schlechten Gedanken über andere überwunden habt, werdet ihr mit Hilfe des Meisters sehen, dass alles die Offenbarung Gottes ist. Dann wird jeder schön sein. Ihr werdet diese Schönheit selbst in euren Feinden sehen.

An jeder verkehrten Ansicht ist nur eure rauchfarbene Brille schuld.

# Du bist das Leben meines Seins

*In dieser Welt befinde ich mich
in einer Gesellschaft ohne Sitte und Moral;*

*ich selbst bin untugendhaft seit meiner Geburt,
mein Handeln ist sinnlos und unangemessen.*

*Mein Gott, Du bist das Leben meines Seins,
Du bist der Atem, der mich erhält.*

*Mein Herr, ich bin ganz von Dir abhängig.
Bitte, beende mein Leid und lindere
das Leben Deines Kindes, das Dich anbetet.*

*Bis zu meinem letzten Atemzug werde ich
Schutz suchen zu Deinen heiligen Füßen.*

*Der Weise fleht:
Ich habe mich Dir übergeben, mein Herr,
um Dein göttliches Antlitz zu erblicken.
Bitte eile zu mir und verspäte Dich nicht.*

Ravi Das

# Selbsterkenntnis kommt vor Gotterkenntnis

Was ist die wichtigste Aufgabe des Menschen? Sein Selbst zu erkennen, sich von aussen, von den nach aussen fliessenden Energien zurückzuziehen, indem er sein Gemüt beruhigt und sich am Sitz der Seele im Körper hinter den Augen konzentriert. Dorthin zieht sich die Seele beim Tod zurück. Dort gelangt ihr zum Bewusstsein eures Selbst, wenn ihr euch nach oben erhebt und den physischen Körper vergesst.

Wenn ihr euch über das Körperbewusstsein erhebt, könnt ihr die lenkende Kraft in euch erkennen. Deshalb haben alle Meister betont, dass wir zuerst uns selbst erkennen müssen. Selbsterkenntnis kommt vor Gotterkenntnis. Wenn ihr in eurem Selbst gesammelt seid, wird die Aufmerksamkeit Wunder wirken, gleich wohin ihr sie richtet. Alles ist ein Werk der Aufmerksamkeit. Wenn ihr eure Aufmerksamkeit erst in euch selbst sammelt, indem ihr euch von aussen zurückzieht, werdet ihr euch über den physischen Körper erheben können und wenn ihr euch noch weiter erhebt, das kosmische Bewusstsein erlangen.

Der Makrokosmos ist im Mikrokosmos. Ihr habt den physischen Körper erhalten und müßt euch über ihn erheben. Ihr habt auch den astralen und kausalen Körper erhalten. Nachdem ihr euch über den physischen Körper erhoben habt, gelangt ihr zum Bewusstsein eures eigenen Selbst. Wenn ihr euch über den astralen und den kausalen Körper erhebt, gelangt ihr in eure wahre Ichheit. Ihr seht dann: „Ich und der Vater sind eins". Das Ganze hängt von der Konzentration eurer Aufmerksamkeit in euch ab.

25. März

# Euer Gutsein wird andere verwandeln

Wenn ihr mit dem heiligen Licht verbunden seid, segnet es euch immerzu bis in Ewigkeit. Ihr braucht um nichts zu kämpfen. Das Licht hilft nicht nur euch selbst, sondern ihr könnt auch anderen durch eure Ausstrahlung helfen, denn das Licht in euch strahlt auch auf andere aus.

Ein Meister ist von einer Sphäre aus Licht, Frieden und Süße umgeben. Wenn ihr in Seiner Nähe seid, werdet ihr mit diesen Gaben gesegnet. Seid ihr weit entfernt, können sie durch Aufmerksamkeit angezogen werden. Ihr könnt tausend Meilen weit von Ihm entfernt sein — wenn ihr euch Ihm zuwendet, an Ihn denkt, oder wenn der Meister an euch denkt, entsteht ein Strom des Segens. Der Meister ist wie ein großes Kraftwerk von Segnungen, und ihr bekommt zumindest ein wenig davon. Wenn ihr darin wachst, werdet ihr an Güte und Frieden zunehmen und anderen helfen können.

Eure Familienmitglieder und Freunde werden sich ändern, denn euer Gutsein, eure Ausstrahlung wirkt sich fortwährend auf sie aus und gelangt in ihre Herzen. Etwas von diesem Leben hat ihr Herz erreicht und drängt danach, zu seiner eigenen Quelle zu gelangen, seinen Ursprung zu erreichen, um von ihm getragen zu werden.

26. 3. 1929 – Geburtstag Sant Thakar Singh

# Ständige Zwiesprache

Am Tag nach den Feierlichkeiten zu seinem Geburtstag sitzt der Meister bei seinen Schülern. Bewegt spricht er darüber, wie wunderbar es ist, jeden Augenblick mit Gott in liebevoller Verbindung zu sein. Ihn in allem zu erkennen, Ihn stets bei sich zu tragen und beständig Zwiesprache mit Ihm zu halten sei eine ganz besondere Form der Meditation. Auf diese Weise sei es möglich, Verletzlichkeit, Ärger, Stolz und alle Härten aufzulösen, die die Menschen daran hindern, in Liebe und Frieden zusammenzuleben.

„Wenn wir an Gott glauben und Probleme mit jemandem haben, dann sollten wir die Augen schließen und Gott bitten: Bitte, mein lieber Freund, dieser Mensch ist sehr böse, bessere Du ihn. Dieser Mensch ist schrecklich, und er stört mich sehr. Bitte, kümmere Du Dich um ihn. Jener ist sehr liebevoll zu mir, und das ist Deine Gnade, Dein Segen, dass er so gut zu mir ist. Bitte, lasse ihn immer liebevoll bleiben."

Und mit Nachdruck fügt er hinzu: „Sprecht immer mit Ihm und haltet Ihn als euren ständigen Begleiter bei euch. In Gut und Böse müsst ihr Seine Gegenwart fühlen und mit Ihm sein. Und wenn ihr von der Stirnmitte aus, dem Sitz der Seele, bittet, wird Er hundertprozentig antworten und eure Schwierigkeiten beseitigen, jedes Problem, jede Unannehmlichkeit. Er wird nicht nur zuhören, sondern auch aktiv und kräftig zur Tat schreiten, euch helfen und euch wirklich befreien. Sprecht immer mit Ihm."

# Das Körperbewusstsein überschreiten

Unsere Welt ist eine Art Durchgangslager. Es gibt niedrige Lebensformen, wie die Wesen des Wassers, der Luft oder des Landes. Unsere Daseinsform liegt zwischen diesen und den höheren Regionen, die direkt mit Gott verbunden sind.

In keiner anderen Lebensform als der menschlichen gibt es die Möglichkeit, Gott zu erreichen. Alle anderen Lebewesen sind an die Materie gebunden. Der Mensch jedoch ist beides. Betrachtet man den äußeren, physischen Körper, so besteht er zu hundert Prozent aus Materie.

Wenn wir aber diesen physischen Körper überschreiten, befinden wir uns in einem höheren Zustand, der etwas Göttliches hat und nicht mehr völlig materiell ist – einem feineren Körper. Ihm folgen der kausale und der superkausale Körper, die noch mehr von Gott und immer weniger Materie, immer weniger bindende Kraft beinhalten. Schließlich erreichen wir unser Selbst, unser wahres Selbst, unser reines Selbst, die Seele, die zu hundert Prozent Gott ist. Sie geht dann auf in dem allgegenwärtigen Gott und erlangt die gleichen Eigenschaften, die gleiche Kraft, jenes Leben und alles, was von Gott ist.

# Wie Meister Kirpal Singh
# seine Büroarbeit erledigte

Im Büro unterhielt sich Sant Kirpal Singh oft mit vielen Menschen über Spiritualität. Dann wandte er sich wieder seiner Arbeit zu und überprüfte, wie es seine Aufgabe war, die Ergebnisse seines Mitarbeiterstabes. Schlug er dazu einen Ordner auf, so öffnete sich dieser meist an der Stelle, wo sich ein Fehler befand. So war es für ihn einfach, Fehler zu finden und zu korrigieren. Auf diese Weise waren in ein oder zwei Stunden alle Akten durchgesehen.

Die anderen Prüfer aber mussten jeden Ordner von Anfang bis Ende durchschauen. Sie studierten und studierten. Manchmal entdeckten sie die Fehler, und manchmal übersahen sie diese. Der Bürovorsteher war mit der Arbeit des Meisters sehr zufrieden. Doch die anderen beklagten sich über ihn und sagten: „Warum bewundern Sie die Arbeit dieses Mannes? Er erfüllt seine Aufgabe nicht gewissenhaft, denn er unterhält sich die ganze Zeit mit den Leuten über andere Themen als die Arbeit und tut nur wenig. Und Sie loben ihn auch noch. Wir aber, die wir uns acht Stunden lang abmühen, erhalten überhaupt keine Anerkennung."

Der Vorgesetzte antwortete: „Ich befasse mich nicht damit, wie viel Zeit Sie aufbringen und wie lange er braucht. Ich sehe, dass seine Arbeit auf dem neuesten Stand ist, dass er viel mehr Fälle schafft und mehr Vorgänge erledigt als Sie. Er ist viel sorgfältiger – ich konnte keinen einzigen Fehler finden, aber in Ihren Arbeiten sind immer zahlreiche vorhanden. Er arbeitet besser und mehr. Das sind die Gründe für mein Lob."

Wie ist das zu erklären? Welche Kraft half Kirpal Singh? Es ist die Gottes- oder Meisterkraft, die ihn unterstützte.

29. März

# Seid ehrlich zu euch selbst

Wenn das, was ihr denkt, was ihr in eurem Herzen habt und was ihr sprecht, in Einklang steht, so ist das die Wahrheit. Wenn diese drei Bereiche übereinstimmen, dann ist das Wahrhaftigkeit. Und genau das erreicht ihr auch, wenn ihr nichts vor Gott verbergt.

Wenn euer Herz etwas sagt, euer Kopf etwas anderes denkt und euer Mund wieder etwas anderes spricht, könnt ihr nicht wahrhaftig sein.

Wenn wir Ihn überall sehen und Er uns sieht, wie können wir da irgendetwas verbergen? Das müssen wir verstehen. Seid offen zu Ihm. Alles, was aus dem Herzen kommt, wird erhört. Welches Gebet wird also angenommen? Das Gebet, das aus der Tiefe des Herzens kommt. Wenn euer Herz, euer Kopf und euer Mund im Einklang sind, so ist das Wahrhaftigkeit. Seid also ehrlich zu euch selbst.

# Gottes Liebe erwidern

Wenn ihr euer Kind nach Tagen oder Wochen der Trennung wiederseht, dann möchtet ihr es am liebsten auf den Schoß nehmen, es umarmen und küssen und so richtig lieb haben.

Wenn aber das Kind lediglich sagt: „Hallo Mama, guten Morgen" und weitergeht, wie fühlt ihr euch dann? Es hat zwar ein klein wenig auf euch reagiert, es hat kurz „Guten Morgen" oder „Guten Abend" gesagt, aber das ist einer Mutter nicht genug. So wie sie ihrer Liebe zum Kind Ausdruck verleiht, sollte auch das Kind die Mutter gern haben. Es sollte die Arme um ihren Hals werfen und sie umklammern, so dass beide auch körperlich ihre Einheit fühlen und im Herzen wirklich eins sind in ihrer Liebe.

Seht ihr, das ist es, was Gott von uns möchte. Er leidet darunter, dass Seine Liebe nicht erwidert wird.

31. März

# Gott hat mir meine Sünden erlassen

*Gott hat mir meine Sünden erlassen.*
*Erneut hat Er mir bewiesen,*
*dass Er mein vergebungsvoller Vater ist.*

*Anstatt mich meinem Richter zu übergeben,*
*hat Er mir Seinen rettenden Arm gereicht*
*und hat mich zu Seinem Kind erkoren.*

*Voller Gnade taucht Er mich in das Meer Seiner Liebe,*
*auf ewig schwimme ich in Glückseligkeit.*
*Mein Meister ist die Barmherzigkeit selbst.*

*Auf ewig hat er mir den Leidensweg*
*mit einer Schranke der Liebe versperrt.*

*Mein Dasein ist ungetrübtes Glück.*
*Gott, der meinen Körper erschaffen hat,*
*der meiner Seele einen Platz in ihm gab,*
*der mich ernährt, bekleidet und erhält.*

*Er selbst hat in Seiner umfassenden Liebe*
*das Ansehen und die Ehre Seines Kindes gewahrt.*

*Ihm bin ich in Demut für immer ergeben.*

Arjun Dev

# Nach Hause gehen

Du weißt, wir sind nicht hier, um ewig zu leben; auch ist es nicht unser Wunsch, auf dieser Ebene des Kampfes und des Chaos nur eine Minute länger zu bleiben als notwendig. Wir müssen eines Tages gehen. Wir sollten es also so einrichten, dass wir unsere ‚Hausaufgaben' so gut als möglich erledigen und dann geradewegs mit Ihm zurückgehen, wenn Er uns ruft und mit nach Hause nimmt.

Dies ist die Zeit, zu tun, was dazu notwendig ist. Nochmals, warum zögern wir? Unser Weg zurück in unser Zuhause ist von den strahlendsten Sonnen und Monden erleuchtet; unser Heim ist der personifizierte Friede und unser Vater ist Liebe und Gnade.

Nochmals sage ich dir voller Liebe, führe bitte ein Leben, das einem Schüler angemessen ist.

2. April

2. 4. 1948 – Todestag von Baba Sawan Singh

# Mit den Augen der Liebe sehen

Wenn ein Mensch vollkommen von Liebe erfüllt ist, kann der Hass der ganzen Welt sein Verhalten nicht ändern. Seine liebevolle Haltung aber wird auf alle eine Wirkung haben.

Jesus Christus war ein solcher Mensch. Er war verkörperte Liebe. Habt ihr jemals gehört, dass er zu irgendeiner Zeit seines Lebens von Hass und Negativem beeinflusst wurde, welche man ihm entgegenbrachte? Niemals. Selbst am letzten Tag bei seiner Kreuzigung betete er zu Gott: „Bitte vergib ihnen, denn sie wissen nicht, was sie tun." In diesen letzten Augenblicken schrecklicher Schmerzen und Leiden schickte er seinen Feinden immer noch liebevolle Gedanken, da er so von Liebe erfüllt war, dass er keine Feinde in ihnen sehen konnte. Er konnte in ihnen nur Liebe sehen, denn er sah sie mit seinen eigenen Augen, die nur Liebe ausstrahlten und widerspiegelten.

Wenn wir eine rote Brille tragen, wird für uns jeder rot sein, und tragen wir gelbe Gläser, werden alle gelb aussehen. Tragen wir eine Brille der Liebe, werden wir überall Liebe sehen, nirgendwo Hass.

So sehen die Heiligen niemals Feinde, weil sie durch Augen sehen, die voller Liebe sind.

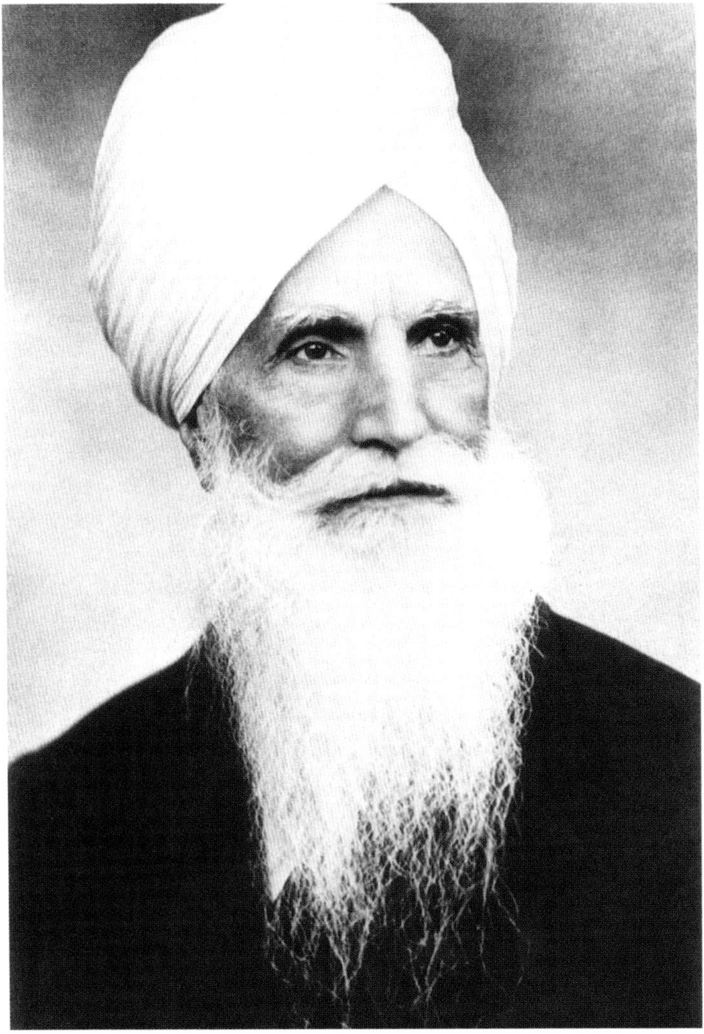

Baba Sawan Singh
1858 - 1948

# Eine Antwort auf alle Fragen

In den Veden steht, dass ein Schüler seinen Meister bat:
„Sage mir bitte, ob es eine Möglichkeit gibt, alles Wissen und alle Weisheit zu erlangen. Ich möchte alles wissen. Gibt es etwas, wodurch ich alles erfahren kann, so dass mir nichts mehr zu lernen bleibt und ich vollständiges und vollkommenes Wissen besitze und alles, was ich brauche?"

Darauf antwortete der Meister: „Das ist eine sehr gute Frage, denn die ganze Welt möchte das wissen. Die Menschen besitzen nie vollkommenes Wissen oder Weisheit, und nie können sie ihre Bedürfnisse vollständig befriedigen; etwas fehlt ihnen immer."

Darauf beharrte der Schüler: „Lieber Meister, sage es mir, damit ich Nutzen daraus ziehen kann."

Der Meister erwiderte: „Wenn du dich selbst erkannt hast, hast du alles erkannt. Hast du dich selbst gefunden, hast du alles gefunden. Darüber hinaus gibt es nichts zu wissen. Dann bist du in deinem physischen Körper vollkommen."

# Der Mensch steht höher als die Engel

Mein Meister pflegte zu sagen, dass der Wert eines Baumes von den Früchten bestimmt wird, die er trägt; sind die Früchte gut, wird er hoch eingeschätzt, sind die Früchte jedoch bitter, erachtet man ihn als wertlos.

Gott wollte, dass sein eigener Wert offenbar werde in einem Geschöpf, das sehr schön und wundervoll und etwas Außergewöhnliches wäre. Daraufhin schuf er ein menschliches Wesen, und es gefiel ihm sehr. Sodann rief er alle Engel herbei und hieß sie, hinab zu steigen zu diesem Menschen; doch sie zögerten. Sie sagten: „Wir sind Körper aus Licht. Wir haben große Fähigkeiten und Befugnisse, unser Leben währt sehr lange. Der Körper des Menschen ist aus Erde gemacht, und er ist sehr klein, sehr schwach und von sehr kurzer Lebensdauer. Es ist nicht möglich, dass die Höherstehenden zu den Geringeren gehen."

Da lächelte Gott über sie. „Ihr täuscht euch. Ihr wisst nicht, was der Mensch ist. Ich bin es, der in ihm wohnt. Ich habe ihn nach meinem Bilde erschaffen, nach meiner Gestalt. Ihr sollt nicht zu seinem physischen Körper gehen, sondern ihr sollt ihn achten und zu meinem Abbild in ihm gehen.

Nicht er, sondern ich wohne in ihm; alle meine Gaben und alles, was mein ist, ist in ihn gelegt, denn er ist nach meinem Vorbild geschaffen. Er ist die Verkörperung meiner selbst."

# Der unverzagte Frosch

Zwei Frösche hüpften umher und erfreuten sich ihres Lebens. Doch einmal achteten sie nicht darauf, wohin sie sprangen und befanden sich plötzlich in einem Eimer mit frisch gemolkener Milch.

Die Wände des Eimers waren steil und glatt. Sie kämpften und kämpften, gelangten aber nicht heraus. So verlor der ältere der beiden Frösche den Mut. „Es ist sinnlos", sagte er. „Wir kommen hier nicht mehr lebendig heraus. Alles ist vorbei." Mit diesen Worten gab er auf und ertrank.

Der kleine Frosch dagegen sagte sich: „Ich werde nicht aufgeben, ich werde kämpfen, solange ich kann."

Stunde um Stunde verging, und die Beinchen des Frosches wurden allmählich immer müder, er konnte sie kaum noch bewegen. Fast hätte auch er den Mut verloren, aber dann sagte er sich wieder: „Solange ich noch am Leben bin, werde ich weitermachen." So sprach er sich immer wieder Mut zu. „Ich werde weiterkämpfen." Er strampelte mit seinen letzten Kräften und ruderte mit seinen Beinen in der Milch, und bei jeder Bewegung schlug die Milch kleine Wellen.

Da, plötzlich, spürte er etwas unter seinen Füßen, auf dem er sogar stehen konnte – was war es? Die Milch war durch das viele Treten zu Butter geschlagen. So konnte er aus dem Eimer gelangen und war in Freiheit.

# Das innere Auge

Christus sagte: „Nur der Sohn kennt den Vater und wem es der Sohn will offenbaren."

Der Mensch, in dessen Körper sich Gott offenbart, hilft auch anderen, den ihnen bereits innewohnenden Gott zu offenbaren. Er braucht nichts von aussen hineinzutun, es ist schon da. Deshalb ist der Körper der wahre Tempel Gottes. In ihm könnt ihr euer inneres Auge öffnen, um Ihn zu sehen. In welcher Gestalt? Nicht in der absoluten Gestalt, sondern so, wie sich Gott zum Ausdruck bringt – als Licht- und Tonprinzip. Ihr könnt euer inneres Auge, das Dritte Auge oder Einzelauge, öffnen lassen. „Wenn dein Auge einfältig ist, wird dein ganzer Leib licht sein."

Um Ihn zu sehen, müsst ihr euch nach innen wenden, euch von aussen und vom Körper zurückziehen und über das Körperbewusstsein erheben. Er wartet auf euch. Ihr seid einfach vom rechten Weg abgekommen. Aus Liebe zur Welt habt ihr Gott vergessen.

# Gesegnet sind,
# die reinen Herzens sind

Das Herz ist der Thron Gottes. Der Körper ist der Tempel Gottes. Wenn ihr den Thron Gottes entweiht, wer wird dann dort sitzen? – Gesegnet sind, die reinen Herzens sind, denn sie werden Gott schauen.

Reinheit zeigt sich vor allem darin, dass man nicht schlecht von anderen denkt, ihnen nichts Böses will, weder in Gedanken noch in Worten und Taten. Es gibt noch andere Aspekte, aber das ist die Hauptsache. Wo ihr auch sitzt, sogar an einem heiligen Ort – wenn jemand schlecht über einen anderen denkt, so macht es sofort die Runde. Das ist wie eine Seuche, eine Ansteckung. Eine von einer Seuche befallene Ratte läuft herum und steckt alle an.

Das ist also eine sehr strenge Forderung: „Spielt euch nicht als unbezahlte Kriminalpolizei Gottes auf. Nehmt das Gesetz nicht in die eigene Hand." Wenn ihr Gutes über andere denkt, werdet ihr Gutes ausstrahlen. Wenn ihr eure Gedanken reinigt, reinigt ihr auch die der anderen. Wenn wir schlecht über andere denken, verunreinigen wir zuerst unseren eigenen Tempel Gottes und dann sie. Äußerlich sind wir ordentlich und recht sauber, aber unsere Herzen sind nicht rein. Wir sind nicht rein, wenn wir schlecht über andere denken.

# Der Finger im Wespennest

Das Gemüt ist wie ein Kind, das seinen Finger in ein Wespennest steckt, die Wespen aufscheucht und dann schreit, weil es gestochen wird. Das Gemüt stiftet Unruhe und dann schreit es. Es versetzt sich selbst in Aufregung und Unruhe und schreit dann, weil es aus der Fassung geraten ist. Alles ist eine Widerspiegelung des Gemütes. Es schafft sich seine eigenen Probleme und Sorgen, und dann schreit es.

In einem indischen Sprichwort ist von einer Frau die Rede, deren Sohn keine Ehefrau fand. Daher ging sie zu den Göttern und betete, dass ihr Sohn verheiratet werden möge. Daraufhin kam eine Heirat zustande, aber die Schwiegertochter war von sehr, sehr harter Wesensart. Nun litt die alte Frau darunter, dass ihr Sohn verheiratet war und betete wieder zu den Göttern: „Bitte, nehmt sie zurück. Ich bat um eine Schwiegertochter und stellte mir dabei vor, dass sie gut sei. Doch die, die ihr mir gegeben habt, ist sehr hart. Nehmt sie zurück."

So schafft sich das Gemüt zuerst etwas und wird doch nicht froh damit. Danach wünscht es sich etwas anderes, das ihm auch wieder Schwierigkeiten bereitet. Unser Gemüt ist wirklich die Hauptursache für jede Störung, und unsere eigene Unwissenheit ist die Ursache für unsere ganzen Unannehmlichkeiten.

Doch wir können unser Gemüt, unsere Einstellung in einer Weise beeinflussen, dass wir glücklich und zufrieden sind. Unter der Führung unserer Seele wird unser Haus in Ordnung kommen und alles reibungslos verlaufen.

# Ohne Ihn ist alles nichts

*Könnte einer sein Leben über vier Zeitalter ausdehnen,
nein, es sogar auf das Zehnfache verlängern;*

*wäre einer in allen neun Schöpfungsebenen bekannt
und jedermann begegnete ihm dort mit Achtung;*

*rühmte ihn jede Kreatur bis in den Himmel –
das alles und noch mehr wäre ohne Wert,
wenn Gottes Auge nicht wohlgefällig auf ihm ruhte;*

*ohne Gottes Gunst wird jener
als der armseligste Wurm
unter den Würmern betrachtet,
und Sünder werden ihn der Sünden beschuldigen.*

*O Nanak, Gott verleiht jenen Tugenden,
die keine haben,
und vermehrt sie bei den Tugendhaften.*

*Aber es gibt nichts, das man Ihm jemals
schenken könnte.*

Guru Nanak

10. April

# Wir sind ein Wunder

Die Wirkungsweise Gottes ist der Wirkungsweise der Welt genau entgegengesetzt. Jene, die mit göttlichen Schätzen, göttlichen Gewohnheiten, göttlichen Neigungen und göttlichen Kräften in Berührung kommen, werden für immer damit erfüllt sein; sie werden nie irgendeinen Mangel erleiden.

Wenn wir die Lektion der Liebe und ein göttliches Verhalten lernen, werden wir ein wundervolles Leben für uns und die ganze Welt finden. Denn in Wirklichkeit sind wir Wunder, wir wissen es nur nicht. Wir sehen gern die Wunder der Welt, aber die Wunder des eigenen inneren Selbst nehmen wir nicht wahr.

# Spirituelle Schulung

Was geschieht, wenn ihr in der Gemeinschaft eines Heiligen seid? Ihr werdet nicht nur über Gott unterrichtet, sondern erhaltet auch eine Erfahrung von Gott in euch.

Wenn ihr auf einem bestimmten Gebiet ausgebildet werden wollt, müsst ihr auf eine Schule oder Universität gehen, an der dieses Gebiet gelehrt wird. Wenn ihr etwas über euren grobstofflichen Körper lernen wollt – was ihn schwächt und wie er wieder gestärkt werden kann – müsst ihr auf eine Schule gehen, an der ihr lernt, wie man seine Gesundheit erhält. Wenn ihr Ingenieur werden wollt, müsst ihr auf eine Schule gehen, an der euch Ingenieure unterrichten.

An dieser Schule, in der ihr nun seid, lernt ihr, wie man wirklich Gott erkennt. Es ist eine Schule, an der euch ein Lehrer unterrichtet, der Gott kennt, ihn sieht und fähig ist, auch anderen eine Erfahrung von Gott im Inneren zu geben – etwas, mit dem sie beginnen können. Nur eine solche Schule wird ‚Satsang' genannt. Das Wort Satsang bedeutet eigentlich, die Seele mit dem alldurchdringenden, allgegenwärtigen Gott zu vereinen. Das ist nur möglich, wenn wir unsere Seele vom Gemüt und den nach aussen fliessenden Energien trennen. Nur wenn wir uns selbst erkennen, sind wir in der Lage, Gott zu erkennen, der alles durchdringt und alles erhält, in dem wir leben und unser Sein haben.

12. April

# Genießt das Geschenk

Ein König hatte vier Söhne. Als er alt geworden war, überlegte er, welchem Sohn er die Herrschaft über sein Reich geben sollte. Er ließ vier prachtvolle Paläste bauen, edelst ausgestattet. Eine große Dienerschaft stand bereit, um alle erdenklichen Wünsche der Bewohner zu erfüllen. Jeder seiner Söhne erhielt einen Schlüssel für einen der Paläste: „Geht und genießt dieses Geschenk von mir."

Der älteste Prinz öffnete mit seinem Schlüssel das Tor seines Palastes. Damit gab er sich zufrieden. Der zweite Sohn warf in seinen Palast einen kurzen Blick und dachte: „Ich sehe mich später um, jetzt will ich mit meinen Freunden auf die Jagd." Der dritte Prinz ging in seinen Palast, durchwanderte die Räume und ging dann wieder.

Der jüngste Sohn aber betrat voller Freude sein Schloss und war von der Pracht der Ausstattung und den Annehmlichkeiten, die sich ihm boten, wie verzaubert. Gleich beschloss er hier zu bleiben und fortan sein Leben zu genießen.

Als der jüngste Sohn verschwunden blieb, fragte der König schließlich seine drei anderen Söhne nach dessen Verbleib, aber sie antworteten gleichgültig: „Woher sollen wir wissen, wo er sich herumtreibt."

Der König spürte ihr Unverständnis und ahnte, dass der vierte Sohn den Wert des Palastes erkannt hatte und von seiner Schönheit so angetan war, dass er ihn nicht wieder verlassen wollte. „Wenn ich ihn sehen will, muss ich ihn in seinem Palast besuchen", dachte sich der Vater.

Als er dessen Palast betrat, fand er seinen Sohn glücklich und zufrieden in die Herrlichkeit seines Geschenkes vertieft. „Wenigstens einer meiner Söhne weiß zu schätzen, was er erhalten hat. Er soll später auch mein ganzes Reich bekommen."

# Einfachheit und Liebe entwickeln

Alle Meister der Vergangenheit, wie Jesus, Buddha, Mahavira, Mohammed, Guru Nanak, Kabir – um einige zu nennen – waren von großer Bedeutung. Wir verehren sie, doch die entscheidende Frage ist: Sind sie zufrieden mit uns? Sie können es sein, wenn wir nach dem leben, was sie gelehrt haben. Sie lehrten uns, zum Ursprung zurückzukehren und in allen Dingen Einfachheit zu befolgen.

Ihre Lehre war: Liebe, und alle Dinge werden dir zufallen. Liebt Gott und liebt alle empfindenden Wesen. Das Geheimnis des Lebens liegt darin, anderen zu dienen, den Armen zu helfen und jenen mit Wohlwollen und Liebe zu begegnen, die Hilfe und Kraft benötigen. Wenn ihr das tut, wird sich euer höheres Selbst auf alle erweitern, und ihr werdet die Botschaft der früheren großen Meister verwirklichen: „Friede sei auf der ganzen Welt nach deinem Willen, o Herr."

Dann werdet ihr sehen, dass andere nicht von euch getrennt, sondern ein Teil von euch sind. Sie gehören zu euch und ihr gehört zu ihnen; es gibt keine Trennung zwischen euch und der gesamten Schöpfung.

14. April

# Gute Freunde

Es waren einmal zwei gute Freunde, und jemand fragte sie, wie es gekommen sei, dass sie sich so nahe stünden. Sie erklärten, dass sie einmal dabei erwischt worden seien, wie sie ohne Fahrkarten mit dem Zug fuhren, wofür sie ins Gefängnis kamen. Hier hatten sie viel Zeit, eine enge Freundschaft zu entwickeln.

Auf diese Weise schließen auch wir oft unsere weltlichen Freundschaften in der negativen Atmosphäre dieses Gefängnisses hier, in dem wir Sünden begehen. Aber es gibt auch besondere Menschen, die zu Freunden werden, während sie zu Füssen des Meisters sitzen. Diese Art von Freundschaft sollten wir entwickeln. Sie wird uns emporheben, uns helfen und immer nützlich sein.

Meine lieben Freunde, meine lieben Seelen, ich möchte das wahre Lebensglück mit euch genießen. Ich möchte euch nicht verlassen, sondern immer bei euch sein, denn ich empfinde große Freude in eurer Gesellschaft.

Wenn wir uns wieder sehen, dann nicht in einem Gefängnis, sondern in einem Rosengarten. Setzt euch zur Meditation und wir werden uns innen begegnen, auf den höheren Ebenen. Das wird viel besser sein. Dann werden wir nie wieder traurig sein und für immer die große Lektion im Leben gelernt haben – wie man glücklich sein kann.

# Alles ist mit Ihm verbunden

Besitze ich ein Haus mit vier oder fünf Zimmern, kann ich meine Sachen in eines der Zimmer stellen und sie am nächsten Tag in ein anderes umräumen. Das erste Zimmer empfindet vielleicht Trauer, weil es die Sachen verloren hat, und das zweite kann glücklich sein, weil es so vieles erhalten hat. Doch diese Empfindungen rühren von deren Isoliertheit und Ich-Bezogenheit her: „Ich habe dieses empfangen – ich habe jenes verloren."

Wenn die Zimmer jedoch auf irgendeine Weise mit dem Besitzer des Hauses verbunden sind, werden sie erkennen, dass alles ihm gehört und er für alles verantwortlich ist. Nichts wird sie stören. Sie werden weder glücklich noch traurig sein, da sie wissen, dass alles von dem Besitzer geregelt wird und sie sich um nichts Sorgen machen müssen.

Auf ähnliche Weise hat Gott alles in und um uns auf seinen rechten Platz gestellt. Alles, was Er uns nimmt oder gibt, entspricht Seiner Ordnung. Wir werden denken: "Ich habe nichts getan oder empfangen. Ich habe nichts verloren, wenn Er mir etwas weggenommen hat, um es woandershin zu tun. Es ist alles seine Vorkehrung". Dann sind wir nie mehr traurig oder betrübt. Wir sind stets in einem Zustand des Glücks und der Freude, denn wir haben die vollkommene Kraft Gottes erkannt.

Er ist der alleinige Besitzer, Er ist der Handelnde und Er ist der Herr. Alles gehört Ihm, nichts gehört uns. Auch wir gehören Ihm, daher ist nichts mit uns verbunden. Alles ist mit Ihm verbunden, genau wie wir.

# Wenn es beim Nachbarn brennt

Diese Welt muss verändert werden oder wir verlieren unsere Existenz.

Ist ein Dorf voller Diebe, kann niemand ruhig schlafen. Wenn wir in einem Land leben, in dem die Menschen erfüllt sind von Habgier, Wollust und Hass, wird es für uns und für andere sehr unangenehm werden. Jeder wird für jeden ständig eine Quelle von Unannehmlichkeiten sein.

Wollen wir friedlich leben, müssen auch die Menschen in unserer Umgebung das Gesetz des Lebens verstehen. Sind sie friedlich und kennen sie die Liebe, dann werden auch wir Frieden haben. Wenn Häuser in der Nähe unserer Häuser brennen, kann unser Haus in Brand geraten.

Wollen wir unser Haus retten, müssen wir versuchen, das Feuer in den Nachbarhäusern zu löschen; damit werden wir uns ebenso helfen wie unseren Nachbarn. Lieben wir unsere Nachbarn und Feinde – „Liebe deinen Nächsten wie dich selbst" – lieben wir auch uns. So können unsere Feinde eins mit uns werden.

# Frösche schlucken

Es waren einmal zwei Freunde, die gelangweilt an einem Tümpel saßen. Da meinte der eine: „Du, wenn Du einen Frosch fängst und ihn lebendig herunterschluckst, gebe ich Dir hundert Rupien." Der andere zögerte nicht lange, fing einen Frosch, würgte ihn hinunter und bekam auch prompt das Geld. Nach einer kurzen Weile fragte er: „Wenn ich Dir auch hundert Rupien gebe, wirst Du dann ebenfalls einen Frosch schlucken?" „Klar, mache ich!", sagte der andere und verschluckte ebenfalls einen.

Als er seinem Freund die hundert Rupien gab, dämmerte es den beiden: „Jetzt haben wir beide mühsam einen Frosch heruntergeschluckt, uns ist fast übel davon geworden, wir haben uns davor geekelt und wir haben nicht einmal den geringsten Nutzen davon gehabt."

So ist das trügerische Spiel dieser Welt.

# Ein kleiner Anfang

Im Adi Granth stehen die schönen Worte:

*Nur Deiner gedenkend bin ich Du geworden,
ich habe mich verloren und bin nichts außer Dir.*

Diese Stufe ist erreicht, wenn wir fühlen, dass wir nichts sind außer Ihm, dass wir nur Er sind. Das Ich verschwindet dann im Allgemeinen.

Aber diese ganze Entwicklung beginnt mit einem kleinen Anfang. Denkt nur ein wenig an Ihn, vier oder fünf Minuten – das bringt euch auf dem Weg zur Herrlichkeit ein großes Stück vorwärts. Bereits ein paar Minuten zählen und werden uns von Nutzen sein. Schon die Erinnerung für einen Moment trägt wundervolle Gaben in sich.

# Das Gefängnis verlassen

Uns ergeht es wie einem Gefangenen, der zuerst in ein drittklassiges Gefängnis gebracht, dann in eines der zweiten Klasse verlegt wird und schließlich in die erste Klasse kommt. Betritt er das Gefängnis erster Klasse, denkt er: „Ich bin ein König. Ich bin nicht im Gefängnis. Ich bin hier wie ein Prinz." Er ist jedoch immer noch in einem Gefängnis, und irgendwann kann er wieder in die niedrigste, die dritte Klasse, zurückgeschickt werden. Erst, wenn er von allen Klassen völlig frei ist und das Gefängnisgebäude verlassen hat, kann er sein Königreich genießen.

Dem Gemüt sind viele schöne und herrliche Dinge zu eigen, erfüllt von ihren eigenen Lichtern und Tönen. Neunundneunzig Prozent der Menschen, die glauben, dass sie Gott verehren, verehren in Wirklichkeit das Gemüt, so teuflisch ist die Täuschung des Gemüts. Es ist eine große Gnade des Meisters, dass wir nicht mehr vom Gemüt und der Materie getäuscht werden können, sobald wir von Ihm angenommen sind. Er wird uns nicht erlauben, mit diesen trügerischen Schönheiten und Herrlichkeiten, die uns vom Pfad abbringen, in Verbindung zu treten und von ihnen irregeführt zu werden.

20. April

# Sehnsucht nach Vollkommenheit

Wir sollten uns bis zum letzten Augenblick unseres Lebens nicht enttäuscht fühlen, sondern hart an der Aufgabe arbeiten, die uns zugedacht ist. Und wir haben eine Aufgabe: Wir sollen das ewige und zugleich glücklichste Leben finden.

Diesen Ehrgeiz und Wunsch hat jeder. Wenn das der Zweck ist, der erfüllt werden soll, dann sind wir berufen, ihn zu erfüllen. Diejenigen, die das vollbracht haben, werden uns dabei helfen.

Wenn diese Sehnsucht wirklich in uns ist und wir zu Gott um die Verwirklichung beten, wenn wir hart dafür arbeiten und unser einziger Ehrgeiz darin liegt, vollkommen zu werden „wie unser Vater im Himmel vollkommen ist." Wir müssen es erflehen und herbeisehnen, dann wird Gott Mittel und Wege für uns finden, und wir werden daran mitwirken und es schließlich erlangen.

# Liebe und andere Eigenschaften

*Mache Reinheit zu deinem Schmelzofen
und Geduld zu deiner Schmiede;*

*mache des Meisters Wort zu deinem Amboss
und wahres Wissen zu deinem Hammer.*

*Mache Ehrfurcht vor Gott zu deinem Blasebalg
und entzünde damit das Feuer der Genügsamkeit;*

*im Schmelztiegel der Liebe schmelze
den göttlichen Nektar.*

*Nur so kann der Mensch
in die Form des göttlichen Wortes gegossen werden.*

*Doch nur jene, die in Seiner Gunst stehen,
können diesen Pfad aufnehmen.*

*O Nanak, auf wen Er voller Gnade schaut,
den erfüllt Er mit ewigem Frieden.*


Guru Nanak

22. April

# Loslösung

In Wirklichkeit haben wir zu niemandem eine Beziehung. Die Seele ist völlig unabhängig von anderen Quellen, und auch das Gemüt ist ziemlich eigenständig.

Zwar mögen wir durch Karma miteinander verbunden sein, aber wenn wir die Empfindung tiefer Bindung zulassen, ist dies unserer Schwäche, der Schwäche des Gemüts zuzuschreiben. Nach einiger Zeit, wenn ihr in der Meditation vorangekommen seid, wird es solche Eindrücke in eurem Gemüt nicht mehr geben. Ihr werdet euch mit nichts von der Welt verbunden fühlen, nicht einmal mit euren Kindern, Brüdern oder Schwestern.

Jemand, der vollständig weltlich eingestellt ist und in vollkommener Unwissenheit lebt, wird sich ganz und gar gebunden und verhaftet fühlen, und er wird auch die meisten Probleme haben. Doch wer ein höheres spirituelles Verständnis hat, wird frei sein, losgelöst von diesen Bindungen.

Die Freiheit, die wir als Erlösung bezeichnen, ist nicht etwas, das nach langen, harten Anstrengungen plötzlich kommt; Erlösung finden wir sofort zu Beginn bei der Initiation. Vielleicht zuerst nur ein Prozent, aber sie nimmt ständig zu und die Gebundenheit nimmt ständig ab. Beides geschieht gleichzeitig. Es ist ein leichter und beständiger Vorgang.

# Tatsachen gegen Theorien

Was für einen Menschen eine Wahrheit darstellt, muss es nicht notwendigerweise auch für einen anderen sein. Es wird für ihn auch keine werden, bis er selbst eine ähnliche Erfahrung gemacht hat.

Die Wahrheiten von Sant Mat sind reproduzierbar wie die Tatsachen in jeder Wissenschaft und können im Laboratorium von Sant Mat demonstriert werden. Dieses Laboratorium befindet sich im Menschen. Jeder, der es betritt und seine zerstreute Aufmerksamkeit am Augenbrennpunkt nach innen lenkt, kann selbst sehen, empfinden und verstehen, was die Heiligen sagten; er kann diesen Versuch wiederholen, so oft er möchte.

Sant Mat beschäftigt sich nur mit Tatsachen und nicht mit Theorien oder Anschauungen. Es bietet seinen Anhängern eine praktische Schulung. Es ist durch und durch praxisnah und kann von jung und alt, Mann oder Frau, gebildet oder ungebildet ausgeführt werden, während man sich gleichzeitig am ganzen häuslichen Leben weiter erfreut.

24. April

# Die Vögel im Netz

Es gibt die Geschichte von einem Jäger, dem einige Vögel ins Netz gegangen waren. Die Vögel flatterten verzweifelt und konnten keinen Weg heraus finden. Da kam ein Adler angeflogen. „Nun", fragte er, „Was ist passiert?" Sie erzählten, sie seien umher geflogen, hätten das Leben genossen, aber sich dann im Netz des Jägers verfangen. Jetzt könnten sie nicht mehr entkommen.

„Versucht doch, alle gleichzeitig gegen das Netz zu fliegen und es davon zu tragen." Sie entgegneten, sie seien inzwischen so erschöpft und geschwächt, dass sie dies alleine niemals schaffen würden. „Gut", sagte er, „ich werde euch helfen." Er packte das Netz und alle zusammen flogen mit ihm davon. Das Netz trugen sie mit sich. Der Jäger sah, dass er außer den Vögeln nun auch noch das Netz verloren hatte.

Genauso wird es unserem Gemüt ergehen, wenn wir als Seelen höher steigen, denn es hält uns nur bis zur zweiten Ebene gefangen. Steigen wir höher, kann das Gemüt uns nur noch nachschauen.

# Strohhalme im Wind

Weshalb sind wir so schwach? Wenn man gute, besänftigende und lobende Worte an uns richtet, sind wir sehr glücklich; redet uns aber jemand unfreundlich an und beschimpft uns auch nur ein wenig, so sind wir beleidigt und tief gekränkt. Das bedeutet, dass wir nicht in uns selbst verankert sind. Gibt uns jemand Feuer, sind wir Feuer; gibt uns jemand Wasser, sind wir Wasser; wir sind nichts aus uns selbst heraus. Wir besitzen weder Beständigkeit noch Verständnis, noch haben wir einen eigenständigen Charakter. Sonst wären wir unserer grundlegenden Art treu geblieben und hätten die anderen beeinflusst, anstatt uns von ihnen mitreißen zu lassen.

Diese Unbeständigkeit ist die Quelle von Unglück und Problemen. Wir sind wie Strohhalme. Kommt der Wind von der einen Seite, folgen wir dem Wind. Kommt er von der anderen Seite, werden wir von diesem fort getragen. Wir haben nicht genug Gewicht, um unseren Kurs beizubehalten. Wir ruhen nicht in unserem Selbst. Deshalb werden wir von den Worten anderer sowie von unseren eigenen Eindrücken fortgetrieben, doch all dies ist negativ, es führt zu noch größerer Unbeständigkeit.

Ist jedoch in uns etwas Wirkliches vorhanden, dann wird uns ein Wind, ob er von Osten oder Westen kommt, nicht fort tragen. Wenn wir in Gottes Urgrund eingebettet und darin verwurzelt sind, kann uns kein noch so starker Sturm beunruhigen. Wir werden ihm standhalten und gelassen bleiben.

26. April

# Der innere Meister
## ist ständig gegenwärtig

Wir müssen die Gemeinschaft mit dem Meister suchen. Nur durch den Meister können wir das Wort Gottes, ‚Naam', oder das Leben erfahren. Das Beste ist, wenn wir ihn in menschlicher Gestalt finden. Doch der Meister ist mehr als der Körper, so dass wir nicht physisch mit ihm zusammen sein müssen. Es genügt, an ihn zu denken, dann befinden wir uns in seiner Gegenwart.

Denken wir an ihn, ist er da, selbst wenn wir Tausende von Meilen von ihm entfernt sind. Seine Gnade ist da, und wir werden die Wohltat seiner Gegenwart spüren.

# Der weinende Postbote

Eine Schülerin schildert dem Meister ihre missliche Lage. Er setzt sich zu ihr und sagt:

„Sei nicht verbittert, wenn du Leid zu tragen hast. Die Menschen sind im allgemeinen wie die Leute in einem indischen Dorf, in dem der Postbote einer Familie, die des Lesens und Schreibens unkundig war, ein Telegramm brachte. So baten sie ihn, es vorzulesen.

Er öffnete es und begann zu weinen. Alle erschraken und weinten mit. Weitere Verwandte kamen hinzu, die Dorfbewohner eilten zusammen, und alle stimmten in ein allgemeines Schluchzen ein. So weinten sie, bis jemand kam, der das Telegramm mit der schlimmen Nachricht las. Er konnte jedoch nur erfreuliche Worte darin finden und fragte erstaunt, warum alle hier so traurig seien. Die Umherstehenden berichteten, dass sie die Familie weinend vorgefunden hätten. Diese wiederum erklärten ihm, sie seien zutiefst erschrocken, weil der Postbote beim Lesen des Telegramms in Tränen ausgebrochen sei.

Der Postbote aber erzählte, ihm sei beim Öffnen des Telegramms eingefallen, dass seine Eltern sehr arm waren und ihn nicht einmal in die Schule hätten schicken können, damit er Lesen lernte. So sei er nicht imstande gewesen, ein einfaches Telegramm zu entziffern. Sei das nicht furchtbar? Ihn hätten bei diesem Gedanken die Tränen übermannt.

Verstehst du? Also erfreue dich. Du weißt nicht, was in dem Telegramm an dich steht."

Da stimmt auch die Schülerin in sein aufmunterndes Lachen ein.

# Absichtslos handeln

Wenn ihr anderen Liebe senden wollt, habt ihr auch genug davon, um sie zu verteilen? Wenn ja, dann ist es gut. Ansonsten werdet ihr Bankrott gehen: ihr habt kein Geld auf eurer Bank und stellt Schecks aus.

Wenn ihr Liebe für Gott empfindet – die Seele ist vom selben Wesen wie Gott und wohnt in jedem Herzen – werdet ihr natürlich alle lieben. Wenn ihr sehr von Liebe erfüllt seid, müsst ihr noch nicht einmal eure Aufmerksamkeit auf jemanden richten, denn bereits durch eure Ausstrahlung werden die anderen sie erhalten. Tut ihr es mit Absicht, werdet ihr euch bald ausgeraubt und ziemlich leer fühlen.

Das ist der Grund, warum ich das Heilen nicht befürworte. Die Menschen, die heilen, handeln nicht absichtslos. Sie schicken Liebe, sie schicken gute Gedanken, heilende Gedanken. Sie verausgaben sich und müssen sich dann regenerieren.

# Eine Maus auf Pilgerreise

Eine kleine Maus lief eilig auf der Erde, als eine Taube sie aus der Luft erblickte. Sie fragte die Maus, warum sie so schnell laufe. Die Maus antwortete, sie sei auf einer Pilgerreise nach Mekka. Das kleine Geschöpf tat der Taube leid. Sie ergriff die Maus, flog mit ihr nach Mekka und setzte sie im heiligen Bezirk nieder.

Unser Geist, der sich in den Fängen des Gemüts und der Materie verwickelt hat, kann dem Gefängnis nicht mit eigener Kraft entkommen und die rein spirituelle Region – jenseits von Pind, And und Brahmand, der physischen, astralen und kausalen Ebene – erreichen, welche unsere wahre Heimat ist.

Es ist nicht möglich, einen überladenen Esel aus einem Sumpf zu befreien, wenn ihm nicht zuerst die Bürde abgenommen wird. Ähnlich ist es, wenn ein Sucher zum Meister kommt. Dieser nimmt ihm vorübergehend die Last des Gemüts mit Worten der Ermutigung und durch seine Aufmerksamkeit und lässt ihn die Dinge in ihrer rechten Perspektive sehen. Dann weist ihn der Meister an, für ein tatsächliches Experiment in das Laboratorium seines Körpers einzutreten; tut er das, so erhält der Schüler eine innere Erfahrung, die er durch die tägliche Praxis zu entwickeln hat.

Seine grundsätzliche Weisung für den Schüler ist, sich über das Körperbewusstsein zu erheben. Er sagt, wie er das machen soll, und hilft ihm dabei. Auf diese Weise zeigt er ihm einen Weg nach oben und zieht ihn aus dem Morast des Sinnenlebens heraus, in dem er seit endlosen Zeiten feststeckte, nachdem er seine wahre Heimat, den Garten Eden, verlassen hatte und sich selbst auf die Ebene des Gemüts und der Materie verbannte. Er kommt, um die spirituell kranke und leidende Menschheit zu heilen.

30. April

# Praxis der Spiritualität

Die Wahrheit wird überall in den verschiedenen Religionsgemeinschaften der Welt in der Theorie erklärt, doch in den unterschiedlichen Auslegungen kann man sich leicht verlieren. Die heiligen Schriften sind wertvolle Aufzeichnungen von den spirituellen Erfahrungen früherer Meister auf ihrer Reise zu Gott. Doch lediglich darüber zu lesen kann uns nicht befriedigen, solange wir nicht die gleichen Erfahrungen in uns selbst gemacht haben.

Diese Erfahrung gibt uns ein kompetenter Meister bei der Initiation und sie kann weiter entwickelt werden, wenn man den spirituellen Übungen mit liebevoller Ergebenheit und Genauigkeit regelmäßig Zeit und Aufmerksamkeit widmet.

# Das Gesetz der Vergebung

Es gibt für alles einen Grund: Warum ihr zu jemandem gut seid, warum ihr jemanden schlecht behandelt, warum der eine liebevoll und der andere feindselig zu euch ist. Es gibt niemanden, der wirklich gut zu euch ist und niemanden, der euch wirklich schlecht behandelt. Habt ihr jemandem Gutes getan, wird er euch Gutes tun, habt ihr einen Menschen gequält, wird auch er euch quälen.

Es sind eure eigenen Handlungen, die durch jene Personen auf euch zurückkommen, und ihr müsst sie aushalten. Das ist das Gesetz des Karmas, das in der Welt unumstößlich wirkt.

Aber über dieses Gesetz des Karmas hinaus gibt es ein anderes Gesetz. Es ist das Gesetz der Barmherzigkeit, Vergebung und Gnade, welches die Meister verkörpern. So steht es auch in der Bibel, dass das Gesetz der Vergeltung – „Auge um Auge, Zahn um Zahn" – von Moses gebracht wurde, und das Gesetz der Barmherzigkeit, Vergebung und Gnade vom Meister Jesus Christus.

Alle Meister, die von Gott kommen, erscheinen mit diesem Gesetz, um euch alles, was ihr getan habt, zu vergeben. Millionen und Abermillionen eurer Sünden werden einfach durch ihren gnadenvollen Blick weggewaschen. Ihr Blick ist ganz und gar von Barmherzigkeit erfüllt, sie haben nichts an sich, was euch verletzen könnte. Ihr Herz ist voller Mitgefühl.

2. Mai

# Erleuchte mein Herz

*Ich liege zu Deinen Füßen,*
*mein geliebter Vater und Gott.*

*Aus dem Meer Deiner großen Schätze*
*bitte ich Dich um dieses Geschenk:*
*Lehre mein selbstsüchtiges Gemüt*
*die Liebe zur Verbindung mit Naam.*

*Mein vollkommener Gott und seliger Vater,*
*bitte erfülle mir diesen einen Wunsch.*

*Erleuchte mein Herz, damit ich verbunden bleibe*
*mit allen, die Dich anbeten und lieben.*

*Lass auch mich sie lieben und lass mich Dich lieben*
*und durch heilige Gebete preisen und ehren.*

*Du bist mein geliebter Schöpfer,*
*mein himmlischer Vater und großer König.*

*Du bist die Quelle aller göttlichen Segnungen,*
*Deine Lehren sind heilig und rein.*

*Der Weise bittet Dich:*
*Färbe mich im Ton Deines göttlichen Glanzes*
*und lass mich Dir auf ewig ergeben sein.*

Unbekannter Heiliger

# Liebe im Gegensatz zu Verhaftetsein

Liebe – dieses Wort hören wir aus aller Munde. Aber was ist Liebe? Gott ist Liebe und unsere Seele ist ihm wesensgleich. Wir sind auch verkörperte Liebe. Die Liebe ist unserer Seele eingeboren. Sie strahlt aus und sollte mit der Überseele verbunden werden, die wir Gott nennen. Anstatt aber unsere Seele mit Gott zu verbinden, haben wir sie an beseelte Körper gebunden, und das nennt man Verhaftetsein.

Liebe ist das, was aus der Seele überfließt und euch Körper und Gemüt vergessen läßt. Das ist ein Kriterium, um Liebe von Verhaftetsein zu unterscheiden. Von dieser Liebe wird in den Schriften gesprochen.

In der Regel sollte unsere Seele Gott lieben. Gott wohnt in jedem Herzen. Er ist die kontrollierende Kraft in uns. Wenn sich unsere Seele von Gemüt, Materie und den Sinnen befreit hat, wird sie sich zu ihrem eigentlichen Ursprung, von dem sie ausgegangen ist, erheben. Wenn man eine Kerze anzündet, strebt die Flamme nach oben – selbst wenn man sie nach unten hält. So sollte sich die Liebe der Seele zur Überseele erheben. Wenn sie an den Körper und die Sinne gebunden bleibt, so ist das keine Liebe, sondern Verhaftetsein. Das ist der Unterschied zwischen den beiden.

# Die Weisheit des Königs

Es gab einmal ein Königreich, in dem jeder König nur zwanzig Jahre herrschen durfte. War diese Zeit vorüber, wurde ein neuer König gewählt. Der Vorgänger aber wurde in einen Wald verbannt, wo Löwen und Wölfe über jeden herfielen, der ihn betrat. So fanden die unglücklichen Könige dieses Reiches ein grausames Ende.

Immer wenn ein neuer König seine Regentschaft antrat, dachte er nur an den Glanz des Herrschens und an seine Macht. Erst in der Wildnis erkannte er mit Schrecken die Vergänglichkeit seines königlichen Wirkens und war machtlos den wilden Tieren ausgeliefert.

Eines Tages wurde ein Weiser zum König gewählt. Er dachte stets daran, welcher Tod ihm am Ende seiner Herrschaft drohte. Als er den Thron bestieg, ließ er sogleich einen prachtvollen Palast in jenem Wald erbauen. Die Löwen und Wölfe wurden eingefangen und gezähmt. Er verwandelte den Wald allmählich in einen wunderschönen Park, und bevor die zwanzig Jahre verstrichen waren, war alle Gefahr aus ihm verbannt. Leichten Herzens ging er in diese ‚Wildnis', die nun keine mehr war, und genoss nach den langen Jahren harter Arbeit ein glückliches Leben.

# Vergänglichkeit und Ewigkeit

Die Meister haben uns gesagt, dass diese Welt nur eine Täuschung ist, nur eine Art von selbst geschaffener, mentaler Vorstellung, die wieder vergeht. Sie entsteht und vergeht, steigt auf und verschwindet wieder – und auch wir werden nach wenigen ‚Augenblicken' wieder verschwunden sein.

Es ist wie bei einem See, in den Regentropfen fallen. Es entstehen Blasen, wunderschöne Blasen, aber in einem einzigen Augenblick sind sie zerplatzt. Neue Blasen entstehen, und auch sie verschwinden, noch mehr Blasen kommen und gehen. Sie entstehen und vergehen, entstehen und vergehen – das ist wie ein Spiel, das sich fortsetzt und niemals endet. Jede einzelne Blase meint: „Ich bin, ich werde ewig sein."

# Die Last abgeben

Der Meister sagt euch bei der Initiation: „Ihr müsst meditieren und alle anderen Angelegenheiten, die euch betreffen, werde ich erledigen."

Unser Zustand gleicht aber dem eines Reisenden, von dem mein Meister zu erzählen pflegte: Dieser fährt im Zug und trägt seinen großen Koffer auf dem Kopf. Jemand fragt ihn: „Warum stellen Sie denn den Koffer nicht ab, dann tun Sie sich doch leichter?" Er antwortet: „Nein, das will ich nicht. Es ist schließlich mein Koffer."

Der Meister sagt zu euch: „Wenn ihr die Aufgabe erfüllt, die ich euch gegeben habe, werde ich alles auf dieser Welt für euch tun. Dann wird euer weltliches Leben bequem und reibungslos verlaufen, und in eurem Inneren werdet ihr imstande sein, das zu tun, was ihr tun wollt, und finden, was ihr finden sollt."

# Unabhängig leben

Mein Meister erzählte gern das Beispiel von der Lotosblume, die im Wasser wächst und von diesem ihr Leben erhält. Wenn ihr sie herausnehmt und befühlt, ist sie völlig trocken, obgleich sie ihr Leben lang im Wasser stand. Sie lebt aus dem Wasser, aber sie nimmt nur das auf, was sie unbedingt braucht; darüber hinaus ist sie an nichts gebunden und nichts beeinflusst sie.

In gleicher Weise sollten wir in dieser Welt leben und arbeiten; wir können nicht auf sie verzichten, weil wir sie physisch brauchen. Wenn wir in den Wald gehen, um dort zu leben, würden wir Schwierigkeiten bekommen, weil wir unseren Körper erhalten müssen. Wir sind nicht nur Seelen; wären wir das, könnten wir überall leben. Doch Gott hat es so eingerichtet, dass wir einen Körper haben, um den wir uns kümmern müssen. Vom Gemüt haben wir uns loszusagen, aber nicht von unserem Körper; er muss von der Welt alles nehmen, was er zum Leben braucht.

8. Mai

# Mitleid mit dem Teufel

In einer Familie mag es neben Vater und Mutter vielleicht fünf oder sechs Kinder geben. Von diesen Kindern sind einige so ungezogen, dass sie wirklich wie kleine Teufel sind. Die anderen zwei oder drei Kinder sind freundlich und friedlich. Wenn nun der Vater nach Hause kommt, bitten ihn die artigen Kinder: „Vater, bitte schaffe diese schrecklichen Kinder fort, sie stören uns ständig. Warum behältst du sie? Wirf sie hinaus, damit sie dich und uns alle in Ruhe lassen."

Der Vater wird auf die Kinder blicken und sagen: „Bitte schweigt. Ihr seid meine Kinder und auch sie sind meine Kinder. Ich liebe euch, aber deshalb hasse ich die anderen nicht, ich liebe sie ebenfalls.

Aber macht euch keine Sorgen, wartet nur eine Weile. Ich werde mich weiter um sie kümmern und sie allmählich ändern. Ich werde sie erziehen, sie führen, sie die Lektion der Liebe und des Dienens lehren und sie werden wundervoll sein. Dann werden auch sie meine guten Kinder, so wie ihr meine lieben Kinder seid."

All diese Teufel werden behandelt und zu Engeln. Wenn sie in der Vergangenheit nur Leid hervorgerufen haben, so werden sie in Zukunft Frieden schaffen. Denn Gott weiß: „Sie alle sind meine Kinder. Jetzt bereiten sie Probleme, aber ich kann das ändern, so dass sie letztendlich gute Kinder werden."

# Kraft aus der Seele

Wenn ihr eine Uhr habt, dann zieht ihr sie jeden Morgen auf, nicht wahr? Dann geht sie 24 Stunden lang immer weiter, immer weiter, ohne Unterbrechung. Zieht also eure ‚Uhr' jeden Morgen auf. Setzt euch hin und widmet euren Übungen Zeit. Verbindet euch mit dem Licht und Ton im Innern. Dann werdet ihr Kraft erhalten, denn sie sind das Brot und das Wasser des Lebens. Sie werden euch Frische, Kraft und Stärke geben, die den ganzen Tag anhält. Ihr werdet ganz frisch und munter sein. Und auch wenn ihr abends schlafen geht – zieht eure ‚Uhr' auf.

Das Wasser des Lebens und das Brot des Lebens werden eurer Seele Kraft geben. Und wenn die Seele stark ist, gewinnen alle anderen Dinge an Kraft: euer Gemüt, eure nach außen fließenden Energien und auch euer Körper. Ihr werdet feststellen, dass Ringkämpfer, wenn sie üben, ihre ganze Aufmerksamkeit auf den Körper richten. Diese Aufmerksamkeit gibt ihnen Kraft.

Ich möchte euch ein Beispiel geben – vielleicht habt ihr das selbst schon erlebt: Wenn ihr sehr müde und hungrig seid und einen Bissen esst und trinkt, erhaltet ihr Kraft. Woher kommt diese Kraft? Man erlangt diese Kraft erst, nachdem die Nahrung verdaut ist, nicht sofort. Sie kommt aus eurer Seele – eurem Selbst. Die Seele hat eine große Heilkraft.

Ihr seid Seele. Ihr seid Söhne und Töchter Gottes. Groß ist der Mensch.

10. Mai

# Herr über den Verstand werden

Du musst deine Gedanken während der Meditation zum Schweigen bringen. Den Verstand zur Ruhe zu bringen, ist der letzte Nagel im Sarg. Du solltest nicht das eine oder andere haben wollen. Sitze einfach an der Türe und warte.

Du wirst die erhabene Stille sehr gut und einfach erreichen, wenn du liebevoll und demütig auf die gütige Meisterkraft vertraust, sie geben und gewähren lässt, was immer sie für geeignet und angebracht hält. Diese wohlwollende Kraft ist allezeit bei dir und kennt deine ernsthaften Bemühungen ganz genau.

Aber solange du dir deines Handelns bewusst bist, stehst du dir selbst im Weg. Wenn du dich voller Liebe hingibst, wird Er sich dir in Form des göttlichen Licht- und Tonstroms offenbaren.

Es ist so, als würde man jemanden bitten, ins Zimmer zu kommen, während man jedoch selbst in der Türe stehen bleibt und dadurch den Weg versperrt.

# Der Aufschub

Der heilige Kabir kam öfter an einem Garten vorbei, in dem ein freundlicher Herr saß. Der Heilige sprach ihn an: „Wäre es nicht besser, die Zeit in spiritueller Meditation zu verbringen, anstatt müßig herum zu sitzen? Ihr könntet damit viel für eure Seele tun." „Ich habe noch sehr kleine Kinder und wenig Zeit", erwiderte dieser. „Wenn sie größer sind, werde ich mich damit befassen."

Die Kinder wuchsen heran. Wieder begegnete ihm Kabir: „Jetzt habt ihr sicherlich Zeit zum Meditieren?" „Immer noch nicht. Die Kinder sind noch nicht verheiratet und ich muss nach wie vor für sie sorgen."

Die Jahre vergingen. Abermals kam Kabir bei dem Mann vorbei. „Nun habt ihr Zeit. Eure Kinder sind alle gut verheiratet und endlich könnt ihr euch den spirituellen Übungen widmen." Der Mann aber wandte ein: „Ganz so weit ist es leider noch nicht. Es macht soviel Freude mitzuerleben, wie die Enkelkinder groß werden."

Die Enkelkinder wuchsen heran. Wieder einmal fragte Kabir: „Wie steht es jetzt mit euch?" Und wieder entgegnete der andere: „Leider gehen meine Enkelkinder mit ihrem Hab und Gut sehr sorglos um. Ich muss Tag und Nacht aufpassen. Sonst würden Diebe alles stehlen, was sie besitzen."

Jahre später kam der Heilige am Haus des alten Mannes vorbei und fragte nach ihm. Die Kinder und Enkelkinder erzählten ihm, er sei verstorben.

„Wie bedauerlich", sagte Kabir. „Sein ganzes Leben lang hat er sich immer nur in Äußeres verstrickt und nichts für seine Seele getan. Nur wenige Augenblicke der Liebe zu Gott hätten genügt, um seiner Gefangenschaft in der Materie ein Ende zu setzen. Nichts hätte er verloren, aber alles gewonnen."

12. Mai

# Leben, um unser Selbst zu finden

Meine lieben Seelen, ich möchte nicht, dass ihr eure Meditationen unterbrecht, aber noch leben wir in dieser Welt. Eine gewisse Zeit müssen wir meditieren, aber für einige Zeit sollten wir uns auch um unsere körperlichen Bedürfnisse kümmern, und wieder eine Zeit lang dem Meister zuhören.

All das sollte in eine einzige Richtung zielen: Wenn wir essen, sollten wir nur an Gott denken. Der Körper sollte nur dazu dienen, Gott zu finden. Haben wir eine Familie, sollten wir einander dienen und so die Verbindung mit Gott erhalten. Ein Haus sollte dazu da sein, dass wir zu Gott kommen. Haben wir ein Vermögen, sollte es nicht nur uns allein dienen.

Das Ziel sollte immer nur das eine sein: Unser göttliches Selbst.

# Gewissensfrage

Lange Zeit auf jemanden zu warten, den man sehr liebt, den man sehr braucht und der nicht kommt, ist wirklich sehr schlimm, wirklich schmerzhaft. Wenn jemand, den ihr liebt, euch mitteilt: „Ich werde in einem Jahr kommen, bitte warte auf mich auf dem Pariser Flughafen", werdet ihr sofort zurück schreiben: „Du hast die Flugnummer nicht genannt, du hast die Ankunftszeit nicht angegeben, du hast das Datum nicht mitgeteilt. Wie soll ich auf dich warten?" Ihr könnt nicht ein Jahr lang auf dem Flugplatz bleiben und auf eine Person warten, selbst wenn es ein sehr lieber Freund oder Verwandter ist.

Gott hat Jahr um Jahr, Zeitalter um Zeitalter, Er hat Millionen von Jahren auf uns gewartet. Wie sehr müssen wir Ihm danken, dass Er die Hoffnung nicht aufgibt, und wie sehr sollten wir beschämt sein. Er denkt: „Vielleicht wird meine Seele jetzt kommen, vielleicht wird sie jetzt kommen, jetzt wird sie kommen, jetzt wird sie kommen." Er verliert die Hoffnung nicht, und in dieser Hoffnung fährt Er fort, Millionen und Millionen von Jahren auf uns zu warten.

Der Meister erwartet euch am Zentrum des Dritten Auges. Seid ihr durch Gottes Gnade fähig, nach innen zu gehen und ihr erreicht die fünfte Ebene, wird Gott euch eine Frage stellen: „Warum kommst du so spät?" Jene, die dort ankamen, erzählten mir von dieser Frage; als sie Gott erreichten, verschlug es ihnen die Sprache. Sie konnten Gott diese große Frage nicht beantworten.

14. Mai

# Wünsche

Zweimal die Woche fährt ein Schüler in die Stadt, um für die anderen verschiedene Dinge zu besorgen. Die Liste der Wünsche wird von Mal zu Mal länger.

Der Meister sagt nichts dazu, aber eines Tages setzt er sich mitten in das geschäftige Treiben und sagt: „Da gab es einmal einen Entsagenden, der in einer Hütte im Wald lebte, um Gott zu finden. Es ging ihm gut dort. Aber nach einiger Zeit bemerkte er, dass Mäuse in der Hütte waren und ihm nachts über den Körper liefen. Das störte ihn sehr, und so schaffte er sich eine Katze an. Da diese Milch brauchte, kaufte er eine Kuh. Nun hatte er viel Arbeit, und er musste sich schließlich eine Frau suchen, die ihm half. Er heiratete sie, und bald waren auch die Folgen sichtbar: eins, zwei, drei, vier... Das eine war krank, das andere unartig, und er fühlte sich schrecklich. Von Gott konnte da keine Rede mehr sein.

Gebt also acht, die Dinge fangen alle klein an, und plötzlich habt ihr die Kontrolle über eure Wünsche verloren."

# Die Arznei einnehmen

Baba Sawan Singh brachte oft das Beispiel von einem Patienten, der zu einem Arzt geht. Der Arzt gibt ihm eine sehr wirksame Arznei und dazu noch einige Anweisungen für die Einnahme der Medizin. Der Patient aber trägt sie nach Hause, stellt sie in den Schrank und nimmt sie nicht ein.

Er bleibt krank, und die Leute reden ihn an: „Du warst doch beim Arzt und jetzt bist du immer noch krank?" Er erwiderte: „Ja, ich war beim Arzt und bekam auch etwas verschrieben, aber es hat sich nichts gebessert." Den wahren Grund sagte er nicht, dass er die Arznei nämlich gar nicht eingenommen hatte.

Auf diese Weise werden alle, welche die gleiche Krankheit haben, davon abgehalten, zu diesem Arzt zu gehen. Sie denken: „Er ist kein guter Arzt, er hat diesen Mann nicht geheilt, wie soll er dann uns richtig behandeln können."

So sind auch wir ein schlechtes Beispiel, und die weltlichen Menschen fragen sich, an wen sie sich wenden sollen. Ich möchte euch keinen Vorwurf machen, aber die Negativkraft hat eine Situation inszeniert, in der ihr in euer weltliches Leben verwickelt seid oder euch zu schwach fühlt, diesen Pfad wirklich ernsthaft aufzunehmen.

16. Mai

# Wir sind Kinder Gottes

Einmal fand zwischen Gott und der Negativkraft ein Gespräch statt.

Die Negativkraft sagte zu Gott: „Dies sind meine Kinder, sie gehören alle mir." Gott erwiderte: „Nein, sie gehören nicht dir. Wie kannst du so etwas sagen? Wie willst du das beweisen?" Sie erklärte: „Sie gehorchen mir und befolgen meine Anweisungen."

Da antwortete Vater Gott: „Sie gehören dennoch mir und es sind meine Kinder, nicht die deinen." Die Negativkraft fragte nun ihrerseits: „Wie kannst du das behaupten?"

Und Gott gab einfach zur Antwort: „Ich liebe sie."

# Gott sandte mir einen Meister

*Führe mich ans rettende Ufer, mein Gott.*
*Es fehlt mir an Weisheit und Geschick,*
*sicher das Meer dieser Welt zu überqueren.*

*Leihe mir Deinen machtvollen Arm.*
*Gott sandte mir einen Meister,*
*und Er weihte mich ein*
*in die göttliche Lehre von Licht und Ton.*

*Vom Menschen hat Er mich zu seinen Engeln erhoben,*
*finster war mein Dasein, nun bin ich ins Licht geboren.*

*Den menschlichen Horizont habe ich überstiegen*
*durch den Zauber Gottes, die Kraft von Naam.*

*Wo wahre Meister sich in Gott erfreuen,*
*dort lass für immer mich in Deinem Schoß verweilen.*

*Mit Hilfe der Kraft von Naam, dem Licht und dem Ton,*
*werden viele ans sichere Ufer gebracht.*

*Diesen Weg zur Erlösung hat Gott selbst erschaffen,*
*durch die Gnade meines Meisters erfahre ich ihn.*


Nam Dev

# Fenster der Seele

Wenn sich unsere Seele durch den Prozess der Selbstanalyse von Gemüt, Materie und den Sinnen befreit, erkennt sie die kontrollierende Kraft, die bereits in uns ist und uns im Körper überwacht.

Diese beherrschende Kraft oder Gott ist in jedem von uns. Aber unsere Seelen haben sich mit Gemüt und Sinnen so sehr identifiziert, dass wir unser Selbst und die Überseele oder Gott vergessen haben. Doch eine Seele, die sich durch Selbstanalyse und Erheben über das Körperbewusstsein selbst erkannt hat, sieht Gott, so wie ich euch sehe und ihr mich.

Solch ein Mensch wird Meister oder Heiliger genannt. Die Augen sind die Fenster der Seele. Seine Seele ist von der Liebe zu Gott berauscht. Wenn ihr in Seine Augen schaut, nehmt ihr diese Liebe auf.

# Besitz in rechter Weise gebrauchen

Reich zu sein ist kein Hindernis auf dem spirituellen Weg, aber der Reichtum sollte uns nicht egoistisch machen. Wir sollten nicht meinen, dass er uns Bedeutung verleiht — Besitz ist lediglich zum Gebrauch bestimmt.

In Indien gab es Könige, die keine Rupie aus ihrem Reich für sich selbst ausgaben. Sie arbeiteten einige Zeit in ihrem eigenen Haus, und ihr Essen und ihre Kleidung bestritten sie von ihrem eigenen Verdienst. Nur wenn sie ihren Regierungsgeschäften nachgingen, trugen sie die Gewänder des Hofes. Danach legten sie diese wieder ab und zogen ihre eigenen einfachen Kleider an. Sie nahmen niemals etwas von ihrem Volk, sondern arbeiteten selbst und lebten davon.

Während sie regierten, konnten sie auch heilig werden, denn in ihrem Herzen trugen sie die Demut der Heiligen, die sagt: „Auf dieser Welt gehört uns nichts, wir gehören nicht zu dieser Welt. Als König ist es auch meine Pflicht, als solcher zu handeln, aber der eigentliche König bin nicht ich."

Auf diese Weise waren sie vor allen Gefahren geschützt und das Gesetz, dass eher ein Kamel durch ein Nadelöhr geht, als ein Reicher in das Reich Gottes, galt für sie nicht, da der Reichtum ihr Herz und ihr Gemüt nicht verdorben hatte. Ihr Herz und ihre Gedanken waren von Demut und Liebe zu Gott erfüllt.

Sie waren Könige in der äußeren Welt und innen Könige im Reich Gottes.

20. Mai

## Der Gasthof

Ein Heiliger kam einmal zu einem Palast. Ohne zu zögern, aber auch ohne zu eilen, ging er hinein und setzte sich in der Nähe der königlichen Räume auf den Boden nieder, um auszuruhen. Kurze Zeit später kam der König vorbei. Überrascht, diesen ungeladenen Gast zu sehen, fragte er den Mann: „Weißt du eigentlich, wo du bist?"

Der Heilige antwortete: „Ich mache Rast in einem Gasthaus für Reisende."

Empört rief da der König: „Bist du unfähig, ein Königsschloss von einem gewöhnlichen Gasthof zu unterscheiden?"

Da fragte der heilige Mann den König mit ruhiger Stimme: „Wer hat vor dir in diesem Schloss gewohnt?" „Nun", erwiderte der König von der Ausstrahlung des Mannes ein wenig besänftigt, „mein Vater und davor mein Großvater." „Und wer wird nach dir hier wohnen?" „Nach mir werden hier mein Sohn und später einmal, so Gott will, mein Enkelsohn leben."

„Mein lieber, verehrter König, was ist dieses Schloss dann anderes als ein Gasthaus für Durchreisende?"

# Die Alchemie der Demut

Dient einander in Demut, damit ihr euch weiterentwickelt und überall erstrahlen könnt.

Seht das am Beispiel des Wassers: Als Eis könnte man sagen, ist das Wasser im Zustand des Egos, im Zustand des ‚Ich bin'. So ist es in seinem Wirken eingeschränkt, nutzlos und ohne Bedeutung. Obwohl das Eis zweifellos Wasser ist, kann seine Kälte die Ernte und die Bäume vernichten, Menschen und andere Lebewesen töten. Es kann kein Leben spenden, es kann euch alle erstarren lassen.

Rückt es aber ein klein wenig von seinem Ego ab, dann wird es zu Wasser und beginnt zu fließen, es beginnt in Demut zu fließen. Jetzt ist es eine Quelle des Lebens, eine Quelle der Freude. Es reinigt andere und ist somit wirklich nützlich. Wenn es schließlich noch demütiger wird, verliert es seine flüssige Form und ist nur noch Wasserdampf. Diesen könnt ihr nicht einmal mehr wahrnehmen, obwohl er weiter existiert.

Demut geht so weit, dass außer eurer Demut nichts mehr von euch wahrzunehmen ist. Aber in der Demut lebt ihr weiter. Diese mit Wasser erfüllte Luft erreicht jeden Ort, spendet Leben und bietet überall ihre Dienste an. Das Wasser ist nicht mehr auf einen Fluss oder einen See beschränkt, sondern ist überall zu finden, und wo es notwendig ist, regnet es in Tropfen herab und schenkt der ganzen Welt Leben.

Aus diesem Grund gibt es auf dieser Welt, die aus trockener Erde besteht, Leben: Das Wasser hat seine feste Gestalt in Demut aufgegeben und steht uns nun in der Form von Wasserdampf zur Verfügung. Diese Demut des Wassers bewirkt, dass wir leben und überhaupt existieren können. Dasselbe gilt für uns.

# Sorge dich nicht

Wenn jemand geboren wird, sind die Möglichkeiten für sein ganzes Leben bereits festgelegt – wo er leben soll, wann er diesen Ort verlassen und an einen anderen gehen soll, welche Beziehungen er eingeht, wo er sein Essen zu sich nimmt, wann er leidet und wann er stirbt. Der ganze Lebensplan steht schon fest. Warum also solltet ihr euch um euer physisches Leben sorgen? Es ist bereits endgültig geplant. Und die Mächte der Natur arbeiten daran, dass der Plan erfüllt wird, so dass ihr mit allem entsprechend versorgt werdet.

Aber wie man Gott findet, das erfahrt ihr nicht. Für die Funktionen eures physischen Körpers ist die bindende Kraft verantwortlich. Dabei gibt es keine Schwierigkeit und kein Problem. Sorgt euch nicht um euren physischen Körper oder um eure Beziehungen auf der physischen Ebene. Sie stehen bereits fest.

Was unsere Beziehung zu Gott betrifft, gibt es eine besondere Möglichkeit – um die sich jeder von uns Tag und Nacht kümmern sollte – für uns selbst und für andere. Wann immer ihr jemanden trefft, ob Freund oder Feind, setzt euch mit ihm zusammen und helft ihm, die Seele und Gott zu verstehen und arbeitet weiter daran, dieser Sache zu dienen. Nur zu diesem Zweck wurde euch dieser menschliche Körper verliehen.

Tut also eure Pflicht, und Gott wird euch segnen und sagen: „Du hast nicht die Negativkraft vertreten, sondern mich."

# Wen wir lieben sollten

Gott ist Liebe und das Wesen unserer Seele ist auch Liebe. Diese Liebe ist unserer Seele eingeboren und es ist ganz natürlich, dass diese Liebe jemanden lieben und von jemandem geliebt werden will. Jeder möchte jemanden lieben und wünscht sich einen, der ihn liebt. Das ist nur natürlich.

Da liegt nun die Frage auf der Hand: wen sollen wir lieben? Unsere Seele ist eine bewusste Wesenheit. Liebe ist ihr angeborenes Wesen und sie braucht einen, den sie lieben kann. Eine bewusste Wesenheit sollte Gott lieben, der alle Bewusstheit ist. Unsere Liebe war bisher etwas Unbewusstes oder nur wenig bewusst. Die äusseren Bindungen haben uns an die stoffliche Welt gebunden – und wo wir gebunden sind, dorthin gehen wir.

Der menschliche Körper ist die höchste Stufe der Schöpfung; und das Höchste, das wir in ihm erreichen können, ist die Heimkehr ins Haus unseres Vaters. Die wahre Heimat unseres bewussten Selbst ist die wahre Heimat unseres Vaters, die völlige Bewusstheit. Wir sollten also Gott lieben, der dem Kommen und Gehen nicht unterworfen ist. Er ist immer und ewig. Die ganze Schöpfung trat durch seinen Willen ins Sein; sie ist nichts als seine Offenbarung.

# Hilfe zur Selbsthilfe

Wenn ich eure Unruhe und eure Schmerzen nicht wegnehme, könnt ihr nicht meditieren. Ich muss also für euch die Voraussetzungen schaffen. Aber auch in der äußeren Welt muss ich dafür sorgen, dass eure Familie in Ordnung ist, dass euer Lebensunterhalt gesichert ist, dass so weit wie möglich jede Schwierigkeit, jedes Problem, jede Krankheit berücksichtigt wird – damit ihr meditieren könnt.

Diese gewaltige Arbeit, euch von den Leiden zu befreien, geschieht allein zu dem Zweck, euch die Meditation zu ermöglichen. So könnt ihr meditieren und nach einiger Zeit wird es euch gelingen, selbst mit der Situation zu kämpfen. Nach einiger Zeit werdet ihr stark genug sein, diese Störungen weitgehend allein zu überwinden.

Seid ihr in euren Meditationen stark, werden andere von sich aus auf euch zukommen. Haben sie Schwierigkeiten, könnt ihr ihnen helfen. Es wird ihnen besser gehen, wenn sie mit euch meditieren. Deshalb wollen die Meister, dass ihr beim Satsang zusammen sitzt, als Mitglieder einer Familie – „Wo zwei oder drei in meinem Namen beisammen sind, da bin ich mitten unter ihnen". Das ist ein Versprechen der Meisterkraft.

# Tugend und Sünde

*Jede Handlung,*
*jedes Gespräch*
*oder jeder Gedanke,*
*der euch Gott näher bringt,*
*ist eine Tugend.*

*Jeder Gedanke,*
*jedes Gespräch*
*oder jede Handlung,*
*die euch von Gott wegführt,*
*ist eine Sünde.*

Sant Kirpal Singh

26. Mai

# Probleme zufriedenstellend lösen

Je mehr ihr euch bemüht, eine Lösung für eure Probleme zu finden, desto mehr werden die Lösungen selbst zum Problem werden. Das ist die Hauptschwierigkeit.

Stellt euch zum Beispiel vor, ihr besitzt ein großes Geschäft. Weil die Leute gerne stehlen, stellt ihr jemanden ein, der für die Warenvorräte verantwortlich ist. Aber dann wird dieser Lagerverwalter die Sachen selbst wegnehmen. Bemerkt ihr diesen Diebstahl, werdet ihr eine zweite Person einstellen, die auf den Lagerverwalter aufpassen soll, damit dieser nichts stiehlt. Nun werdet ihr feststellen, dass sich die Diebstähle verdoppeln. Der Überwacher hat seinen Anteil und der Verwalter seinen Anteil. Dann müsst ihr wieder jemanden beauftragen, der den Überwacher kontrolliert. Auf diese Weise kann man das Problem nicht lösen, es verschlimmert sich nur.

Meinen wir ein Haus zu brauchen, wird dies ebenfalls Schwierigkeiten mit sich bringen. Wir müssen uns um das Haus kümmern und es instand halten. Schließen wir mit jemandem Freundschaft, dann haben wir nicht nur unsere eigenen Schwierigkeiten, sondern doppelt so viele – unsere eigenen und jene, die der Freund verursacht. Wie können wir also in der Welt in Frieden leben, ohne zu leiden?

Die Lösung besteht darin, dass man jemanden findet, der die Welt und uns zufrieden stellt, der für beides verantwortlich ist. Das ist Gott. Er hat uns und das ganze System erschaffen – „Bittet, und es wird euch gegeben."

# Das ganze Herz geben

Baba Sawan Singh sagte einst in einer Ansprache: „Wenn einer von euch sein Herz hergeben kann, so wird er direkt in den Himmel kommen." Ein Mann stand auf und sagte: „Gut, ich gebe dir mein Herz." Der Meister fragte ihn: „Hast du dein Herz unter Kontrolle?" „Nein", erwiderte der Mann. "Wie kannst du es dann hergeben?", fragte der Meister.

Das Herz kann nur dann gegeben werden, wenn ihr es von allen äußeren Dingen zurückzieht und es unter eurer Kontrolle ist. „Wenn ihr mich liebt, so haltet meine Gebote." Dies ist der erste Schritt. Welche Gebote sind das? „Liebe Gott von ganzem Herzen, von ganzer Seele und mit all deiner Kraft." Von ganzem Herzen, nicht einem Herzen, das in Stücke zerteilt ist – hier, dort, überall. Lasst es also ungeteilt sein. Was möchte jemand, der liebt? Wenn ihr wahre Liebe zu Gott in eurem Herzen tragt, wird Gott zu euch kommen. Wem es um die Liebe Gottes geht, der verlangt weder nach weltlichen Dingen noch nach dem Reichtum der anderen Welten. Nicht einmal Befreiung möchte er. Er möchte nur eins haben. Nicht den Himmel, nichts Irdisches, keine Befreiung – nur bei Gott zu sein, das ist alles.

Wenn wir dieses Verlangen tatsächlich im Herzen tragen, dann werden wir Gott finden.

# Sollen wir für andere beten?

Es ist gut, positive Gedanken für jeden zu haben. Um Frieden für alle zu bitten, ist noch etwas anderes. Noch weiter ging Guru Nanak, der als das fleischgewordene Wort galt und betete: „Friede sei auf der Erde nach Deinem Willen, o Gott." Er war absichtslos. „Friede sei auf der Erde nach Deinem Willen, o Gott."

Wenn ihr handelt, werdet ihr natürlich Energie einsetzen, um anzuwenden, was ihr habt. „Nach Deinem Willen, o Gott" ist der beste Weg. Habt also gute Wünsche für alle. Wir sind alle Brüder und Schwestern in Gott. Die Kraft, die von selber ausstrahlt, hilft, ohne euch zu erschöpfen. Durch eigene Bemühung könnt ihr viel für andere tun, jedoch werdet ihr euch danach ausgelaugt fühlen.

Eine höhere Form des Heilens ist vonnöten. Helft allen einfach über die Ausstrahlung. So werden alle etwas davon bekommen, ohne dass ihr es wünschen müsstet. Ich bin nicht gegen gute Wünsche für alle Menschen. Seid jedoch nicht die Handelnden, indem ihr euch ins Zeug legt mit dem bisschen, was ihr zur Verfügung habt. Betet für sie, das ist in Ordnung.

# Der Fährmann

Ein Gelehrter kam einmal auf einer seiner vielen Reisen an einen breiten Fluss, den er überqueren musste, um seinen Weg fortzusetzen. Weit und breit war keine Brücke zu sehen. Nach einiger Zeit des Suchens traf er auf einen Fährmann, den er bat, ihn überzusetzen.

Das Boot war niedrig und schmal, und der Gelehrte beobachtete, wie der Mann sich kraftvoll in die Ruder stemmte, wie er an Sandbänken zu einer Stange griff und das Boot geschickt weiterschob. „Fährmann", fragte er nachdenklich, „hast du eigentlich eine Schule besucht?" „Nein, Herr." „Kannst du lesen?" „Nein, Herr." „Hat man dir überhaupt etwas beigebracht?" „Nein, Herr." „Dann hast du ja dein halbes Leben vertan!" Schweigend setzten sie die Fahrt fort und näherten sich langsam der Mitte des Flusses.

Ein heftiger Wind bewegte das Wasser. Die Wellen wurden höher, und das Boot schwankte immer stärker. Der Wind wurde zum Sturm und das Gesicht des Gelehrten bleich und grün. Jeden Augenblick drohte der Kahn zu kentern. Da rief der Fährmann laut durch das Tosen der Wellen: „Gelehrter Herr, könnt ihr schwimmen?" „Nein", antwortete dieser verzweifelt. „Hat man euch auf der Schule nicht das Schwimmen beigebracht?" Der Gelehrte stöhnte: „Doch, wir haben etwas über das Schwimmen gelesen, aber gelernt haben wir es nicht." „Dann habt ihr nun euer Leben vertan."

# Findet euren inneren Meister

Seht, wenn ein Mädchen heiratet, was bekommt es dann nach der Hochzeit? Vielleicht bekommt es wunderschöne Kleider, viel Geld oder Wohlstand durch den Ehemann. Es denkt: „Mein Mann ist ein guter Gatte. Er kümmert sich um mich und gibt mir viele Sachen." Wenn es den Gatten aber nicht zu Gesicht bekommt, hat sich der Sinn der Heirat nicht erfüllt.

Die Hilfe oder Gegenwart des Meisters lediglich zu spüren erfüllt nicht den Zweck. Trotzdem ist es in Ordnung, immerhin besser als nichts. Aber gebt euch nicht damit zufrieden. Wenn euer Ehegatte euch allen Besitz der Welt gibt, aber nicht selbst zu euch kommt, habt ihr nichts.

Den Meister im Inneren zu finden, mit ihm zu sprechen und damit alles zu erhalten, das stellt eine vollständige Beziehung dar, die vollkommene Hochzeit eurer Seele mit Gott. Lasst euch nicht täuschen und durch nichts davon abhalten, ihn persönlich im Inneren zu sehen. Ihr müsst ihn finden. Das ist das erste Gebot.

# Jeden Augenblick ein wenig weiter wachsen

Jeder Augenblick sollte mit Gott in Einklang gebracht werden, dann kommen wir Ihm jeden Moment etwas näher. Von Sekunde zu Sekunde fühlen wir uns ein klein wenig besser und freier. Die Bäume und anderen Pflanzen wachsen beständig. Es mag in einem einzelnen Augenblick vielleicht nicht erkennbar sein, aber jeden Tag wachsen sie etwas. Nach drei oder vier Jahren ist dann aus einem kleinen Schössling ein großer Baum geworden.

So ist es auch bei euch: Jeden Augenblick solltet ihr ein wenig weiter wachsen. Schaut, die Pflanzen wachsen ja auch nicht nur ein paar Stunden am Tag; sie sind mit der Erde, mit dem Leben nicht nur eine begrenzte Zeit verbunden, sondern sie bleiben mit ihrer Lebensquelle vierundzwanzig Stunden in Kontakt. Nur dadurch ist Wachstum möglich.

1. Juni

# Wir sind alle eins

Auch in einem noch so großen Staat kann es nicht zwei Herrscher geben, für zwei ist kein Platz. Denn sie haben zweierlei Willen, zwei Gemüter und zwei verschiedene Denkweisen. Ihre Gedanken werden nicht im Gleichklang sein. Manchmal arbeiten sie zusammen, ein andermal nicht.

Selbst zwischen Mann und Frau können wir immer wieder Spannungen und Probleme beobachten. Sie wollen dies zwar nicht, aber die Spannungen treten einfach auf, weil Mann und Frau zwei Personen sind und unterschiedlich denken. Da sie nicht eins sind, müssen sie manchmal streiten.

Steigen wir jedoch höher, so sind wir wirklich alle eins. Da ist kein Reich, in dem nur einer sein kann oder eine Welt, die nur einen Herrscher duldet, um in Freuden leben zu können. Will man eine Vorstellung davon bekommen, wie Gott ist, wie groß und wie wunderbar, muss der Mensch sich selbst erkennen. Hat er sein Selbst und damit alles erkannt und erfahren, ist er Seele geworden, dann ist er eins mit Gott und unsterblich.

# Wahre Lebensweise
# steht über der Wahrheit

Das erste ist also, dass die Wahrheit über allem steht – aber eine wahre Lebensweise steht noch über der Wahrheit. Ein ethisches Leben ist das Sprungbrett zur Spiritualität.

Bleibt, wo ihr jetzt seid. Ihr müsst selbst beurteilen, wo ihr vorher wart und wo ihr jetzt steht. Ihr werdet finden, dass einige, die Fortschritte machten, aber sich selber nicht mehr überprüfen, ihre Übungen fallen lassen und sich an äussere Dinge binden. Sie machen keine Fortschritte mehr, aber in den Augen anderer sind sie sehr fromm. Sie sind weder zu sich selbst noch zu Gott in sich wahr. Was ergibt sich daraus? Ein solcher Mensch weint innerlich, aber in den Augen anderer ist er ein sehr guter Mensch. Doch Gott in uns sieht, was er ist.

Führen wir ein Leben der Selbstbeherrschung und des guten Charakters. Lieben wir Gott und um seiner Liebe willen alle anderen. Wenn ihr den Herrn vergesst, dann seid ihr gebunden. Ihr werdet dahin gehen, wo ihr gebunden seid.

# Die Herzen der Menschen
# sind die Wohnstatt des Herrn

*Gleich dem Feuer, das sich im Holz verbirgt,*
*gleich der Butter, die ein Teil ist der Milch,*
*ist Gott verwoben mit dieser Welt.*

*Von niederer Geburt mag der eine Mensch sein,*
*ein anderer dem Adelsstand angehören,*
*jeder von beiden ist vom Licht Gottes durchdrungen.*

*Die Herzen der Menschen sind die Wohnstatt*
*des Herrn,*
*sie sind Gefäße, von Gottes Reichtum überfließend.*

*Die Länder und Meere sind durchdrungen von Gott,*
*Er ist eingewoben in Sein himmlisches All*
*wie der Webfaden einen Teppich durchdringt.*

*Der Heilige rühmt in Ekstase seinen Herrn,*
*sein Gott gleicht einer Schatzkammer voller Tugenden.*

*Die ganze Schöpfung ist durchdrungen von Gott,*
*Er ist allgegenwärtig*
*und steht gleichzeitig jenseits von ihr.*

Arjun Dev

# Widersprüchliches Verhalten

Der Bungalow des diensthabenden Pioniers befand sind genau oberhalb meiner Wohnung. Eines Tages machte der Oberst mit seiner Tochter einen Spaziergang. In dem Augenblick fuhr auf der Straße vor ihnen ein Treiber vorbei mit einem Karren, den ein verletzter Ochse zog. Der Oberst und seine Tochter waren sehr berührt von der bemitleidenswerten Verfassung des Tieres und sagten: „Warum nur wurde diesem armen, verletzten Tier viel zu viel aufgeladen?"

Ich sagte: „Da haben Sie recht! Sie können es nicht ertragen, ein solches armes und leidendes Wesen zu sehen – aber wie steht es mit dem Rindfleisch, das Sie essen?"

Es ist doch so: verstandesmäßig betrachtet denkt und argumentiert der Mensch nur bis zu einer bestimmten Stufe; aber erst dann, wenn er nach innen geht, erlangt er vollkommenes Wissen. In gleicher Weise besuchen wir den Satsang und lesen Bücher über Spiritualität, aber erliegen dennoch den Vergnügungen der Sinne, wenn wir einer Versuchung ausgesetzt sind. Ich habe gebildete Menschen kennen gelernt, Prediger, geistige Führer, die sinnlichen Freuden nicht widerstehen konnten.

5. Juni

# Engel und Teufel als Diener

Was ist die Ursache unserer Probleme? Warum ist das Gemüt so negativ? Weil das Negative im menschlichen Körper die Herrschaft an sich gerissen hat.

In den Veden wird das so beschrieben: „Als Gott den Menschen mit seinem Körper erschuf, schuf er ihn als vollkommenes Ganzes." Nachdem er ihn vollendet hatte, nahm er selbst den ihm angemessenen Platz im Menschen ein mit all seinen Tugenden, Vollmachten und allen guten Dingen, die er besaß. Doch gleichzeitig zogen auch alle Teufel und Engel im Menschen in die für sie bestimmten Stellen ein, denn auch sie mussten dort untergebracht werden, um als Diener zu wirken – nicht um zu stören.

Wenn ein reicher Mann keine Diener hat und alles selber tun muss, kann er seinen Wohlstand nicht genießen. Wenn Diener für ihn arbeiten, kann er sein Leben genießen. Diese Vorkehrungen hat Gott getroffen. Wesen niedrigeren Ranges müssen in den Menschenkörper aufgenommen werden, damit sie in dieser Welt arbeiten können. Auch die Engel müssen stets tätig sein. Sie kümmern sich um Regen, Sonnenlicht, Hitze, Gesundheit der Pflanzen und Früchte usw. Die Teufel ihrerseits verrichten einfache, schwere Arbeiten in den Körpern der Tiere und Menschen.

Der Körper des Menschen muss ganz von der von zentraler und höchster Stelle aus lenkenden Kraft Gottes beaufsichtigt werden: Gott herrscht in ihm. Alle anderen Wesen, Gottheiten, Engel und Teufel unterstehen der zentralen Herrschaft des Königs – Gott in uns.

# Durch Meditation schöner werden

Es war einmal ein Mädchen, das kein schönes Gesicht, keine gute Figur noch andere körperliche Vorzüge besaß, und das keinen Freund fand, der es heiraten wollte. Im reiferen Alter verlor das Mädchen alle Hoffnung, jemals einen Ehemann zu finden. So begab es sich auf die Suche nach frommen Menschen und traf glücklicherweise einen Heiligen, von dem es initiiert wurde. Danach begann es, die heiligen Meditationen zu üben, wodurch ihr Gemüt und ihr Verstand geläutert wurden, und nach ein oder zwei Jahren fühlte es sich sehr wohl. Es wirkte immer ruhig und zufrieden.

Eines Tages besuchte ein unverheirateter Mann den Heiligen. Als er die Frau erblickte, fühlte er sich sofort zu ihr hingezogen und fragte sie, ob sie noch ledig sei. Sie antwortete ihm, sie habe auf eine Ehe nie hoffen können, da sie niemandem gefallen habe. Daraufhin sagte der Mann zu ihr: „Ich möchte dich heiraten, du gefällst mir." Sie entgegnete: „Ich bin so dunkelhäutig und habe so hässliche und unregelmäßige Gesichtszüge. Du verspottest mich, und das ist nicht recht. Ich hatte den Gedanken an eine Heirat aufgegeben, im Buch meines Lebens gibt es das Kapitel Ehe nicht. Darum verwirre mich jetzt nicht." Der junge Mann sagte nun mit noch mehr Wärme: „Ich spreche aus ehrlichem Herzen. Ich möchte dich wirklich heiraten." So willigte sie ein.

Wie ist das zu erklären? Es lag an dem inneren Glanz und der inneren Schönheit, die in ihr waren und aus ihren Augen und ihrem Gesicht strahlten. Von ihr gingen Frieden und Licht aus, ihr dunkelhäutiges und unregelmäßiges Gesicht hatte etwas Edles angenommen.

7. Juni

# Niemanden abwerten

Vieles habe ich euch schon mitgeteilt, und ihr wisst darüber Bescheid. Doch es gibt noch etwas anderes, worüber ich mit euch sprechen möchte, und das ist Kritik und Verleumdung.

Es gehört zur allgemeinen Lebensart des Menschen, dass da, wo ein paar Leute zusammen sind, jemand kritisiert wird, der nicht anwesend ist. Auch kritisieren wir die Politik oder ähnliches und kommen uns dabei noch großartig vor: „Ich konnte meine kritische Meinung über einige Leute darlegen."

Das Gemüt des Menschen möchte alle anderen für minderwertig erklären und sich selbst über andere stellen. Aber es ist uns nicht erlaubt, jemanden zu kritisieren oder zu loben, denn alles wurde von Gott eingerichtet; auch die Art und Weise, wie jemand handelt, ist Seine Vorkehrung. Gott kennt alle und hat sie so geschaffen, dass sie sich auf bestimmte Weise verhalten müssen. Das begrenzte menschliche Wissen ist nicht geeignet, das zu kritisieren, was Gott entsprechend Seinem erhabenen Plan geschaffen hat.

Wenn ihr andere verleumdet oder kritisiert, breitet sich das Übel in immer mehr Herzen aus. Sprecht also niemals schlecht über jemanden. Das ist ein grundlegendes Prinzip für alle. Wir werden sonst nicht nur selbst Sünder sein, sondern auch noch das Laster verstärken, indem wir negative Informationen an ahnungslose Leute weitergeben.

# Zuflucht

Gewöhnlich wenden wir uns dem Meister als letzte Rettung zu. Wenn alle Menschen versagen, gehen wir zum Meister. Warum nicht schon früher? Lasst ihn doch eure erste Zuflucht sein. Wenn wir uns ihm gleich zu Beginn zuwenden, müssen wir nicht immer wieder den Ablauf Versuch-Irrtum, Versuch-Irrtum wiederholen, bis schließlich alles fehlgeschlagen ist. Lasst eure ‚letzte Zuflucht' eure erste Zuflucht sein. Wenn wir diese Einstellung bekommen, werden wir wahrhaft Gutes erfahren.

Wenn ihr den Meister habt, solltet ihr nicht nach jemand anderem verlangen. Er ist kein böser Mensch, und wenn ihr ihn nicht annehmt oder auf Abwege geratet, wird er es euch nicht übel nehmen und euch nicht im Stich lassen. Das wird er niemals tun. Doch er ist sehr traurig, wenn sich der Schüler, obwohl er jede Erleichterung von ihm haben könnte, durch schreckliche Situationen hindurchquält und wenn er die Verbindung mit ihm verloren hat. Dann ist der Meister hilflos.

Er kann nur helfen, wenn wir mit ihm verbunden sind. Deshalb müssen wir einfach nur an ihn denken, und seine Kraft wird da sein, und wir werden seine Segnungen erfahren. Die Lösung all unserer Probleme ist, den Meister zu jeder Zeit in uns zu bewahren und ihn liebevoll in Erinnerung zu behalten.

9. Juni

# Die verweste Katze

Mein Meister erzählte ein Gleichnis: Es gab einmal ein Dorf, das nur einen Brunnen hatte, aus dem alle Wasser schöpften.

Eines Tages fiel eine Katze in den Brunnen, und nach zwei, drei Tagen war das Wasser verdorben und stank. Da gingen die Dorfbewohner zu ihrem Weisen und fragten um Rat. Er sagte: „Holt zuerst die Katze aus dem Brunnen. Dann schöpft alles schlechte Wasser heraus und füllt den Brunnen mit frischem Wasser." Sie kehrten heim, hatten aber die erste Anweisung vergessen. Sie ließen die Katze darin und begannen, das Wasser herauszuschöpfen. Eine Woche verging, dann eine zweite, aber das Wasser wurde nicht besser.

Da gingen sie wieder zu dem Weisen und beklagten sich: "Dein Rat hat nicht funktioniert." Er fragte. „Habt ihr die Katze herausgeholt?" „Nein, daran haben wir nicht gedacht." Er erwiderte: „Aber sie ist die Ursache. Das Wasser ist doch aus einem bestimmten Grund verdorben. Die Ursache muss entfernt werden, dann werdet ihr nach kurzer Zeit wieder frisches Wasser haben."

# Die Frucht der Liebe

Wenn wir jemanden um des Meisters oder um Gottes willen lieben, ist dies ein Zeichen dafür, dass ihr in der Liebe zu eurem Geliebten, zu eurem Meister, wachst. Dies sind die Grundlagen – aber noch nicht Liebe, vergesst das nicht.

Liebe bedeutet, euer Herz herzugeben. Liebt einander um des Meisters willen. Wenn ihr jemanden liebt, werdet ihr auch jene lieben, die zu ihm gehen. Wir kritisieren und streiten manchmal sogar mit jenen, die auf dem gleichen Weg sind wie wir. Wo ist dann unsere Liebe zum Meister? Was aber ist Liebe? Liebe ist die Frucht eines Baumes. Sie ist das letztendliche Ziel, welches sich in uns entwickelt und in uns aufsteigt.

Wir sollten Gott lieben von ganzem Herzen, von ganzer Seele und mit all unserer Kraft. Hat man ein Herz oder zwei? Man hat nur ein Herz und dieses kann man nur dem geben, den man liebt. Wenn ihr euer Herz jemandem gebt, was bleibt euch dann? Ihr werdet so denken, wie Er denkt, nicht mehr auf eure Art und Weise. Das ist das letztendliche Ziel.

11. Juni

# Die Mühen werden enden

*Die Luft ist der Meister,*
*das Wasser der Vater*
*und die Erde die Mutter.*

*Tag und Nacht sind die beiden Ammen,*
*in deren Schoß sich die ganze Welt dreht.*

*Unsere Handlungen, ob gut oder schlecht,*
*werden vor Seinen Richterstuhl gebracht,*
*und durch unsere eigenen Taten werden wir*
*aufwärts steigen oder in die Tiefe gestoßen.*

*Jene, die sich mit dem Wort verbunden haben,*
*deren Mühen werden enden,*
*und ihr Antlitz wird voll Glanz erstrahlen.*

*Nicht nur werden sie erlöst sein, o Nanak,*
*sondern viele andere finden mit ihnen die Freiheit.*

Guru Nanak

# Erschaffung und Auflösung

Diese Welt unterliegt der Veränderung. Sie kann vernichtet werden und es kann zur Auflösung kommen.

Es gab einmal eine Zeit, da all dies nicht vorhanden war. Es existierte nur der absolute Gott. In den Schriften, nicht nur in der Bibel, steht: „Im Anfang war das Wort." Doch das Wort, das die Erschaffung der niedrigeren Reiche in Gang setzte, existierte noch nicht. Der Wort-Gott ging erst aus dem absoluten Gott hervor. In ihm war er noch nicht einmal in der Form des Wortes vorhanden. Es gab keinerlei Schwingungen, er genoss voller Frieden einfach sein eigenes Selbst.

Als er aber aus dem absoluten Gott hervorging, erwachte er, und in seinem erwachten Zustand begann er zu schwingen und eine sehr, sehr hohe Frequenz entstand. Diese begann zu wirken, und die gesamte vielfältige Schöpfung kam ins Sein.

Wir Menschen als Abbild Gottes besitzen also etwas grundsätzlich Ewiges, das bestehen bleibt, sich niemals auflöst und nie enden kann.

Dennoch sollten wir sehr achtsam sein, wohin wir gehen, wohin wir gehören, was uns entspricht und wo wir uns erfreuen können. Es ist so eingerichtet, dass alle Seelen, die zur Zeit der Auflösung nicht bewusst mit Gott verbunden sind, lange, lange Zeit warten müssen, bis es wieder eine Schöpfung gibt. Dann werden auch sie auf den Weg zurück zu Gott gestellt und können sich weiter entwickeln.

Wir sollten wissen, dass jeder Einzelne durch einen wahren, kompetenten Meister mit dem heiligen Licht und Ton verbunden werden muss. Den wahren Meister könnt ihr mit Hilfe von aufrichtigen Gebeten finden – bittet ihr Gott um Hilfe, so wird Er euch helfen.

13. Juni

# Ein lebender Meister ist notwendig

Als die Meister und ‚Erlöser' der Vergangenheit hier auf der Erde lebten, kamen sie mit den Menschen in Berührung und in ihrer physischen Gestalt war es ihnen möglich, mit diesen Verbindung zu halten und zu helfen. Wenn sie hier nicht inkarnieren oder wieder zurückkehren in das ‚Wort', dann können sie uns nicht lehren – wir sind nicht in Verbindung mit unserem Selbst und können sie nicht verstehen. Dieses Wort war, ist und wird immer die grundlegende Wirklichkeit sein. Es ist unvergänglich, alles durchdringend und allen Wesen innewohnend. Wenn die Menschen von diesem alles durchdringenden Wort einen Nutzen ziehen könnten oder es den Menschen direkt helfen könnte, dann wäre es zu keiner Zeit notwendig gewesen, dass Meister oder ‚Erlöser' hier unter den Menschen erscheinen. Wenn dazu einmal die Notwendigkeit bestand, dann ist ihre Anwesenheit auch heute notwendig.

Ein lebender Lehrer ist notwendig für Schulkinder, ein lebender Arzt um unsere Leiden zu beheben, ein lebender Richter um unsere Streitigkeiten zu schlichten und ein lebender Meister, um uns mit unserem verlorenen Juwel – dem Wort – wieder zu verbinden.

Die wenigen, die versuchen, ihre Philosophie in die Praxis umzusetzen, empfinden die Notwendigkeit eines lebenden Meisters; denn sie geraten in Schwierigkeiten und um diese zu bewältigen, braucht man eine Anleitung.

# Shamritsu – der ‚Friedvolle'

Sprechen und handeln sind oft zweierlei. Es war einmal ein Mann, dessen Name war Shamritsu, d.h. ‚Der Friedvolle'. Shamritsu ist das Symbol des Friedens, das Symbol der Gelassenheit.

Ein Mann kam zu ihm und fragte: „Bitte, lieber Heiliger, wie heißt du?" Dieser antwortete: „Mein Name ist Shamritsu, der Friedvolle." Nach zehn Minuten bat ihn der Mann: „Bitte sage mir noch einmal deinen Namen." Wieder antwortete der andere: „Mein Name ist Shamritsu, der Friedvolle". Nach weiteren zehn Minuten fragte der Mann zum dritten Mal: „Ich habe deinen Namen vergessen. Kannst du ihn mir bitte noch einmal wiederholen?" Der Heilige erwiderte: „Ich habe ihn dir schon zweimal gesagt. Mein Name ist Shamritsu, der Friedvolle." Der Andere antwortete: „In Ordnung, es ist ja gut."

Aber nach fünf Minuten fragte er den Heiligen zum viertenmal nach seinem Namen. Nun wurde Shamritsu, der Friedvolle, sehr ärgerlich. Er brüllte: „Mein Name ist Shamritsu", ergriff einen großen Stock und jagte den anderen von dannen.

Im Wegrennen rief dieser: „Jetzt verstehe ich, dein wahrer Name ist der ‚Ärgerliche', der ‚Wütende'."

Ihr seht also, man mag so genannt werden: „Quelle des Friedens, Symbol des Friedens", aber es ist sehr schwer, ein Symbol des Friedens zu werden und wirklich friedvoll zu sein.

# Handeln, ohne sich zu binden

Alle auf der Ebene von Gemüt und Sinnen ausgeführten Handlungen, wie gut und tugendhaft sie auch immer sein mögen, können für sich genommen keine spirituelle Erlösung bewirken. Sie sind genauso bindend wie schlechte Taten. Die einen sind Ketten aus Gold, die anderen aus Eisen.

Gute Taten sind besser als schlechte oder Nichtstun; doch außer dass sie den Boden für den spirituellen Fortschritt bereiten, sind sie an sich von keinem Nutzen für die Seele, da diese weit über der Sinnesebene existiert.

Aber wenn jemand auf den spirituellen Pfad gestellt ist, handelt er so selbstverständlich aus der Seele heraus wie ein Vertreter im Auftrag seines Vorgesetzten. Sein Tun verliert jegliche bindende Wirkung für ihn, denn er hat jede Vorstellung, selbst der Handelnde zu sein, verloren. Dies macht ihn letztlich ‚tatenlos'. So sollte diese Art von Tatenlosigkeit unser Ideal im Leben sein, das bedeutet die Erlösung.

# Die richtige Adresse für Hilfe

Auch die Negativkraft dient einem Zweck. Sie hat ihre eigene Aufgabe, die wir kennen sollten. Wie ihr wisst, gibt es in einem noch so schönen Königspalast auch Abwasserleitungen. Besitzt der Palast keine Toiletten, wird er bald völlig verschmutzt sein. Um also den oberen, schönen Teil des Palastes rein zu halten, damit er strahlt und des Königs würdig ist, müssen auch die Toiletten und Abwassereinrichtungen vorhanden sein.

Genauso gibt es neben dem großen wunderbaren Reich Gottes und den höchsten Sphären seiner Schöpfung auch diese Welt als den niedrigsten Teil der Schöpfung, in dem die Menschen und alle anderen Lebewesen sehr viel zu leiden haben.

Doch dies hat auch noch einen anderen Sinn. Wenn wir leiden, halten wir Ausschau nach einem Helfer. Möglicherweise lebt in unserer Nachbarschaft ein Arzt, dem wir nie einen ‚Guten Morgen' oder ‚Guten Abend' gewünscht haben. Sobald wir aber krank sind und seine Dienste benötigen, gehen wir zu ihm und klopfen bei ihm an.

Genauso brauchen wir Gott. Wenn uns nicht einmal mehr die Ärzte helfen können, wenn uns auch alle anderen Menschen auf dieser Welt, unsere Verwandten und Freunde im Stich lassen, dann erfahren wir, dass es immer noch eine Hoffnung für uns gibt, und das ist Gott. Dann können wir an seine Tür klopfen, und er wird uns öffnen und zur Verfügung stehen.

# Die Saat des Meisters

Stellt euch vor: Ein Mensch legt den Samen für einen Obstbaum und geht dann seiner Wege. Ein anderer kommt, bewässert den Samen, und die Saat geht auf. Wieder ein anderer nährt die Pflanze und bringt sie zum Blühen, und der Vierte oder Fünfte erntet schließlich die Früchte.

Auch der Meister legt eine Saat: Hat jemand ihn nur für einen Augenblick gesehen oder einen Vortrag des Meisters gehört, ohne dass er die Initiation erhielt, geht deshalb nichts verloren. Diese Begegnung wirkt in ihm weiter in diesem oder einem späteren Leben. Die Saat, die durch den Blick des Meisters gelegt wird, kann nicht mehr verloren gehen. Sie bleibt bestehen und wird nach einiger Zeit Frucht tragen. Und wie zeigt sich das? Der Mensch erhält die Verbindung mit Gott und seine Seele wird erweckt. Damit ist alles erreicht.

Sobald die Seele verbunden ist mit dem inneren Licht und Ton, ist alles in Ordnung. Sie gehört nun zu Gott, zum Reich Gottes. Die Verbindung zum Reich des Bösen ist beendet, alle Verbindungsglieder dazu sind gesprengt; jenes Reich hat keine Macht mehr über sie. Von dem Moment an, in dem ein Mensch den Meister oder der Meister einen Menschen erblickt, wird die Seele jeden Tag, jeden Augenblick geführt und beschützt. Diese Verbindung ist voller Kraft.

# Der Himmel auf Erden

*Macht die Erde zu einem blühenden Garten,*
*helft anderen, ihren eigenen Garten zu finden.*

*Lebt und lasst auch andere leben,*
*seid stark und lasst auch andere stark sein.*

*Liebt euren Nächsten wie euch selbst,*
*liebt auch eure Feinde,*
*wir hätten keine Gewalt mehr.*

*Dann wäre der Himmel auf Erden.*
*Das ist keine neue Lehre, sage ich euch.*

Sant Kirpal Singh

# Reinheit – in uns selbst ruhen

Spiritualität kann nicht in einem Gemüt erwachen, das durch die nach außen fließenden Energien zu äußeren Freuden getrieben oder gezogen wird. Von den fünf nach außen fließenden Energien oder Sinnen: Augen, Ohren, Tastsinn, Geruch und Geschmack, sind die ersten drei am mächtigsten.

Die Lust greift uns zu achtzig Prozent durch die Augen an, zu vierzehn Prozent durch die Ohren und die restlichen sechs Prozent berühren uns hauptsächlich durch den Tastsinn. Wie können wir da rein bleiben? Das ist die Frage.

Ihr müsst einfach eure Aufmerksamkeit kontrollieren. Das Gemüt und die äußeren Sinne erhalten ihre Kraft von der Seele, deren äußerer Ausdruck die Aufmerksamkeit ist. Wenn also unsere Aufmerksamkeit fest am Sitz der Seele im Körper verankert ist und wir unsere nach außen fließenden Energien oder Sinne auf rechte Weise gebrauchen, wird uns das, was wir sehen oder hören, nicht weiter berühren. Ihr könnt jemanden anschauen, braucht aber nicht eure volle Aufmerksamkeit dazu, nicht einmal bei offenen Augen.

Jemand mag euch lange Geschichten über schlimme Sachen erzählen – wenn ihr eure Aufmerksamkeit beherrscht, werdet ihr selbst mit offenen Ohren nichts hören.

Wir nehmen Eindrücke von außen und von dort auf, wohin unsere Aufmerksamkeit geht. Wir werden von der Ausstrahlung derer beeinflusst, mit denen wir in Verbindung kommen. Wenn sie rein sind, ist es gut. Wenn nicht, nehmt ihr ihre Ausstrahlung ebenfalls auf.

# Zufriedenheit mit dem eigenen Los

Es ist gut, sich an der Natur zu erfreuen und in ihr Gott zu entdecken, aber allzu oft stören oder zerstören die Menschen Gottes natürliche Welt. Die Menschen selbst haben sich von der Natur entfernt; sie haben die Beziehung zu ihren natürlichen Anfängen, ihrem natürlichen Ursprung verloren.

Alle anderen Wesen in der Schöpfung sind mit ihrer Existenz zufrieden. Sie ruhen immer in sich. Sie erhalten, was sie brauchen – ohne jegliches Zutun und sie empfinden in sich keine Störung.

Betrachtet das Gras: Greifen wir nicht ein, bleibt es im Boden verwurzelt, und alles, was es zum Leben benötigt, erhält es aus dem Erdreich, von der Sonne, aus der Luft und dem Licht und von Gott, seinem Schöpfer. Es wächst, entwickelt sich, trägt Frucht, sät seine Samen aus und lebt ruhig und zufrieden bis zum Ende. Auch ein Baum denkt nicht daran, irgendwohin zu gehen, um Nahrung und Leben zu suchen. Er genießt alles dort, wo er steht. Die Sonne gibt ihm Stärke, der Regen bereichert sein Dasein mit Lebenskraft, und auch der Wind nützt ihm.

Wenn jeder seinen Platz einnimmt, ist alles in der Natur nützlich für ihn. Er braucht nichts, denn Gott sorgt für alles.

# Was wahre Liebe ist

Die Liebe, die aus unseren äusseren Freuden, den physischen Freuden entsteht, ist keine Liebe. Jeder beteuert, dass er Gott liebt, dass er jemanden liebt, aber wie viele wissen wirklich, was Liebe ist?

Liebe ist, wenn sich das Herz zu etwas hingezogen fühlt. Sie ist Sache des Herzens, nicht des Verstandes. Wenn das Herz etwas wünscht, entsteht eine Schwingung, die auf das einwirkt, worauf die Gedanken gerichtet sind. Liebe ist also, wie ich euch sagte, eine Sache des Herzens, nicht des Verstandes.

Jeder, der liebt, ist mit Dienen und Opfern vertraut. Da gibt es keine Frage von hoch oder niedrig, von Herrscher oder Untertan. Die Liebe zwingt selbst Könige zu Boden. Liebe kann alles hingeben, selbst Leib und Seele. Sie macht, dass man sich dem Willen dessen ergibt, an dem das Herz hängt. Liebe ist das Wesen unserer Seele. Gott ist Liebe, und unsere Seelen sind Tropfen aus dem Meer aller Liebe, das auch die verkörperte Liebe ist.

Aber Liebe bedeutet auch Bindung. Die Liebe der Seele, die der Überseele oder Gott gelten sollte, hat sich an irdische Dinge und äussere Freuden gehängt. So hat sich diese Liebe in Verhaftetsein gewandelt. Wohin geht ihr also? Dorthin, wo ihr gebunden seid. Was in eurem Gemüt ist, daran hängt ihr, das liebt ihr in eurem Herzen. Ist es Liebe zu weltlichen Dingen, werdet ihr natürlich immer wieder in die Welt zurückkehren. Wohin geht ihr dagegen, wenn ihr Gott oder Gott im Menschen liebt?

22. Juni

# Inmitten der Welt leben

Ein Reiter wollte seinem Pferd Wasser geben. In der Nähe arbeitete ein Bauer an seinem Schöpfrad. So lenkte der Reiter sein Pferd dorthin. Das knarrende Geräusch des Schöpfrades erschreckte jedoch das Pferd und ließ es zurückweichen.

Also bat der Reiter den Bauern, das Rad anzuhalten, was dieser auch tat. Als das Rad zum Stillstand gekommen war, lenkte der Reiter sein Pferd zu dem Becken, in dem sich das Wasser vom Schöpfrad sammelte. Doch als er dort ankam, war das Wasser wieder ausgelaufen. Nun bat der Reiter den Bauern, das Schöpfrad wieder in Gang zu setzen. Doch als er das tat, scheute das Pferd erneut und wich zurück. Das machte den Reiter sehr zornig.

Der Bauer bemerkte dazu: „Nun, mein Herr, wie ihr seht, könnt ihr Eurem Pferd ohne dieses knarrende Geräusch kein Wasser geben." Nun zwang der Reiter sein Pferd und trieb es mit harter Hand zum Becken, und das Pferd gehorchte und trank.

Seht, das gilt auch für unser Gemüt. Die weltlichen Sorgen und Ängste vergehen nicht. Was wir auch erreichen wollen, das müssen wir inmitten der Gegebenheiten der Welt erringen.

23. Juni

# Ein Löwe sein

Meine Lieben, ihr werdet doch nicht wie eine Maus sein wollen, die sich immer nur fürchtet. Im Haus fürchtet sich die Maus vor der Katze, im Freien fürchtet sie sich vor den Raubvögeln. Sie ist nirgendwo sicher, weder im Haus noch draußen.

Ihr aber solltet wie ein Löwe sein, ihr solltet wie ein Elefant sein, damit ihr stets ohne jede Furcht seid. Für euch existiert keine Angst mehr, für euch gibt es nirgendwo mehr eine Gefahr.

Erfreut euch also überall wie Gott. Geht nach innen und bittet, so erhaltet ihr alles. Es liegt schon bereit.

# Einfach leben

Wir sollten zur Natur zurückkehren. Das ist zwar noch keine Spiritualität, aber es ist hilfreich. Ich möchte, dass ihr stärker werdet – dass ihr vorbildliche Menschen werdet: einfache Nahrung und hohe Denkart. Bei einer einfachen Lebensweise spart ihr viele zusätzliche Ausgaben, die ihr jetzt habt. Gebt weniger aus als ihr verdient. Macht Abstriche an eurer Nahrung und an anderen Dingen. Das bedeutet nicht zu hungern, sondern das, was ihr esst, sollte ganz einfach sein.

Wenn eure Lebensweise in allem einfach ist, dann könnt ihr euer übrig gebliebenes Geld mit anderen teilen, mit denen, die hungrig sind. Nehmt es euch zu Herzen. Kehrt zur Natur zurück so gut als möglich, nicht auf einmal; eure Sichtweise wird sich nach und nach verändern.

# Zahllose suchen Gott

*Zahllos sind jene, die an Dich denken
und zahllos jene, die Dich lieben,
zahllos sind die, die Dich anbeten und zahllos jene,
die Dich in Härte und Buße suchen,
zahllos sind die, die Deinen Ruhm
aus heiligen Büchern verkünden und
zahllos jene, die – in Yoga vertieft –
der Welt mit Gleichmut gegenüberstehen.*

*Zahllos jene Deiner Ergebenen, die über Deine
Eigenschaften und Deine Weisheit sinnen,
zahllos jene, die Wahrheit und Barmherzigkeit üben,
zahllos sind jene, die dem Schwert des Feindes
mutig entgegen treten und
zahllos jene, die Schweigen geloben und
mit unerschöpflicher Liebe über Dich meditieren.*

*Welche Kraft habe ich,
Dein wunderbares Wesen zu erfassen?*

*Zu gering bin ich, Dir mein Leben zu opfern.*

*Was immer Dir gefällt, ist gut,
Du existierst für immer und ewig,
o Formloser Einer.*

Guru Nanak

# Jeder Heilige hat eine Vergangenheit und jeder Sünder eine Zukunft

Es ist nicht schwer, Gott zu finden, aber es ist schwer, Mensch zu werden. Der Mensch entwickelt sich spirituell. Gott sucht nach dem Menschen, der schon Mensch ist. Wenn ihr bereit seid, wird Gott kommen und euch eine Aufgabe zuweisen.

Ich denke daran, wie ich auf meiner ersten Weltreise nach London kam. Zwei Kinder von ungefähr sieben oder acht Jahren kamen zu mir. Ich fragte sie: „Was wünscht ihr euch?" „Wir möchten Meister werden", sagten sie. „Nun gut", sagte ich, „ihr seid auf den Weg gestellt, bessert euch, schreitet fort auf dem Weg, und dann mögt ihr zu Meistern erwählt werden."

Gott sucht ständig nach dem Menschen, der schon Mensch ist, damit Sein Werk fortgeführt wird. Wir brauchen nicht darum zu beten. Gott wählt den, der sich für die Aufgabe eignet. Es ist sinnlos, danach zu verlangen oder sich darum zu bewerben – denn die Entscheidung liegt nicht in menschlicher Hand. Es ist eine von Gott übertragene Aufgabe. Ich sagte zu den Kindern: „Ihr könnt Meister werden, das ist in Ordnung. Ihr seid auf den Weg gestellt, geht ihn weiter und ihr mögt als Meister erwählt werden." Jeder erlangt schliesslich Vollkommenheit. Das zu wollen ist keine Sünde.

Jeder Heilige hat seine Vergangenheit und jeder Sünder seine Zukunft. Wo können wir anfangen? Bei uns selbst. Zuallererst sollten wir nicht schlecht denken. Man spricht aus, was man im Herzen trägt. Wenn Übles in eurem Gemüt ist, so strahlt es aus in Gedanken und Worten. Das ist die wichtigste Lehre der Meister. Wir müssen uns selbst prüfen und sehen, wie und wo wir stehen. Wie können wir daran denken, Meister zu werden, wenn diese Dinge in uns sind! Reinheit des Gemüts ist wesentlich. Verunreinigt es nicht, indem ihr schlecht denkt.

# Wähle klug aus der Schatzkammer

Der König öffnete seine Schatzkammer. Das ganze Volk war eingeladen sie zu besichtigen und durfte sich sogar ein Stück aussuchen, um es mit nach Hause zu nehmen. Alle strömten herbei und riefen: „Oh, wie schön, wie kostbar", und rafften etwas an sich.

Unter den vielen Menschen war auch ein junges Mädchen. Es bewunderte all die Schätze, nahm aber selber nichts. Schließlich kam es zum König, der unbeachtet all dem geschäftigen Treiben ruhig zusah. Da sprach er: „Möchtest Du nicht auch etwas von meinen Kostbarkeiten haben?" Das Mädchen sah ihn an. Dann legte es seine Hand auf des Königs Haupt: „Ich möchte nur Dich."

Voll Freude erwiderte der König: „Du hast die beste Wahl von allen getroffen. Ich bin dein und du bist mein. Wem ich gehöre, dem gehört auch alles von mir."

# Unterscheidungskraft entwickeln

Der Intellekt hat seine eigene Wirkungsweise. Ihr könnt ihm sagen: „Das ist gut und jenes ist schlecht." Er wird es verstehen und es dem Gemüt weitersagen: „Das ist nicht gut, tu das nicht. Aber dieses ist gut, dies kannst du tun." Doch das Gemüt ist stärker als der Intellekt.

Das Gemüt ist wie ein König und der Intellekt wie dessen Minister. Der Minister führt lediglich die Befehle seines Königs aus und muss den König informieren. Das ist seine Pflicht. Doch es liegt am König, die Empfehlungen des Intellekts zu akzeptieren oder nicht. Der König kann sagen: „In Ordnung" oder „Nein, da hast du dich nicht einzumischen." Das Gemüt hat kein Verständnis und kein Gefühl. Es folgt seinen Eindrücken und kann nicht wissen, was gut oder schlecht ist.

Gute Dinge kommen ausschließlich von Gott durch die Seele; sie ist stärker als Gemüt und Intellekt. Sie kann beiden beibringen, nichts Falsches zu tun. Das ist der einzige Weg, wie wir uns und auch andere ändern können.

29. Juni

# Befreiung von Dämonen

Ein Vortragsbesucher zitiert Bibelstellen, worin Jesus Besessene von Dämonen befreit. Er möchte eine Erklärung des Meisters, und wie es damit in unserer heutigen Zeit bestellt ist.

Der Meister spricht über dieses kritische Thema ganz unbefangen: „Negative Eindrücke schaffen negative Eigenschaften, und diese ziehen negative Kräfte an. Anhand von zerstörerischen Gedanken, Gefühlen und Handlungen wachsen diese Kräfte im Menschen, werden genährt und entwickeln sich in ihm weiter zu einer bewussten Existenz. Schließlich kann sich der Mensch nicht mehr aus eigener Kraft davon befreien. Durch das Negative in uns selbst wächst diese Wesenheit, so wie ein Lügner sich immer mehr in Lügen verspinnt.

Ich will euch ein Beispiel geben: Bei Nikotin, Alkohol oder Drogen ist nicht die Gewöhnung das Problem, sondern die Tatsache, dass sich die negativen Wesenheiten von diesen Dingen ernähren.

Nach der Einweihung übernimmt der Meister die Kontrolle und beginnt, die zerstörerische Kraft in uns zu schwächen. Jene Geistwesen erhalten keine Energie mehr, und so wird der Mensch von ihnen befreit. Das nennt man Erlösung."

# Erste Schritte zu Gott

Religiöse Übungen, feierliche Handlungen und Rituale, auch Fasten und Nachtwachen, Wallfahrten usw. sind nur Grundschritte, die dazu dienen, in euch das Verlangen zu entwickeln, Gott zu finden. Ihr habt das Beste daraus gemacht, wenn ihr euch auf den Weg zurück zu Gott habt führen lassen, der die Wissenschaft vom Wort oder Tonstrom und für die ganze Menschheit ein und derselbe ist. Einer, der sich dieser Wissenschaft verschrieben hat, braucht sich mit den Grundschritten nicht mehr abzugeben.

Bleibt, wo ihr seid. Ihr braucht eure Religionsgemeinschaften nicht zu verlassen, sondern solltet den besten Gebrauch von ihnen machen und prüfen, wie weit ihr auf dem Weg vorangekommen seid. Deshalb habe ich hier keine Kirche, keinen Tempel oder irgendetwas anderes errichtet. Dies sind Anfangsschritte. Wir kümmern uns nicht darum, welches Etikett du trägst oder welcher geistigen Richtung du angehörst. Wir möchten uns nur daran erfreuen, dass du Mensch bist, dass du Seele bist.

1. Juli

# Die halbe Lektion gelernt

Es war einmal ein Lehrer, der hatte die Aufgabe, den Söhnen der Pandavas, einer fürstlichen Familie, eine besonders gute Ausbildung angedeihen zu lassen. Der Lehrsatz der ersten Lektion hieß: „Sprich stets die Wahrheit und sei niemals zornig." Eifrig lernten die Kinder den Satz, bis sie ihn auswendig konnten.

Als der Lehrer die Kinder in der nächsten Unterrichtsstunde abfragte, erklärte einer der Pandava-Söhne, dass er den Satz noch nicht beherrsche. Die nächste Lektion war bereits an der Reihe, und der Junge war noch immer mit dem ersten Lehrsatz beschäftigt. Geduldig ermutigte der Lehrer den Schüler, in aller Ruhe den ersten Spruch noch einmal zu lernen.

Vierzehn Tage verstrichen, und der Junge entschuldigte sich immer wieder, dass er nicht weitergekommen sei. Da verlor der Lehrer allmählich die Geduld. Wie konnte das möglich sein? Die anderen hatten bereits zehn Lektionen gelernt, und dieser eine Junge hing immer noch an der ersten Lektion. Ungehalten fragte der Lehrer: „Warum bemühst du dich nicht mehr und lernst diese Lektion endlich?" Da antwortete das Kind: „Die eine Hälfte der Aufgabe kann ich, doch die andere Hälfte beherrsche ich noch nicht."

Nun riss dem Lehrer der Geduldsfaden vollends, und er gab dem Jungen eine Ohrfeige. Der Schüler aber sprach bescheiden: „Als ich sagte, dass ich nur die halbe Lektion kann, sprach ich die Wahrheit. Als ich eben die Ohrfeige bekam, stieg Zorn in mir auf. Ihr seht also selbst, dass ich noch lange an dieser Lektion zu lernen habe."

Da verstand der Lehrer, dass dieser scheinbar so begriffsstutzige Junge der beste seiner Schüler war.

# Die Einladung annehmen

Unser Platz ist im Herzen Gottes, nirgendwo sonst. Bei Ihm ist unser einziger Platz. Dazu rufen euch alle Meister auf und dazu rufe auch ich euch auf. Ich will nichts von euch haben und ihr braucht nichts für mich zu tun – das versichere ich euch. Aber bitte, nehmt den Aufruf, die Einladung Gottes an, die ich euch übermittle, weil Gott nicht unmittelbar zu euch sprechen kann. Darin liegt die Schwierigkeit.

Die Radiowellen, die ein Sender ausstrahlt, könnt ihr auch nicht auf direktem Wege hören. Dazu braucht ihr einen Radioempfänger. Dieser Empfänger vermindert die Frequenz des Senders, und erst dadurch wird die Sendung für eure Ohren hörbar.

Der Meister hat also die Aufgabe, die sehr hohe Frequenz, die von Gott ausgestrahlt wird, auf euren Empfangsbereich herunter zu transformieren, damit ihr die Botschaft verstehen könnt. Auf diese Weise wird euch die Botschaft Gottes verständlich gemacht. Bitte empfangt sie und lasst euch davon segnen.

3. Juli

# Familie und Freunde

Gott wird sich um eure Verwandten und Freunde kümmern, um eure Kollegen und um alle, die euch achten oder Zuneigung entgegenbringen.

Bei einem Zug ist ein Waggon direkt mit der Lokomotive verbunden, der nächste hängt schon nicht mehr daran. Vielleicht hat dieser Zug hundert oder zweihundert Waggons. Nur ein einziger ist direkt angekoppelt, die anderen in einer Kette hintereinander. Aber sie werden alle zusammen mit derselben Geschwindigkeit in die gleiche Richtung fahren und genießen alle Vorzüge dieser Eisenbahnlinie.

Genauso verhält es sich mit der inneren Verbindung. Wenn eure Seele mit Gott verbunden ist, dann werden Körper, Gemüt und Intellekt glücklich sein, eure Familie, eure Verwandten, eure Freunde werden glücklich sein und auch jeder, der sich mit Schmerzen oder Leiden an euch wendet, wird ebenfalls Nutzen aus dieser Verbindung ziehen.

Das ist eine ganz wunderbare Möglichkeit, die wir alle genießen können.

# Gott selbst ist es, der spricht

*Du allein bist der Schöpfer und Herr;*
*aus Deinem eigenen Selbst erschufst Du das All.*
*Und würde es einen zweiten neben Dir geben,*
*dann wäre ich auch Zeuge von Ihm.*

*Gott selbst ist es, der spricht*
*und der durch uns alle sprechen kann.*
*Er durchdringt die Meere und Länder.*

*Gott selbst ist es, der alles auflöst*
*und der alles wieder zusammenfügt.*
*Meine Seele, bleibe in der Obhut des Herrn.*

*Ohne Gott kann keinem das Leben genommen werden,*
*ohne Gott kann keiner zum Leben erweckt werden.*
*Sei unbesorgt, meine Seele, und sei ohne Furcht.*

*Stehend lobe und preise deinen Herrn,*
*sitzend liebe und verehre deinen Herrn,*
*schlafend träume andächtig von deinem Herrn;*
*jahrein und jahraus erinnere dich Seines Namens.*

*Zu Gott können wir nur durch einen Meister finden;*
*diese Weisheit wurde mir durch die Gnade Gottes zuteil.*

Amar Das

## Hübsche, bunte Kieselsteine

Wenn wir die Welt verlassen, wird es uns nicht erlaubt, irgendetwas mitzunehmen, nicht einmal den physischen Körper. Warum sind wir dann hierher gekommen? Nur um uns etwas zu verdienen, das von wirklichem Nutzen und Gewinn ist. Zu unserem Unglück wissen wir nur nicht, was es ist und wofür wir arbeiten sollen.

Kinder sammeln eifrig hübsche, bunte Kieselsteine vom Boden auf, um ihre Taschen damit zu füllen. Der Lohn dafür ist das Gefühl, dass sie etwas Schönes zum Vorzeigen haben, und das macht sie glücklich. Sie vergleichen ihre Kieselsteine mit denen ihrer Freunde und stellen fest, dass manche mehr und andere weniger haben. Jene, die mehr haben, freuen sich darüber, dass sie einen so schönen Gewinn gemacht haben. Aber wenn sie nach Hause kommen, ist ihre Mutter aufgebracht und will, dass sie alles hinauswerfen, denn es sind nichts als nutzlose Steine. Genauso arbeiten auch wir hart, um unsere weltlichen ‚Kieselsteine' zu verdienen, doch sie sind nichts als Erde.

Auch wenn wir Gold und Silber, Häuser, feine Kleider und andere schöne Dinge sammeln, sind all diese Dinge nichts als Erde. Nach einiger Zeit werden sie zerfallen und wieder zur Erde zurückkehren.

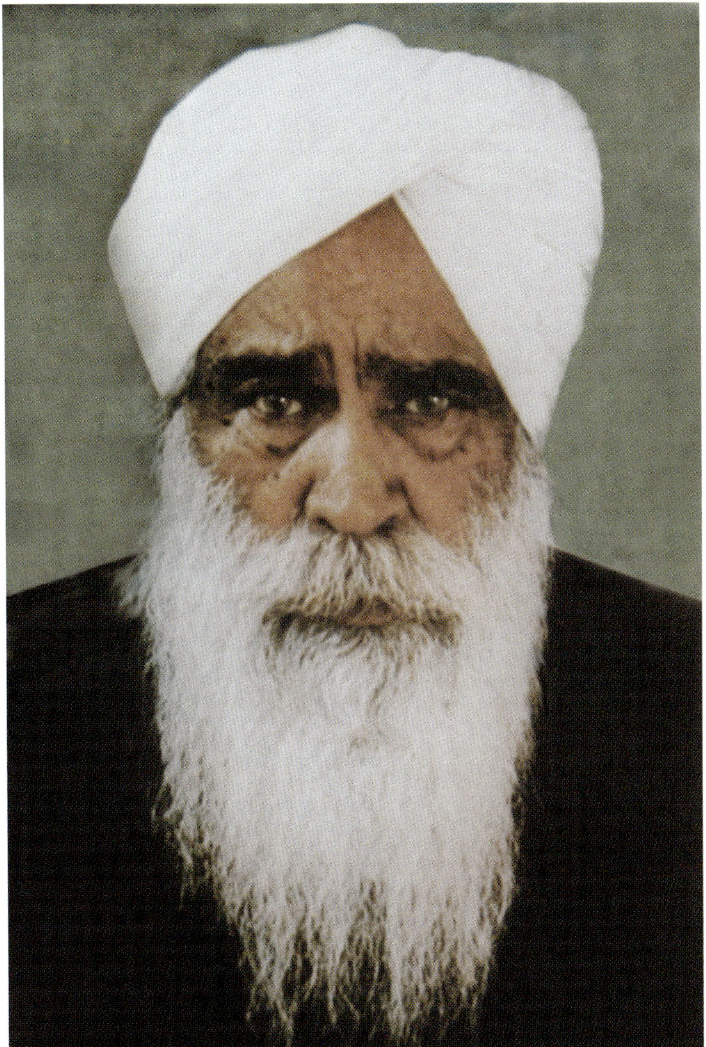

Sant Kirpal Singh
1894- 1974

# In Liebe erwachen

Gott ist vollkommen in seiner Liebe, die alle Seelen, sein ganzes Haus und das universale Gemüt erfüllt.

Wem gilt diese Liebe? Uns, seinen Kindern. Die gleiche Liebesfähigkeit kann er auch in uns erwecken. Dann können wir sein Gebot erfüllen.

Wir werden unseren Nächsten lieben wie uns selbst und ebenso unsere Feinde – wir sind nun von der gleichen Liebe durchdrungen wie Gott. Wir werden den Hass der anderen nicht beachten. Es wird auf unserer Seite keine Reaktion geben, sondern nur davon unbeeinflusstes Handeln. Dann werden wir allen Menschen nichts als Liebe entgegenbringen.

Diese Art zu leben müssen wir finden, dann bürgt er für unsere Sicherheit und wir sind unverwundbar.

# Alexander der Große

Alexander der Große eroberte im Altertum fast die ganze damals bekannte Welt. Viele Jahre kämpfte er und kam dabei bis nach Indien. Dann aber beschloss er, nach Hause zurückzukehren, um einige Zeit auszuruhen und zu genießen. Danach wollte er wieder Krieg führen.

Aber der Mensch denkt und Gott lenkt. Beim Rückzug von Indien wurde Alexander immer kränker und nichts konnte ihm helfen. Auf dem Totenbett liegend klagte er: „Was ist nun mit dem großen Reich, das ich erobert habe und all den Schätzen, die zu rauben soviel Zeit und Mühe gekostet hat?" Einer seiner Ratgeber sagte: „Erinnert Ihr euch nicht, dass wir alle, hoch oder niedrig, mit leeren Händen hierher kamen und wisst Ihr nicht, dass wir auch wieder mit leeren Händen gehen müssen?"

Das war aber nicht alles. Ein anderer weiser Ratgeber trat auf ihn zu: „Sterben müssen wir alle und können nichts mitnehmen. Aber was kommt nach Eurem Tod? Wenn ich daran denke, packt mich das Grauen." Der König fragte betroffen „Wie meinst du das?" und erhielt zur Antwort: „Ungezählte Menschen verloren ihr Leben, Hab und Gut und ihre Heimat. Frauen wurden zu Witwen, Kinder zu Waisen. Unnennbares Unglück, Elend und Leid habt Ihr angerichtet. Ihr seid für all das verantwortlich. Nun werdet Ihr nach dem Gesetz ‚Auge um Auge, Zahn um Zahn' gerichtet und müsst all das begleichen. Die euch bevorstehenden Qualen mögen unvorstellbar schrecklich sein und Zeitalter um Zeitalter währen."

Auch wir handeln auf dieselbe Weise. Wir beachten nicht dieses große Gesetz der Natur. Beherrscht vom Ego wissen wir nicht, was wir tun und achten nicht auf die Folgen.

# Hilf dir selbst, dann hilft dir Gott

Wenn wir alle unsere Sorgen, Schmerzen und Schwierigkeiten auf Ihn werfen und er in seiner großen Liebe alle unsere Bitten erhört, dann begehen wir ein großes Unrecht, dessen wir uns schämen sollten. Was können wir dann für den Meister tun, wie können wir Ihm dienen, damit er nicht für uns zu leiden braucht, aber auch wir nicht leiden müssen.

Oft habe ich meinen Meister gefragt: „Bitte lass mich wissen, wie ich Dir dienen kann" und ich hörte andere dieselbe Bitte äußern. Darauf erklärte er sehr deutlich, dass das Heilmittel schon am ersten Tag bei der Initiation gegeben wird. „Wenn ihr mir dienen wollt, widmet eurer Meditation und euren spirituellen Übungen regelmäßig Zeit. Das ist der beste Dienst für mich. Einen besseren Dienst gibt es nicht."

Warum ist dies die beste Art, dem Meister einen Dienst zu erweisen? Wir haben bereits erfahren, dass wir um Hilfe schreien, wenn uns ein Schmerz überwältigt und es auf der Erde niemanden gibt, der uns helfen kann. Einzig und allein die Meisterkraft, die Gotteskraft hilft uns. Wenn wir den Empfehlungen des Meisters folgen und regelmäßig Zeit für unsere spirituellen Übungen einsetzen, dann können wir erwirken, dass wir von allen Schwierigkeiten, allen Sorgen, allen Schmerzen und allen Krankheiten befreit werden. Wir werden weder besorgt noch beunruhigt sein und unserem Meister keine Sorgen bereiten, indem wir Ihn bitten, uns Schmerz und Schwierigkeiten abzunehmen.

Die spirituellen Übungen verbinden uns mit der Naam-Kraft, die viel mächtiger ist als die Karmas. So können wir durch unsere eigenen Bemühungen von allem Schmerz und aller Sorge frei werden.

# Seele und Welt

Die physischen Körper aller Menschen unterliegen der Veränderung und werden von Nahrung, klimatischen Bedingungen, Jahreszeiten, Alter usw. beeinflusst. Die Gesetze der Natur wirken sich bis zu einem gewissen Grad auf jeden aus, entsprechend dem Umfang des Wissens, das einer über sie hat, ob er sie vernachlässigt oder befolgt.

Ein ergebener Schüler, der einfach und achtsam lebt und alles Vertrauen in die Meisterkraft setzt, braucht sich nicht um karmische Situationen zu sorgen, selbst wenn sie zeitweise unerträglich scheinen. Liebende Hingabe für den Meister hat selbst die härtesten Umstände stets abgemildert.

Die Meditation ist das Wichtigste und darf nicht vernachlässigt werden. Aufschub ist der Dieb der Zeit. Ferner liebt das Gemüt die Bequemlichkeit von Natur aus, und man sollte ihm nicht einfach freien Lauf lassen, sodass im festgelegten Tagesablauf Nachlässigkeiten entstehen. Für die spirituelle Seite sollte soviel Zeit wie möglich eingesetzt werden.

Auf Träume braucht man nicht zu bauen. Man kann die Vision einer früheren Inkarnation haben. Es existiert eine gewaltige Schöpfung im Innern, die man aber nicht zu beachten braucht. Wir sollten uns darauf konzentrieren, den Meister innen zu sehen, mit ihm zu sprechen und mit ihm zu gehen, wohin immer er uns führen mag.

# Bleibt sitzen, macht weiter

Macht euch keine Sorgen. Wenn einige einfach nur dasitzen und gerade einmal die Augen schließen können, ist das auch schon ausreichend. Wenn ihr nichts seht, wenn ihr nichts hört und euch unruhig fühlt, sorgt euch nicht.

Selbst wenn ihr nur in Gedanken an Gott dasitzt und euch nicht entsprechend den Empfehlungen des Meisters auf das Zentrum des dritten Auges konzentrieren könnt, sondern eure Gedanken nach außen wandern und euer Gemüt unruhig ist – macht euch deswegen keine Sorgen. Bleibt sitzen, bleibt sitzen. Das ist dann eine große Leistung. Mehr erwarte ich nicht von euch.

Das einzige, was ich von euch erwarte, ist, dass ihr eure Augen vor der äußeren Welt verschließt. Euer Gemüt kann dabei ruhig in der Welt umherlaufen, das spielt keine Rolle. Aber ihr solltet mit geschlossenen Augen dasitzen. Und ihr solltet euch mit dem Vorsatz hinsetzen: Ich will meditieren. Nur das wird von euch erwartet, gleichgültig, ob ihr dann wirklich meditiert oder ob ihr nur auf die Welt meditiert statt hier am Zentrum des dritten Auges.

Für alles Weitere ist der Meister zuständig, und früher oder später wird er es in den Griff bekommen. Er wird ständig an euch arbeiten, immerzu. Er wird euer Gemüt zur Ruhe bringen und auch euren Körper, Er wird eure Seele nach oben ziehen und ihr werdet spüren, dass ihr darauf konzentriert seid. Dann werdet ihr auch Licht sehen, ihr werdet Frieden empfinden und alles erhalten – alles.

Das einzige, was ihr tun müsst, ist, euch zur Meditation hinzusetzen und eure Augen geschlossen zu halten.

11. Juli

## Gott ist Aktivität

„Wie wirkt die Kraft Gottes, von der du immer sprichst?", möchte ein älterer Mann im Kreis der Schüler wissen. Der Meister erklärt: „Sie ist wie ein Fluss, sie ist Aktivität. Das Innehalten ist nur eine Störung des Flusses. Wenn wir uns ausruhen wollen, so ist es, als wollten wir ein Hindernis in den Fluss werfen in der Meinung, der Fluss müsse sich vom Fließen ausruhen. Dabei ist sein Fließen zugleich sein Ausruhen.

Jene, die Stärke und Weisheit entwickeln, werden sehen, dass sie aktiver werden im positiven Sinn. Solche Menschen sind wirklich reich. Das ist die Vorgehensweise Gottes.

Und was ist negativ? Träge werden, erstarren, denn das ist Gott entgegengesetzt."

12. Juli

# In der Natur sind wir Gott näher

Betrachten wir die Bäume und die Natur. Sie sind ruhig und still und unser Gemüt wird durch ihren Frieden und ihre Stille beeinflusst.

Sobald wir jedoch einen Menschen sehen, wird unser Gemüt durch seine Ausstrahlung in Unruhe versetzt. So sind wir, wenn wir die friedliche Natur betrachten, Gott näher.

Schon ein kleiner Spaziergang oder ein kurzes Verweilen und ein Blick in die Natur sind sehr hilfreich. Alle Pflanzen und Bäume scheinen still und ruhig zu meditieren; desgleichen erwecken die Berge den Eindruck, als ob sie sich an friedvoller Meditation erfreuen. Es weht eine frische Brise, die voll des Dufts göttlicher Ausstrahlung ist und einen mildernden Einfluss auf Gemüt und Körper hat.

13. Juli

# Ein Freund für die Ewigkeit

Ich gebe euch ein Beispiel: Ihr habt einen Freund, der euch innig liebt und alles für euch tut. Überdies ist er sehr wohlhabend und einflussreich. Ihr besucht diesen Freund mit eurer Familie und bleibt ein paar Tage bei ihm. Während dieser Zeit wird er für euch sorgen, euch achten und stets bestrebt sein, alle eure Wünsche zu erfüllen. Noch ehe ihr etwas sagt, bemüht er sich schon, euch alles zu geben. So gern hat er euch.

Doch er sorgt nicht nur für euch, sondern auch für eure Familie. Alle kleidet er ein, verköstigt sie, sorgt für Frieden und pflegt euch, wenn ihr krank seid. Ohne selbst etwas dazu beizutragen, werdet ihr mit Wohltaten überhäuft. Ihr habt weder Verpflichtungen noch Verantwortung und erlebt glückliche und fröhliche Tage.

Und doch wird in dieses Glück ein Wermutstropfen fallen. Wieso? Weil ihr nicht für den Rest eures Lebens zu Gast bleiben könnt. Ihr wisst genau, dass ihr nach einiger Zeit woandershin gehen müsst und jenes Glück, das zur Zeit keinen Wunsch offen lässt, könnt ihr dann nicht wirklich genießen.

Gott aber wird euch von dieser Sorge befreien. Er sorgt in alle Ewigkeit für euch.

# Aus eigenen Quellen leben

Geht die Sonne auf, bringt sie uns Licht. Ohne sie gibt es kein Licht, sondern nur Dunkelheit. Wir aber sollten unser eigenes Licht haben und alles aus uns selbst schöpfen. Andere mögen vielleicht von uns abhängig sein, aber wir sollten auf niemanden angewiesen sein. Dieses Leben der Vollkommenheit brauchen wir, meine Lieben.

Abhängigkeit ist der größte und schwerste Fluch, unter dem wir nicht glücklich sein können. Das ist bitter. Muss uns ein anderer den Bissen in den Mund stecken oder einen Schluck Wasser einflößen, so sind wir nicht lebensfähig, denn eines Tages ist der andere vielleicht nicht mehr da und wir bekommen nichts zu essen und zu trinken, dann sind wir in Not. Alles, was wir für uns selbst benötigen, sollten wir aus eigenen Quellen beziehen. Dafür hat Gott die Voraussetzungen geschaffen.

Was tut der Meister? Er gibt euch diese Kraft, so dass ihr für euch selbst sorgen könnt und ihr niemandem zu Dank verpflichtet seid oder irgendwelche Dienste anzunehmen braucht. Ihr braucht nicht die Dankbarkeit anderer, aber ihr könnt allen dienen.

15. Juli

# Der König, der im Traum ein Bettler war

Einst saß ein König auf seinem Thron. Staatsmänner und Höflinge waren um ihn versammelt. Trotz des Lärmens und geschäftigen Treibens um ihn herum sank er in tiefen Schlaf. Niemand wagte es, ihn aufzuwecken, und die Anwesenden beschlossen, sich in Ruhe hinzusetzen und den König seinen Schlaf genießen zu lassen, bis er von selbst aufwachen würde.

Der König schlief zwei Stunden. Er träumte, er sei bettelarm. Sein Körper war von Lepra entstellt und unzählige Fliegen umschwirrten ihn. Um ein Stückchen Brot bettelnd zog er von Tür zu Tür, aber überall wies man ihn ab oder jagte ihn mit Stöcken und Steinen davon. Der König durchlitt schreckliche Qualen. Keiner wollte dem geschundenen Mann auch nur ein Stück Brot geben. Die Kinder liefen schreiend vor ihm davon, als sei er der Leibhaftige in Person.

Schweißperlen standen dem König auf der Stirn, als er endlich aus dem Traum erwachte. Wo war er? Er rieb sich die Augen und konnte nur langsam begreifen, wer er wirklich war. Allmählich merkte er, dass er während der schrecklichen Erlebnisse mit seinem Körper, seinen Augen, Ohren, Händen und Füßen auf dem Thron geblieben war, nur mit seinem Bewusstsein war er in einer anderen, schrecklichen Wirklichkeit gewesen.

Der König war nun wieder wach. Die Höflinge und Minister fuhren mit ihren gewohnten Gesprächen und wichtigen Entscheidungen fort, doch der König war nicht mehr derselbe. Das, was er im Traum erlebt hatte, konnte er nicht mehr vergessen.

# Sehen statt glauben

Meine Lieben, ihr müsst keine vergleichenden Studien der Religionen anstellen, sondern einfach einem Meister der Praxis folgen. Überprüft selbst, was er euch sagt.

Als ich von meinem Meister initiiert wurde, erzählte ich außer meiner Frau niemandem davon. Ich wollte zunächst einmal feststellen, ob das, was mein Meister Sant Kirpal Singh sagte, sich als wahr erweisen würde.

Drei oder vier Monate lang meditierte ich auf das heilige Licht und den heiligen Ton, bis ich in der Tat wunderbare Ergebnisse erzielte. Es erwies sich, dass meine Erwartungen voll erfüllt und ich ganz zufriedengestellt wurde. Darauf erklärte ich öffentlich: „Das ist der Weg, ich habe ihn gefunden. Er ist richtig und führt zum Erfolg." Auch danach machte ich mit den Meditationen unablässig weiter und sie blieben tatsächlich in wundervoller Weise wirksam.

Dies möchte ich jetzt jedem einzelnen Menschen gemäß den Empfehlungen meines Meisters bekannt geben, damit keiner in der Dunkelheit bleibt. Jeder soll sich an diesem Licht des Lebens erfreuen.

17. Juli

# Aus der Tiefe des Herzens rufen

Mein Meister Kirpal brachte gerne das Beispiel von Mutter und Kind: Eine Mutter saß in der Küche und wartete darauf, dass die Milch kochen würde. Als sie gerade heiß wurde, fing ihr Kind plötzlich an zu schreien. Im Weinen des Kindes war ein solcher Schmerz, dass sie sofort die kochende Milch stehen ließ und zu ihrem Kind lief. Es war gestürzt, als es auf einen Stuhl klettern wollte. Bis die Mutter wieder in die Küche zurückkam, war die Milch übergekocht und auf den Boden gelaufen. So erfuhr das Kind, dass es von der Mutter so sehr geliebt wurde, dass sie um seinetwillen die Milch stehen ließ.

Wenige Tage später hatte das Kind Unfug im Sinn und schrie lauthals nach der Mutter in der Erwartung, dass sie gerannt käme. Aber sie kam nicht, und so dachte das Kind: „Sie muss heute aber etwas ganz Besonderes zubereiten, weil sie nicht nach mir schaut." Als es aber in die Küche kam, stellte es mit Verwunderung fest, dass die Mutter nur ein einfaches Eintopfgericht kochte. „Als ich das letzte Mal schrie, bist du gekommen, obwohl die Milch überkochte," sagte das Kind, „heute aber kochst du nur diesen Eintopf und kommst überhaupt nicht, obwohl ich schreie und schreie." Darauf antwortete die Mutter: „Ich kam nicht, weil heute kein Schmerz in deinem Weinen lag."

Wenn wir in unserem Herzen einen Wunsch haben, dann weiß der Meister um ihn. Wenn ein Kind nach Vater oder Mutter ruft, dann kommen die Eltern.

Aber euer Ruf sollte aus der Tiefe des Herzens kommen.

# Gott wohnt allem inne

*Ohne Zahl sind Deine Namen
und zahllos Deine Stätten;
schwer erreichbar und unzugänglich
Deine unzähligen himmlischen Ebenen.*

*Selbst durch das Wort ‚zahllos'
können wir Dich nicht beschreiben.
Mit Worten beschreiben wir Dich,
und mit Worten rühmen wir Dich.
Durch Worte erwerben wir göttliches Wissen,
und mit Worten wirst Du besungen
und werden Deine Eigenschaften gepriesen.
Es sind Worte, die wir in Rede und Schrift gebrauchen,
und in ihnen ist unser Los beschlossen.*

*Doch Er, der es so anordnet, steht über diesem Gesetz.
Wie Du es bestimmst, so kommt es uns zu.
Du wohnst allem inne, und es ist nichts,
wo Dein Wort nicht ist.*

*Welche Kraft habe ich,
Dein wunderbares Wesen zu begreifen?
Zu gering bin ich, mein Leben Dir zu opfern.*

*Was immer Dir gefällt, ist gut.
Du existierst für immer und ewig, o formloser Einer.*

Guru Nanak

# Natürliche Ernährung

Natürliche Nahrung besteht aus frischen Früchten, Gemüsen, Nüssen, Getreide und Milchprodukten. Tierische Nahrung, wie Fleisch, Fisch, Geflügel, Eier oder deren Nebenprodukte, sowie bewusstseinsverändernde Mittel, wie zum Beispiel Alkohol und Drogen, meidet streng. Ernähren wir uns rein vegetarisch. Auch lasst den Magen teilweise leer. Füllt ihn zur Hälfte mit Essen und zu einem Viertel mit Wasser – und lasst ein Viertel leer, damit die Verdauung nicht erschwert wird.

Je unbelasteter euer Magen ist, desto besser könnt ihr euch konzentrieren. Wenn euer Magen verstimmt ist, könnt ihr nur schwer meditieren oder euch konzentrieren. Ein ruhiger Magen hilft euch bei der Meditation. Gebt euch nicht der Völlerei hin. Esst nur, wenn ihr wirklich Hunger habt und nehmt nicht immerzu irgendetwas zu euch. Zwei Mahlzeiten am Tag reichen aus – und dazu noch ein kleines Frühstück am Morgen. Die Meister sagen gelegentlich, dass jene, die schneller fortschreiten möchten, nur einmal am Tag essen sollten.

# Die Aufmerksamkeit sammeln

Eure Aufmerksamkeit zerstreut sich in so viele Richtungen. Sie ist genau wie ein Rohr mit vielen Löchern. Wenn nun Wasser durch das Rohr fliesst, verrinnt es Tropfen um Tropfen aus jedem Loch. Wenn ihr alle Löcher abdichtet bis auf eines, schiesst das Wasser hervor.

Wenn wir unsere Liebe, die sich jetzt auf so vieles verteilt, von der Aussenwelt zurückziehen und nur der Weg zu Gott oder Gott im Menschen übrig bleibt, dann schiesst sie natürlich hervor. Liebe ist unseren Seelen bereits eingeboren, sie ist nur in so vieles geteilt: Körper, Vergnügungen, Kinder, weltliches Ansehen. Wenn wir nur eine Öffnung frei lassen und unsere Liebe dorthin lenken, wird sie naturgemäss von anderen Dingen losgelöst sein. Das wird Wunder wirken.

21. Juli

# Guru Nanak und die Kobra

Die Leute werden euch nur nach euren Handlungen und nach dem, was ihr sprecht beurteilen. Eure Gedanken sind sogar noch stärker, da Gedanken ausstrahlen. Wenn ihr liebevolle Gedanken habt, werden diese Gedanken Liebe ausstrahlen.

Im Leben der Heiligen haben sich Vorfälle ereignet, wo sie nicht einmal durch Schlangen verletzt wurden. In einer Geschichte von Guru Nanak heißt es, dass er einmal unter einem Baum lag und meditierte. Sein ganzer Körper war personifizierte Liebe, Liebe durchströmte seinen Körper. Der Stand der Sonne änderte sich, und der Schatten, der über seinem Kopf gewesen war, wanderte ebenfalls. Nun hatte er die Sonnenstrahlen im Gesicht.

Eine Kobra kam herbei und stellte sich vor die Sonne, so dass sie nicht mehr auf sein Gesicht schien. Der Besitzer des Landstücks kam vorüber. Er dachte, dass Guru Nanak tot sei, weil die Schlange da war und ihn gebissen haben musste. Als er sich ihm näherte, verschwand die Schlange und Guru Nanak lebte. Warum? Diese Liebe strahlt von unserem Leben aus.

Wir erlebten einen ähnlichen Vorfall in Delhi. Es waren etwa zweitausend Leute da; und während ich einen Vortrag hielt, kam eine Kobra und richtete sich auf dem Podium so vor mir auf –der Meister zeigt es. Und die Leute sagten: „Eine Kobra." Ich erwiderte: "Das tut nichts, macht weiter. Mag sie kommen und hier bleiben." Und sie blieb eine volle Stunde, hörte dem Vortrag zu und schaute mich an. Als ich zu Ende war, schlängelte sie sich davon, und die Leute sagten: „Wir wollen sie töten." – „Warum? Sie hat nichts getan. Warum wollt ihr sie töten?"

Das alles soll also besagen: Wenn ihr alle Liebe empfindet, werden euch nicht einmal Schlangen etwas anhaben.

# Einfach sein

„Im Leben einfach sein, heißt das Leben finden" war der Wahlspruch meines Meisters Sant Kirpal Singh. Einfach sein bedeutet, mithilfe von Licht und Ton die Seele zu entwickeln und alle Einfachheit wird von selbst entstehen.

Durch euer Gemüt oder eure Intelligenz könnt ihr nichts erreichen. Wie kann man im Leben einfach sein? Wie kann man ein gutes Leben führen? Nur mit Hilfe von Licht und Ton.

Sagt zu niemandem: „Du musst gut sein. Du musst einfach sein. Du musst freundlich sein." Nein, ihr solltet ihm zur Verbindung mit dem Licht und dem Ton verhelfen, dann wird er von selbst gut, einfach und liebevoll werden. Er wird göttlich werden, auch wenn er nichts über Gott und über das Reich Gottes weiß. Erklärt ihm nichts. Gebt ihm die Verbindung, und er wird selbst sagen: „Es gibt Gott, es gibt das Reich Gottes. Ich habe es gefunden und erfreue mich daran."

Was er in Gestalt von Licht und Ton erhalten hat, ist Information, Erfahrung, Wissen, Weisheit und Kompetenz und in sich selbst vollkommen.

# Nur die Seele kann wirklich lieben

Meist werden die Menschen von egoistischen Motiven und einer selbstsüchtigen Liebe bewegt. Mann und Frau vereinigen sich in großer Liebe, aber nach einigen Tagen, Monaten oder Jahren wird Hass daraus und die beiden trennen sich. Warum haben sie sich getrennt, wo sie doch vorher in Liebe zusammengefunden hatten? Weil es keine echte Liebe war; nur irgendein selbstsüchtiger Beweggrund wollte befriedigt werden.

Wir benutzen einander. Nutzt uns der andere nichts mehr, so lassen wir ihn fallen. Solange mir mein Schuh gute Dienste leistet, werde ich ihn polieren und pflegen. Ist er aber abgetragen und ausgetreten, werfe ich ihn auf den Müll. Ich habe nämlich keine Liebe für meinen Schuh, sondern für mich zählt nur die Brauchbarkeit.

Deshalb bitte ich euch, wendet euch der großen, wahren Liebe, wendet euch Gott zu. Bei Ihm gibt es nichts als Liebe, nur die Liebe regiert und man gibt und beschenkt euch immer nur, möchte euch beistehen und dienen, ohne einen Lohn dafür zu erwarten. Das ist Gott. Er hat wirklich große Liebe für uns.

Dies ist es, was wir bei den Meistern finden. Sie schenken uns Liebe. Und wohin strömt diese Liebe? In eure Seele. Nur die Seele lernt die Lektion der Liebe, denn die Seele ist ein Teil Gottes.

# Äußere und innere Musik

Die äußere Musik ist nicht die wahre Musik; die wahre Musik ist innen. Beginnt zuerst mit der äußeren Musik und tröstet euer Gemüt damit, und findet dann die innere Musik.

Lebt weiter mit ihr, denn sie wird euch niemals ermüden, sie wird euch stets erfrischen. Sie ist von einem Zauber erfüllt, sie ist voller Leben, sie ist voller Herrlichkeit, Schönheit und Weisheit. Sie umfasst alles und trägt alles in sich.

Die äußere Musik ist leer, sie ist nur Musik. Aber die innere Musik ist alle Nahrung, alle Kraft. Alles ist in der inneren Musik enthalten. Ihr wurden alle göttlichen Kräfte gegeben. Alles Leben kommt vom göttlichen Ton und wird von diesem Ton erhalten.

‚Shabd', der göttliche Ton, ist der Beginn und das Ende und auch das, was dazwischen liegt. Der Tonstrom schwingt in uns mit. Wenn wir in Verbindung mit ihm kommen, dann sind auch wir der Tonstrom. Wir sind das ‚Wort', nichts als Shabd.

25. Juli

# Individualität und Einssein

Der Meister spricht über die Verschmelzung, das Einswerden nach dem Überschreiten der materiellen Ebene. „Aber wenn wir alle eins sind, wie können wir uns dann unterscheiden?" fragt ein Schüler.

Der Meister antwortet: „Wir behalten unsere Individualität, aber alle sind gleich. Dann gibt es weder Ehemann, noch Bruder, noch Schwester. Wie können wir göttlich sein, wenn wir Mann oder Frau sind? Wir haben dann zwar unsere eigene große Existenz, aber sind trotzdem eins. Es gibt keine Dualität mehr."

Dann fügt er lächelnd hinzu: „Ich weiß schon, was euch beschäftigt. Jeder will seine Persönlichkeit behalten, weil keiner kleiner sein will als der andere. Auf jemanden herabzuschauen ist genauso abträglich wie jemanden zu bewundern."

Die Spiritualität birgt die einzige Lösung: Auf der Ebene der Seele gibt es keinen Unterschied. Dort ist jeder gleich.

# Das Leben in der besten Weise nutzen

Du fragst nach einer Botschaft. Sie lautet: Entwickle die Fähigkeit, deine Aufmerksamkeit willentlich von außen zurückzuziehen und nach innen zu wenden – weg von den äußeren Objekten und dem physischen Körper und sich zu konzentrieren im Augenbrennpunkt, dem Dritten Auge. Tritt ein in die Astralwelt, treffe den inneren Meister, habe eine innige Verbindung mit ihm, lasse ihn dein Begleiter sein; vertiefe dich in den Tonstrom, durchquere die Ebenen des Gemüts und erreiche dein ewiges spirituelles Zuhause in Sach Khand, damit deine Wanderungen in den Welten von Gemüt und Materie ein Ende finden mögen. Tu das jetzt, solange du lebst. Darin besteht der Zweck des menschlichen Lebens.

Wenn kein solcher Fortschritt erzielt wurde, war das Leben umsonst. Es ist nicht schwer, weltliches Ansehen zu gewinnen, Reichtum, Herrschaft und Wunderkräfte; aber es ist schwer, seine Aufmerksamkeit von all dem abzuwenden, nach innen zu gehen und Verbindung mit dem Tonstrom zu bekommen. Liebe, Vertrauen und Ausdauer lassen den Weg leicht und das Unmögliche möglich werden.

27. 7. 1858 – Geburtstag von Baba Sawan Singh

# Liebe zur Natur

Der Mensch könnte wirklich ein langes Leben ohne irgendeine Krankheit oder Schwäche genießen, wenn er beginnen würde, nur mit den Brüdern und Schwestern zu leben, die ihm wahrhaft helfen – mit den Pflanzen und Bäumen.

Wir sind als physischer Körper auch Teil dieser Familie. Aber sie gehören ebenfalls zu unserer Seele, weil sie ebenso Seelen sind. Sie lieben unsere Nähe, und untereinander leben sie friedvoll und freundschaftlich. Kommen jedoch Menschen mit zerstörerischen Absichten, fühlt sich die Natur bedroht. Wir dürfen uns der Natur bedienen, aber wir sollten dies sehr weise tun, damit sie keinen Schaden nimmt. Wenn wir einen Baum fällen, sollten wir vorher fünf Bäume pflanzen.

Pflanzen und Bäume ergänzen unser Leben. Sie sind Freunde und Heilmittel. Es gibt also eine sehr einfache Weise, den Körper zu heilen.

Die beste Medizin aber ist zweifellos unser Vater Gott. Ist Er mit uns, wird Er uns überall helfen, und wir werden nicht dem Leiden überlassen.

# Hellwach in der Meditation

Wenn ihr euch zur Meditation setzt, ist das Gemüt manchmal eine Zeit sehr aktiv und kämpft mit äußeren Dingen. So viele Gedanken tauchen auf, die ohne Sinn und Bedeutung sind und immer wiederkehren. Das ist wirklich der schwerste Abschnitt eurer Meditationen. Nach kurzer Zeit jedoch hat die Gotteskraft, die Meisterkraft, das Gemüt mehr unter Kontrolle, die Gedanken sind nicht mehr so stark, das Gemüt ist friedlicher und die Seele freier für den Beginn ihrer Reise.

Aber wegen der Last der Karmas oder gemäß der Gewohnheit der Seele, sinkt sie in einen schläfrigen Zustand. Das ist der zweite Abschnitt eurer Meditationen – und er ist bereits besser als der erste.

Die Meisterkraft fährt jedoch fort, im Stillen und ohne euer Wissen, in euch zu wirken. Nach einiger Zeit ist auch dieser schläfrige Zustand überwunden, und die Seele wird nach oben zum Dritten Auge gebracht.

Eure eigentlichen Meditationen beginnen erst dann, wenn ihr durch diese mentale Unruhe und Schläfrigkeit hindurch seid. Wenn ihr voll bewusst seid, wird die Verbindung stark werden und ihr könnt weitergehen.

Zuerst muss die Reinigung stattfinden, die sowohl für die Phase der Gemütsunruhe wie auch der Schläfrigkeit ihre Zeit braucht. Seid bitte nicht enttäuscht, wenn euer Gemüt ruhelos ist oder ihr schläfrig seid. Wartet, und zur rechten Zeit wird ein bewusster Zustand eintreten. Dann werdet ihr euch mit dieser Meditation glücklich und aufgeladen fühlen und sie genießen.

29. Juli

# Intellekt und Spiritualität

Was die praktische Seite des spirituellen Pfades angeht, spielt der Verstand eine sehr geringe Rolle. Aber das besagt nicht, dass er für die Spiritualität nachteilig wäre.

Wenn ein intellektueller Mensch diesen Pfad beschreitet, sich selbst wirklich dem Willen des Meisters übergibt und befolgt, was ihm gesagt wird, dann gibt es keinen besseren Schüler als ihn.

Denn er hat gegenüber den eher praktisch veranlagten Menschen einen Vorteil: Er kann anderen die Wahrheit auf vielerlei Weise in einer Sprache mit wohl überlegten Worten erklären. Das überzeugt die Intellektuellen leichter als einfache Worte eines gewöhnlichen Menschen.

# Nimm mich mit in deinem Herzen

*Nimm mich mit in deinem Herzen,*
*und wenn du mich im Herzen trägst,*
*werde ich vor dir erscheinen,*
*dich führen, dich schützen,*
*dir den Weg erhellen*
*und dich auf den rechten Pfad stellen,*
*dich halten und dir in jeder Weise helfen.*

*Auch wenn du mich nicht beachtest,*
*Ich werde dir folgen.*
*Ich werde dich nicht verlassen,*
*sondern dir nachgehen.*

*Wann immer du in Schwierigkeiten gerätst,*
*wirst du mich rufen*
*und dann werde ich vor dir stehen.*

*Das ist wahrlich*
*die Wirkungsweise des Meisters.*

Sant Thakar Singh

# Ihr werdet Feuer fangen

Wie können wir Liebe entwickeln? Der eine Weg ist, mit unserem höheren Selbst in Berührung zu kommen. Gott ist Liebe und eure Liebe wird durch die Berührung mit Ihm starken Auftrieb erhalten.

Was könnt ihr tun, solange ihr das nicht erreicht habt? Wenn ein Körper mit göttlicher Liebe erfüllt ist und jemand ihm nahe kommt, wird er ebenfalls aufgeladen werden. Der beste Weg, um diese Liebe zu erhalten, ist also, mit einem in Berührung zu kommen, der auf Gott eingestimmt ist. Das ist der beste Weg. Guru Amar Das sagt: „Solange wir keine Liebe in uns haben, können wir Gott nicht erreichen."

Aber woher können wir Liebe erhalten? Liebe ist in unserem Inneren. Ein starker Impuls ist erforderlich, eine Initialzündung könnte man sagen. Wenn lediglich ein paar Dutzend Streichholzschachteln in den Ofen geworfen werden, werden sie jemanden erwärmen können? Werden sie euer Wasser erhitzen? Nein. Wenn ihr jedoch nur ein einziges Streichholz anzündet, was geschieht dann? Es bedarf also einer Zündung.

Und der andere Weg: wenn ihr jemanden lieben wollt oder ihr für jemanden Liebe empfindet, was werdet ihr dann tun? Ihr werdet euch ständig an ihn erinnern. Wenn ihr also jemanden lieben wollt, dann denkt an ihn.

Wahre Liebe jedoch wird in der Gemeinschaft mit einem Heiligen aufkeimen, dessen Liebe überfließt. Solch ein Mensch strömt über vor Gottesliebe und Gottberauschung. Wenn ihr empfänglich seid, wird euch das starken Auftrieb geben. Ihr werdet Feuer fangen.

# Ich stehe als Bettler vor euch

Mein Meister Sant Kirpal Singh hielt einmal eine Rede. Er, der selbst der Alles-Gebende war, breitete seinen Mantel aus und sprach: „Ich bin der Bettler und ihr seid die Gebenden, und ich weiß, dass ihr es einrichten könnt, mir zu geben, was ich von euch möchte. Deshalb wage ich es, etwas von euch zu erbitten, das ihr mir geben solltet. Ich brauche es ganz, ganz dringend und flehe euch an, habt Mitleid und gebt es mir." Die Zuhörer waren erstaunt und fragten sich, was der Meister wohl von ihnen wolle, das er noch nicht besäße.

Da sagte er zu ihnen: „Ich wünsche mir zwei Stunden Meditation täglich von euch; und wenn ihr bitte Erbarmen mit mir haben wollt, gebt sie mir. Ich stehe als Bettler vor euch." So sehr braucht der Meister die Meditationszeit von uns. So sehr sorgt er sich um unsere Meditationspraxis. In jeder möglichen Weise erniedrigt er sich selbst in aller Demut vor uns und bittet uns darum, ihm unsere Meditationen zu schenken.

Doch tatsächlich werden wir diejenigen sein, die davon profitieren.

2. August

# Die beharrliche Spinne

Es war einmal ein König, der um seines Reiches willen sechsmal für sein Reich Krieg geführt hatte. Jedes Mal hatte er die Schlacht mit großen Verlusten verloren. Schließlich besaß er nichts mehr, weder eine Armee noch Getreue. Alle hatten ihn verlassen, und er versteckte sich vor seinen Verfolgern in einer Höhle.

Als er so ohne Hoffnung und Trost in der Höhle saß und über seinen schmerzlichen Verlust nachdachte, erblickte er eine Spinne, die an einem von der Decke herabhängenden Faden hing. Unermüdlich versuchte sie, an dem Faden nach oben zu gelangen, doch immer wieder verlor sie nach kurzer Zeit den Halt und fiel herunter.

Zuerst beobachtete der König die Spinne nur, weil er nichts Besseres zu tun hatte. Doch mit der Zeit fesselte sie seine Aufmerksamkeit mehr und mehr, denn er bemerkte, dass sie es immer wieder von neuem versuchte, sooft sie auch herabfiel.

Da dachte er: „Jetzt müsste sie doch langsam müde und enttäuscht sein und aufgeben." Aber zu seinem Erstaunen sah er, wie die Spinne abermals nach oben kletterte. Sie ließ sich nicht entmutigen. Und dieses Mal erreichte sie wirklich das Ende des Fadens an der Decke. Der König überlegte: „Diese kleine Spinne zeigt soviel Ausdauer und Mut und lässt sich durch ihre Niederlagen in keiner Weise von ihrem Ziel abbringen. Warum mache ich es nicht genauso? Warum habe ich mich nur entmutigen lassen? Ich will mir ein Beispiel an ihr nehmen, und alles für einen Sieg unternehmen."

Fest entschlossen und voller Vertrauen verließ er die Höhle, stellte eine neue Armee auf, zog in den Kampf gegen den Feind und siegte.

# Krieg und Frieden

Diese Welt ist ein Ort des Kampfes. Es gab hier niemals wirklich Frieden, noch wird es jemals solchen geben. Die Schwierigkeiten von heute weichen den Problemen von morgen. An einem Ort, wo Gemüt und Materie herrschen, kann niemals Friede sein. Unglück und Kriege für Völker, Gruppen und Einzelne wird es weiter geben.

Um Frieden zu finden, muss die Seele andere Ebenen aufsuchen. Frieden zu erlangen ist die Aufgabe eines jeden einzelnen. Jeder muss ihn in sich selber suchen. Die Nachbarn können dabei nicht behilflich sein. Wir kamen allein in diese Welt und allein verlassen wir sie auch wieder. Jeder von uns geht auf die gleiche Weise. Der Todesvorgang ist derselbe, das Zurückziehen der Aufmerksamkeit von den Gliedmaßen, dann vom Rumpf und schließlich nach oben zum Augenbrennpunkt. Wenn die Aufmerksamkeit vom Zentrum des Dritten Auges herabsteigt und den Körper belebt, werden wir geboren; wenn die Aufmerksamkeit nach oben zurück strömt, wird der Körper empfindungslos und wir sind tot. Die Schüler werden täglich geboren und sterben jeden Tag. Für sie ist der Tod wohlbekannt.

4. August

# Ehe – Bund der Seelen

Der Mann sollte in dieser Welt nur an eine einzige Frau denken. Andere Frauen in seinem Alter sind für ihn wie Schwestern; die Jüngeren sind seine Töchter, die Älteren seine Mütter.

Die Frau sollte genauso fühlen. Andere Männer sollten ihre Brüder sein, ihre Söhne, ihre Väter. Es sollte in dieser Welt nur einen Mann für sie geben, und alle anderen sollten ihr in körperlicher Hinsicht gleichgültig sein.

Das ist auch die Haltung, die wir in der Ehe einnehmen sollten. Wenn wir verheiratet sind, sind wir als Seelen verheiratet, nicht als Körper. Körper können nicht zusammen bleiben, nur Seelen können das. Wenn der Tod kommt, muss der Körper gehen, aber eine Trennung der Seelen wird es nicht geben.

Ebenso wie der Meister niemals eine von ihm initiierte Seele verlässt, dürfen auch wir niemals, nachdem wir eine andere Seele angenommen haben, von dieser geschieden werden. Im Reich Gottes ist das Wort ‚Scheidung' unbekannt.

Der Meister sagt, der Schüler mag ihn verlassen, dennoch wird er ihn im Verborgenen lieben und sich um ihn kümmern, ganz gleich, welch schlechte oder schreckliche Dinge er tut. Wenn also unser Ehepartner unfreundlich oder treulos ist, sollten wir dennoch an ihm festhalten. Sein Gemüt mag schlecht sein, doch seine Seele wird niemals schlecht sein.

# Was ist Sünde?

Auf die Frage, was die größte Sünde sei, antwortet der Meister: „Wenn das Kind die Mutter vergisst. Was ist die Ursache dafür? Die Trennung. Ohne Trennung könnte das Kind überhaupt keine Sünde begehen, denn die Mutter hätte es unter ihrer Aufsicht. Selbst wenn es dann etwas Schlechtes täte, geschähe dies doch unter der Führung der Mutter.

So beginnt jede Tragödie mit einer Trennung, mit der Trennung von der Kraft, die uns führt und schützt – von dem, der uns liebt. Wenn das Kind die liebende Mutter zurückstößt, ist das die größte Sünde."

Darum betet zu Gott: „Du weißt um meine Schwächen und Sünden, ich bin ja Dein Kind. Bleib bei mir und halte meine Hand, selbst wenn ich Dich vergesse, verlasse mich nie und wende das Böse in mir zum Guten."

6. August

# Die Kraft der Wünsche

Wenn wir mit der Gotteskraft in Berührung kommen, wird sie veranlassen, was uns hilft und fördert. Wir brauchen uns um nichts zu sorgen.

Falls doch ein Wunsch aufkommt und wir meinen, dass uns etwas fehlt oder wenn wir besorgt sind und uns zur Meditation setzen, dann geht dieser Wunsch in unser spirituelles Gefüge ein. Wir sagen manchmal, dass unsere Gedanken beim Meditieren umherwandern. Das mag schon zutreffen, aber das sind nicht einfach nur Gedanken, sondern gewaltige Kräfte, die da wirken.

Die Meisterkraft bringt diese Gedanken nach oben, wo ihr Wert erkannt wird. Sie werden geprüft, sie bleiben nicht unbeachtet. In der Meditation befinden sich diese Gedanken nicht auf der Mentalebene, sondern sie steigen als brennende Wünsche empor.

Sind solche Gedanken nicht gut für uns, werden sie verbrannt und existieren nicht mehr. Wenn sie aber erfüllt werden sollen und auch können, dann werden sie Wirklichkeit. Dies steht im Ermessen der Meisterkraft. Niemals werden solche Gedanken von ihr vernachlässigt, sondern stets liebevoll berücksichtigt.

# Die beste Zeit für die Meditation

Im Allgemeinen sind die Morgenstunden für die Konzentration auf die heiligen Übungen am besten geeignet, da es zu dieser Zeit kaum Störungen gibt. Nach dem Schlaf fühlen wir keine Müdigkeit; die Nahrung ist verdaut, wir sind ganz frisch. Die weltliche Atmosphäre ist in den frühen Morgenstunden ebenfalls sehr friedlich.

Du kannst aber auch jede andere Zeit wählen, die dir angenehm erscheint; richte dich da ganz nach deinen eigenen Erfahrungen. Es ist sehr nützlich, vor dem Zubettgehen zu meditieren. Die Erfahrungen, die wir während des Schlafens machen, sind allerdings nicht sehr zuverlässig, weil wir dann meist den Simran, das liebevolle Denken an Gott, vergessen. Nur wenn wir den Simran wiederholen, können wir uns auf unsere Erfahrungen verlassen.

8. August

# Angst in Vertrauen verwandeln

Warum tauchen Gedanken der Furcht auf? Im Augenblick sind überhaupt keine beängstigenden Dinge da und trotzdem gibt es Gedanken daran. Weshalb? Dies liegt an der Schwäche des Ego. Wir können diese Gedanken nicht einfach beiseite schieben, obwohl sich diese Begebenheiten, vor denen wir uns fürchten, vielleicht schon vor Jahren abgespielt haben oder lediglich in unserer Vorstellung existieren. Wir bilden sie uns nur ein, wir machen uns nur etwas vor. Das Gemüt baut mächtige Phantasiegebilde auf. Sie sind so stark, dass wir sie nicht einfach ignorieren können.

Hierin liegt unsere Schwäche, die wir überwinden müssen. Solange dies nicht geschehen ist, werden wir vor jedem und bei jeder Gelegenheit zittern. Sogar ein kleines Insekt oder nur der Gedanke, dass da irgendetwas sein könnte, beunruhigt uns sehr.

Es ergeht uns wie einem ängstlichen Kind. Bei der Mutter ist es unbesorgt, doch allein hat es Angst, von allem verschlungen zu werden. Das ist eine mentale Schwäche. In der Gegenwart der Mutter bemerkt es nicht einmal, ob da eine Schlange oder ein Löwe ist. Es hat Vertrauen in seine Mutter, die bei ihm ist.

Wir müssen in uns die Gewissheit verankern, dass Gott bei uns ist, Ihn nie vergessen, immer in Ihm verweilen und mit unserem Gemüt beständig in Ihm ruhen, so dass wir niemals aufhören, uns Seiner Gegenwart bewusst zu sein. Dann wird alles in Ordnung sein und Frieden kehrt ein.

# Es gibt keinen anderen Weg zu Dir

*Mein Schöpfer und liebender Vater,
Du hast Einblick in unser Gemüt.*

*Du allein lebst ewig,
diese äußere Welt wird vergeh'n.*

*Was immer Du willst, manifestiert sich,
was immer geschaffen wurde, ist von Dir.*

*Du bist der Wahre, der Einzige,
der tief in unserem Herzen wohnt.*

*Mein geliebter König, die ganze Schöpfung
ist nichts als Dein kosmisches Spiel.*

*Zu Dir gelangen kann nur,
wer zu einem Meister fand.*

*Durch die Gnade eines Meister-Heiligen
können wir Dich finden, mein Gott.*

*Es gibt keinen anderen Weg zu Dir.*

Ram Das

# Den Tag mit Gott beginnen

In Indien besteht die allgemeine Vorstellung, wenn jemand einen schlechten Tag hatte, dann deshalb, weil eine Begegnung mit einem schlechten Menschen am Morgen eine negative Wirkung auf ihn hat. Hätte er am Morgen einen guten oder gesegneten Menschen getroffen, dann wäre der ganze Tag sehr angenehm verlaufen. Das stimmt gewissermaßen, weil die Eindrücke, die das Gemüt am Anfang des Tages aufnimmt, in uns weiterwirken.

Haben wir morgens eine liebevolle Beziehung zu Gott, wird Seine positive Ausstrahlung den ganzen Tag auf uns wirken. Ist die Ausstrahlung, mit der wir in Berührung kommen jedoch negativ, tauchen dementsprechend negative Gedanken und Neigungen des Gemüts in uns auf.

Der Anfang des Tages ist also wirklich von Bedeutung. Wenn wir unseren Tag in ganz und gar positiver Verbindung mit unserem liebsten Freund, Gott, in Seinem Licht und Ton beginnen, dann wird unser Gemüt berauscht sein. Wir erfreuen uns daran und positive Kraft erfüllt Körper, Gemüt, Intellekt und Seele. Alles Negative wirkt weniger auf uns und wir verbringen unseren Tag sehr angenehm.

Am Abend können wir unsere ‚Batterie' erneut aufladen. Wenn die Negativität der Welt unsere Batterie entladen hat, können wir uns wieder mit der positiven Kraft verbinden. Das macht uns stark, so stark, dass die Negativkraft uns nicht beeinträchtigen kann.

# Der Affe, die Ziege und der Milchtopf

Es war einmal ein Affe. Affen sind im Allgemeinen sehr klug, aber auch sehr frech. Dieser Affe nun lebte mit einer Ziege zusammen im selben Haus. Die Leute, die in diesem Haus wohnten, ließen gewöhnlich, wenn sie zur Arbeit gingen, einen Topf mit Milch auf dem Tisch stehen. Der Affe, schlau wie er war, pflegte hinzulaufen und die ganze Milch auszutrinken. Wenn die Milch alle war, band er die Ziege los und schmierte ein bisschen Milch um ihr Maul.

Wenn die Hausbesitzer dann nach Hause kamen, fanden sie den leeren Milchtopf und fragten: „Wer hat die Milch genommen? Wer hat sie getrunken?" Dann sahen sie die Milchreste am Maul der Ziege und dass sie losgebunden war. So schlugen sie die Ziege, weil sie dachten, diese habe die Milch ausgetrunken. Der Affe aber saß in der Ecke und freute sich an dem Schauspiel.

Ich glaube, dass dies nicht gerecht ist. Der Affe trank alles aus, und die Ziege wurde dafür geschlagen. Ähnlich ist es mit unserem Gemüt. Das Gemüt ist ungezogen und noch dazu schlau genug, alles zu genießen. Aber die Seele muss dann leiden, denn alles, was wir genießen oder worunter wir leiden, muss von der Seele durchlitten werden. Die Ursache hierfür liegt im Gemüt und an seiner schlimmen Gewohnheit, alle Dinge ständig genießen zu wollen. Das ganze Leben lang genießt das Gemüt, aber danach muss die Seele Höllenqualen dafür erleiden.

12. August

# Mit der Natur leben

Die Natur ist ein wahrer Freund und wir können uns an ihr erfreuen. Das Hauptgeheimnis, warum die Menschen früher lange gelebt haben, war ihr Leben in und mit der Natur.

Wenn wir uns in unsere Häuser zurückziehen, fühlen wir uns zwar recht behaglich und sicher vor der Witterung, aber wir trennen uns dadurch von einer natürlichen Versorgungsquelle – von all unseren Brüdern und Schwestern, die dort wachsen, um uns zu dienen. Sie sind nicht nur auf der Ebene der körperlichen Existenz unsere Geschwister, sondern sie nähren auch unsere Seelen.

Wenn wir frisches Gemüse, Früchte oder Salate essen, ohne sie zu kochen, nehmen wir Leben zu uns. Leben wird unserem Leben hinzugefügt, denn das Grüne ist wirklich Nahrung für unsere Seele und beruhigt zudem unser Gemüt.

# Schulden begleichen

Wer erwartet, dass sich nach der Initiation die weltlichen Angelegenheiten so ändern, dass einem keine unangenehmen Dinge mehr begegnen, hat völlig falsche Vorstellungen. Das Auf und Ab der Welt kommt als Ergebnis von den Rückwirkungen unserer eigenen Handlungen. Man muss ihnen ins Auge sehen und die Rechnung begleichen. Wollten wir davonlaufen, würden die Schulden unbeglichen bleiben.

Ich möchte, dass jeder ein reines, einwandfreies Leben führt und sich während dieses irdischen Aufenthalts in die höheren Ebenen erhebt, sich der inneren wie auch der äußeren Geborgenheit und Ruhe erfreut und schließlich seine wahre, ewige Heimat erreicht.

14. August

## Feste Stiefel anziehen

Es ist ein gutes Zeichen, dass es dir zuallererst darauf ankommt, die Welt, in der du lebst, zu verbessern, während du deine eigene Erlösung zurückstellst. Das ist ein edler Gedanke.

Doch der praktische Weg, ihn wirksam durchzuführen, ist zuerst selbst zu einer schönen Blume heranzuwachsen und dann ganz von selbst Duft und Süße zu verströmen.

Du kannst den Weg nicht gänzlich von all den Dornen, Disteln und bitteren Dingen, die kreuz und quer herumliegen, freimachen. Aber du kannst feste Stiefel anziehen, um deine Füße vor Verletzungen zu bewahren.

Ich hoffe, dass du dir im Auf und Ab deines geschäftigen Lebens täglich eine gewisse Zeit nimmst und von der äußeren Welt, deiner Umgebung und deinem Körper völlig abschaltest; dass du dich – deine Seele – liebevoll und ergeben auf das himmlische Licht und die erhabene innere Musik abstimmst und dich von Tag zu Tag weiter entwickelst, um die nötige Gewissheit zu haben, mit der du gegen die heftigen Stürme deines täglichen Lebens gewappnet bist.

# Das eigensinnige Schwein

Einst fragte Udho seinen Meister Krishna: „Herr, du bist allmächtig und bewirkst, was immer du wünschst. Ich sehe, dass alle Lebewesen dieser Welt unvorstellbares Leid erdulden müssen. Warum hast du nicht Mitleid und holst die gesamte Schöpfung in dein himmlisches Reich zurück, wo ewiges Glück herrscht?"

Krishna erwiderte: „Nichts lieber als das. Doch sie wollen nicht."

„Wie ist das möglich?", fragte der Schüler. „Das kann ich nicht glauben." „Nun", schlug Krishna vor, „frage sie selber."

So machte sich Udho auf den Weg. Als erstes begegnete ihm ein Schwein. „Hallo, mein Freund, willst du nicht in den Himmel kommen? Dort ist alles wunderbar und es gibt keine Schwierigkeiten und kein Leiden."

„Nun", wollte das Schwein wissen, „bekomme ich dort auch leckeren Küchenabfall?" „Nein", sagte Udho, „etwas viel Köstlicheres." „Da habe ich meine Zweifel", wandte das Schwein ein. „Was kann schon besser sein als der Abfall, den ich hier bekomme? Nein, in solch einem Himmel will ich nicht leben."

Da dachte Udho: „Wenn schon ein Schwein so sehr an diesem Erdenleben hängt, was werden dann erst die Menschen erzählen." Und er sah ein, wie sehr Krishna recht hatte.

16. August

# Nicht über andere urteilen

Eines Tages kam ein Atheist zu Baba Sawan Singhs Haus, als ein Schüler namens Gaja Singh anwesend war. Dieser wollte ihm nicht erlauben, den Meister zu sehen und schickte ihn fort. Gerade als er weg war, kam Baba Ji zurück. Er fragte Gaja Singh, wer da eben weggegangen sei. Dieser erwiderte: „Ein Atheist und außerdem hat er Tuberkulose. Ich hielt ihn nicht für würdig, Euch zu treffen."

Baba Sawan Singh antwortete ernst: „Aber du bist kein Atheist und weißt, dass Gott in jedem wohnt. Geh also und rufe ihn zurück."

Aus dieser Begebenheit sollten wir lernen, wie wir andere ansehen sollten. Wenn wir sagen, jemand sei ein Betrüger, Dieb oder Schurke, dann sagen wir dies auch über Gott, denn Er existiert in jedem. Seine Anwesenheit ist nur in manchen stärker wahrnehmbar als in anderen.

# Eine wunderbare Art der Reinigung

Nicht durch grimmiges Ringen, sondern durch Liebe sollt ihr euch bessern. Deshalb wurden euch die Meditationen gegeben.

Setzt euch einfach zur Meditation, und ihr werdet zunehmend Friede, Süße, eine liebevolle Haltung und Freude entwickeln – und gleichzeitig wieder und wieder gereinigt werden. Das ist eine wunderbare Art der Reinigung. Wenn ihr eure Kleider wascht, dann bereitet ihr ihnen eine unangenehme Prozedur. Die Kleider müssen einiges erdulden, nur so werden sie sauber. Selbst euren Körper könnt ihr nicht durch bloßes Streicheln reinigen; ihr müsst ihn abschrubben. Wenn ihr eure Häuser saubermacht, müsst ihr tüchtig arbeiten. Diese harte Arbeit ist hier nicht nötig. Die innere Reinigung könnt ihr genießen und sie tut euch gut.

Die Welt kann euch kein größeres Vergnügen bieten, als ihr es im Inneren erfahrt. Während ihr euch innen erfreut, erfahrt ihr gleichzeitig Glück und Reinigung.

18. August

# Die Welt ist wie ein harter Knochen

„Ihr kaut an der Welt wie ein Hund an einem harten Knochen", stellt der Meister fest. „Er verletzt sich die Zähne und die Schnauze, lässt den Knochen für einige Zeit liegen, nimmt ihn aber immer wieder auf, um darauf herumzukauen. Diese Welt ist wie ein harter Knochen, und wir tragen nichts als Verletzungen davon. Aber wir machen immer weiter und freuen uns auch noch daran. Doch irgendwann haben wir uns die ‚Schnauze voll gefreut'."

Das hören die Menschen nicht gerne, darum sagen die Meister: „Macht einfach weiter, aber meditiert auch. Und nach und nach merkt ihr von selbst, was die Welt in Wirklichkeit ist."

# Der Himmel ist ein Bewusstseinszustand

Manche Menschen hoffen auf einen Himmel irgendwo in weiter Ferne, aber der Himmel ist ein Bewusstseinszustand bereits hier in diesem Leben.

Wenn wir nach einem gotterfüllten Leben und göttlicher Liebe trachten, sind wir schon Bewohner des Himmels, in den wir danach kommen werden.

Das Reich Gottes ist ein Zustand der Bewusstheit, worin wir Gott von ganzem Herzen, von ganzem Gemüt und mit all unserer Kraft lieben und unseren Nächsten wie uns selbst.

# Tod und Wiedergeburt

*Ich starb als Stein und wurde eine Pflanze,*
*ich starb als Pflanze und erhob mich zum Tier,*
*ich starb als Tier und ward ein Mensch.*

*Was sollte ich fürchten?*
*Wann ward ich weniger durch den Tod?*

*Noch einmal aber muss ich als Mensch sterben,*
*und mich erheben – zu den gesegneten Engeln;*

*doch selbst vom Sein als Engel muss ich weiter;*
*denn alles außer Gott vergeht.*

*Wenn ich meine Engelseele geopfert habe,*
*werde ich zu dem, was nie ein Geist erdacht.*

*O, lass länger mich nicht sein,*
*denn Nicht-Sein verspricht in Orgelklängen:*
*„Zu Ihm kehren wir heim."*

Maulana Rumi


21. 8. 1974 – Todestag von Sant Kirpal Singh

# Lichtblicke

Als der Ehemann von Tai Ji, der Haushälterin von Baba Sawan Singh und Sant Kirpal Singh, auf dem Sterbebett lag, war dieser an der Seite des Sterbenden. Als er nun die Augen schloss, sah er seinen Meister im Inneren, und als er sie öffnete, sah er ihn an seinem Bett stehen.

Er sagte: „Ich bin der glücklichste Mensch auf dieser Welt. Schließe ich die Augen, finde ich innen vor mir Deine strahlende Gestalt, umgeben von Lichtern und Musik. Öffne ich die Augen, begegne ich Dir außen. Ich möchte, dass die ganze Welt erfährt, wie glücklich ich bin."

So ist die Verfassung und die Lage eines Menschen, der von einem kompetenten Meister eingeweiht worden ist. Er darf seinen ganzen spirituellen Reichtum, seine Schätze und sein Glück mitnehmen und geht in Frieden und Herrlichkeit. Ein weltlicher Mensch dagegen geht weinend und mit leeren Händen. Die Leute an seinem Bett klagen. Jene, die eingeweiht sind, werden lachen, wenn die Zeit gekommen ist, diese Welt zu verlassen. Es mag sein, dass sie in dieser Welt nichts zu lachen haben, denn diese irdische Ebene ist voller Elend. Doch wenn wir diese Ebene verlassen, werden wir wirklich lachen können.

Sooft wir das Körperbewusstsein überschreiten, können wir uns sogar schon jetzt an dieser von Glück erfüllten Stimmung erfreuen. Wann immer wir fähig sind, nach innen zu gehen und die Begrenzung dieses Körpers verlassen, erleben wir die Lichtblicke dieses Glücks.

# Die Pferde im Zaum halten

Zur Zeit leben wir in diesem Menschenkörper, der mit einer Kutsche vergleichbar ist. Der Besitzer dieser Kutsche ist die Seele, das Gemüt der Kutscher, die Sinne die Rosse und der Intellekt hält die Zügel.

Niemand schenkt der Seele die geringste Aufmerksamkeit, die in der Kutsche sitzt und ihr Eigentümer ist. Das Gemüt hört nicht auf die Seele, es kümmert sich nicht um sie. Es ist ein Sklave der Sinne, der Pferde, die es als Kutscher nicht mehr unter Kontrolle hat. Die Sinne, die Pferde, laufen wie wahnsinnig den Genüssen der Welt nach. Anstatt dem richtigen Weg zu folgen, ziehen sie die Kutsche durch den Wald, über die Felder, durch tiefe Gräben und an andere gefährliche Stellen. Die Ordnung ist völlig auf den Kopf gestellt.

Wenn die Seele die Führung übernimmt, wird das Gemüt, der Kutscher, wieder auf die Seele hören und die Pferde nicht in die Irre gehen lassen. Es wird die Pferde mit den Zügeln des Intellekts leiten und im Zaum halten und auf diese Weise werden sie alle auf dem richtigen Pfad vorankommen.

Gegenwärtig ist die Seele gefangen und kraftlos. Das Gemüt, von irdischen Freuden verlockt, ist ein Sklave der körperlichen Sinne.

Wir müssen nun das Gemüt von dieser Sklaverei befreien und die Seele erlösen, damit sie ihr Besitzrecht an der Kutsche zurückgewinnt und diese wieder lenken kann.

# Kabir hilft einem Skorpion

Der heilige Kabir war einst mit einem seiner Schüler unterwegs. An einer kleinen Brücke hielten sie Rast und sahen einen Skorpion, der in den Bach gefallen war. Verzweifelt wehrte sich dieser mit allen Kräften vor dem Ertrinken, aber seine Lage war aussichtslos. Der Heilige stieg in den Bach und wollte den Skorpion retten. Kaum aber berührte er das Tier, stach es ihn. Vor Schmerz zog Kabir seine Hand zurück. Erneut streckte er seine Hand nach dem Tier aus. Wieder reagierte der Skorpion mit einem heftigen Stich und wieder zog Kabir seine Hand zurück. Immer wieder versuchte er nach dem Skorpion zu greifen und immer wieder reagierte dieser mit einem Stich.

Da beugte sich sein Begleiter zu ihm herüber und fragte: „Warum tust du das?" Darauf sagte Kabir: „Ich will ihm helfen."

Da meinte der andere: „Du willst ihm helfen, doch ein Skorpion kann immer nur stechen." Der Heilige erwiderte: „Er kann nichts gegen seine Natur machen und ich will meine nicht ändern. Meine Art ist es, immer anderen zu helfen."

24. August

# Nicht mehr die Beherrschung verlieren

Ein Mensch, der regelmäßig meditiert und im Inneren verbunden ist, verliert niemals die Beherrschung und wird niemals zornig; vielmehr sieht er allen Umständen gelassen und offen ins Gesicht und wirkt auch auf andere besänftigend. Die Meditationen sind eine Quelle für alle Tugenden. Schönheit, Herrlichkeit, Duft und Frieden werden von uns ausgehen, von uns ausstrahlen.

Wir werden ein friedvolles Leben genießen, und andere Leute, die mit uns in Berührung kommen, werden ebenfalls Frieden genießen. Wir werden leben wie Blumen, die einen lieblichen Duft verströmen, der andere glücklich macht, obwohl sie zwischen Dornen aufwachsen. Das erwarten die Meister von ihren Schülern und auf diese Weise können wir leben.

# Wacht über euer Leben

Der Schlüssel liegt in den Lehren der Meister, durch die ihr wahre Liebe für Gott entwickelt, wo immer Er sich offenbart. Ein kleiner Funke kann einen großen Haufen Holz zu Asche niederbrennen, und auf ähnliche Weise können die Sünden vieler Lebensläufe durch einen kleinen Funken des Lichts vom inneren Meister verbrannt werden.

Schon am Tag der Initiation offenbart Er den Glanz von Naam, dem göttlichen Wort, im Inneren des Suchers, der ihn schätzen und hüten sollte.

„Durch das Wiederholen von Naam wird das Licht von Millionen Sonnen gesehen." Und: „Er kam in die Finsternis und entzündete das Licht." Ihr erhaltet wahrhaftig das, was der wahre Meister lehrt, denn das Licht ist in ihm offenbart, und er schenkt euch einen Funken dieses Lichts.

„Der Meister gab einen kleinen Anteil in meine sichere Verwahrung." Hüte diesen Anteil sorgfältig. In früheren Zeiten behielt der Meister den Schüler solange zu seinen Füßen, bis er bereit war, die kostbare Gabe zu erhalten. Welcher Schüler bringt in der heutigen Zeit noch die Geduld und den Willen auf zu lernen? Bereits am ersten Tag wird die Verbindung gegeben, und dann liegt es am Schüler, was er daraus macht. Bedenkt stets, der Wert von Naam kann niemals ermessen werden.

Wacht über euer ganzes Leben – über jede Tat – Tag für Tag, und lasst euren inneren Fortschritt durch Meditation wachsen.

26. August

# Innere Sehenswürdigkeiten

In einigen Ländern ist es Brauch, zur Erbauung ins Ausland oder anderswohin zu reisen. Man besucht Sehenswürdigkeiten und nennt es ‚Sightseeing'.

Ich weiß von Leuten in Indien, die eine Besichtigungstour im Himalaya unternahmen. Als sie hoch in den Bergen waren, kam ein starker Wolkenbruch. Die Straße wurde überschwemmt und weggespült. Der Rückweg war abgeschnitten. Nun sind Fremdenverkehrsorte sehr teuer. Die Leute führten nur begrenzt Geld mit sich und nach zwei, drei Tagen war alles ausgegeben. Sie hatten nichts mehr zu essen und mussten unter ihren Autos schlafen. Nach einigen Wochen des Hungers und des Elends wurde die Straße wieder freigegeben, und sie konnten gar nicht schnell genug von den Sehenswürdigkeiten fortkommen. Ihren Gesichtern konnte man ansehen, wie sehr sie diese Sightseeing-Tour ‚genossen' hatten.

Also, meine Lieben, geht nicht irgendwohin nach draußen, um etwas zu genießen. Wenn ihr Sehenswürdigkeiten sucht, dann geht nach innen. Dort könnt ihr wirklich genießen. Ihr werdet Nahrung von Gott erhalten und könnt im Schoß des Vaters Gott ausruhen. Dort werdet ihr für ewig angenommen, ohne jede Einschränkung. Ihr braucht für nichts zu bezahlen, denn Gott übernimmt die Sorge für eure Existenz.

# Erfreut euch

‚Enjoy' ist die Lieblingsaufforderung des Meisters. Es heißt: Erfreut euch, und zwar am göttlichen Aspekt des Lebens.

„Diese Freude ist wie ein nie versiegender Brunnen in uns. Sie wird immer frischer, stärker und schöner. Je mehr Freude wir verströmen, desto mehr schenkt uns Gott davon, auch auf weltlicher Ebene."

Als Jesus die Samariterin um Wasser bat, wollte sie ihm keines geben. Sie wagte es nicht, weil ihr Stand es nicht erlaubte. Da sagte Er, sie könne ihm nur äußeres Wasser reichen. Hätte sie jedoch Ihn um Wasser gebeten, hätte Er ihr das Wasser des ewigen Lebens gegeben. Es wäre zu einer nie versiegenden Quelle in ihr geworden.

„Geht nach innen, und ihr werdet nie mehr durstig sein."

28. August

# Eine Sache zu einer Zeit

Wenn ihr arbeitet, tut es voll und ganz. Und wenn ihr esst, dankt Ihm: „Gott, ich danke Dir." Tut eine Sache zu einer Zeit. Dies wird euch in jeder Hinsicht beste Ergebnisse bringen.

Warum gehen uns die Dinge nach, wisst ihr das?

Ich gebe euch ein Beispiel: Stellt euch vor, ihr kommt zu mir und wollt mir etwas sagen. Ich schenke euch ein wenig Aufmerksamkeit, aber nicht die ganze. Dann kommt jemand anderes. Ich wende mich ihm für einige Minuten zu. So werdet ihr warten müssen. Aber auch ihm widme ich mich nicht vollständig. Er hat noch immer etwas zu sagen. Dann kommt noch einer. Nun werdet ihr mir alle nicht mehr von der Seite weichen und mir keine Ruhe lassen.

Es ist also besser, sich den Dingen ganz zu widmen, sie zu beenden, dann wird es nicht jeden Tag weitere Probleme geben. Wenn ihr ihnen nicht wirklich voll und ganz eure Aufmerksamkeit schenkt, werden sie auf euch warten und euch nicht loslassen. Das erklärt, weshalb uns die Gedanken verfolgen.

29. August

# Die Schlange in den Blumen

Es war einmal ein König, dem in jungen Jahren von einem Heiligen geweissagt wurde: „Ein Fluch liegt auf deinem Leben, und du wirst durch den Biss einer Schlange getötet werden."

Sofort veranlasste der König, dass für ihn ein Palast gebaut wurde, in den keine Schlange dieser Welt je würde eindringen können. Und so errichtete man in einem breiten, reißenden Strom eine hohe, mächtige Säule, und darauf wurde ein herrliches, in allen Ecken überschaubares Schloss gesetzt. Keine Schlange konnte durch den Strom zu der Säule gelangen, geschweige denn an der glatten Säule empor kriechen.

„Hier bin ich in Sicherheit, hier brauche ich keine Weissagung der Welt zu fürchten, hier wird mich nichts Unerwünschtes jemals erreichen können", dachte der König.

Einige Jahre vergingen. Eines Tages kam ein guter Freund zu ihm zu Besuch. Er begrüßte den König herzlich und überreichte ihm einen Strauß herrlich duftender Blumen. Der König neigte seinen Kopf über den in allen Farben leuchtenden Strauß und sog genießerisch den frischen, köstlichen Duft der Blumen ein.

Da glitt zum Entsetzen aller eine kleine Schlange aus dem Strauß und biss den König in die Nase. Ärzte eilten herbei, doch es fand sich keine Medizin, um den König vor dem Tode zu retten. So starb er schließlich, wie vorausgesagt, durch den Biss einer Schlange.

# Wasser sammelt sich an tief gelegenen Orten

Wasser sammelt sich an tief gelegenen Orten. Es mag Bindfäden regnen, in Strömen gießen, aber das Wasser wird sich nicht an einer steilen Stelle sammeln. Das bedeutet, dass alles Gute in demütigen Herzen wohnt; in jenen, die sanftmütig sind. Der heilige Augustinus wurde gefragt: „Welches ist der Weg zurück zu Gott?" Und er sprach: „Als erstes Demut, als zweites Demut und als drittes Demut."

Wenn ihr demütig seid, lernt ihr etwas. Wenn ihr die Vorstellung habt alles zu wissen, bleibt ihr in eurem anmaßenden Unwissen stecken, das ihr zwar als Wahrheit anseht – aber es kann falsch sein. Ihr habt euch etwas zu eigen gemacht, und das ist gut. Wenn ihr aber hört, dass ein anderer da ist, der es besser weiß, dann geht zu ihm und hört ihn an. Was ihr wisst, das wisst ihr. Wenn ihr nur das von ihm hört, was ihr bereits wisst, dann wird dies bestätigt. Aber wenn er etwas mehr zu sagen hat, dann könnt ihr es annehmen.

Wenn man ein Glas unter einen Krug hält, wird es voll laufen. Wenn man das Glas aber über den Krug hält, füllt es sich nicht. Selbst wenn ihr auf dem Weg vorangekommen seid und die Wahrheit erkannt habt, werdet ihr erst noch wirklich demütig werden. Wenn ein Baum voller Früchte ist, neigen sich alle Äste zur Erde.

Ihr werdet feststellen, dass die Heiligen, die bewusste Mitarbeiter des göttlichen Plans geworden sind, wirklich demütig sind, denn sie sehen: „Er ist es, der wirkt, nicht ich."

# Erfüllung durch Verzicht

Die erste Lektion eines wahren Meister ist die von der ‚Gleichheit des Wesens': Wer diese Wahrheit verstanden hat, wird sein Leben dementsprechend ausrichten. Er wird nicht Opfer seiner maßlosen Wünsche; sein einziges Ziel ist, den Punkt der Ruhe zu erreichen, der auch alles Tun einschließt, den Punkt, wo nichts zu haben ebensoviel heißt, wie alles zu besitzen. Er wird dann erfahren, dass der einzige Weg der Erfüllung durch Verzicht kommt, und der einzige Weg, den Allmächtigen zu erreichen darin besteht, sich aller Bindungen zu entledigen:

> *Um Freude in allem zu finden,*
> *wünsche Freude in nichts zu haben.*
> *Um alles zu besitzen,*
> *wünsche nichts zu besitzen.*
> *Um alles zu sein,*
> *wünsche nichts zu sein.*
> Johannes vom Kreuz

> *Reinige die Kammer deines Herzens,*
> *damit dein Geliebter eintreten kann.*
> Tulsi Sahib

> *Wo nichts ist, da ist Gott.*
> W. B. Yeats

# Eigenschaften des Gemüts

1. Das Unterbewusstsein
   Es kann mit einem See verglichen werden, in den die ganze Zeit über unmerklich zahllose Ströme von Eindrücken hineinfließen.

2. Die Denkfähigkeit
   Sie sinnt über jene Eindrücke nach, welche in Form von Wogen und Wellengekräusel an die Oberfläche des Sees aufsteigen, sobald die Brise des Bewusstseins über die Wasser jenes Sees weht, und setzt eine endlose Kette von einem Gedanken nach dem anderen in Bewegung.

3. Der Intellekt
   Er ist die Begabung der Vernunft, des Schlussfolgerns, der Unterscheidung und anschließenden Entscheidung, nachdem das durch die Denkfähigkeit vorgebrachte Für und Wider erwogen wurde. Er ist der große Schiedsrichter, der die Probleme des Lebens, die auf ihn zukommen, zu lösen sucht.

4. Das Ego
   Es ist die anmaßende Haltung des Gemüts, denn es möchte für alle vollbrachten Handlungen anerkannt werden und schafft sich somit eine reiche Ernte von Karma, das den Menschen auf dem gewaltigen Rad des Lebens hinauf und wieder abwärts in Bewegung hält.

# Du hast keine Macht

*Du hast nicht die Kraft,*
*zu sprechen oder zu schweigen,*
*nicht die Kraft zu verlangen oder zu geben.*

*Du hast nicht die Macht*
*über Leben und Tod,*
*nicht die Macht*
*über Reichtum und Stand,*
*worum du dich immerzu rastlos bemühst.*

*Du hast nicht die Macht*
*über spirituelles Erwachen,*
*nicht die Kraft, die Wahrheit zu erkennen*
*oder Erlösung zu erlangen.*

*Wer die Kraft zu haben glaubt,*
*möge es versuchen.*

*O Nanak! Keiner ist hoch oder niedrig,*
*es sei denn durch Seinen Willen.*

Guru Nanak

3. September

# Sprechen ist eine Kunst

Denkt nicht schlecht von anderen – weder in Worten und Taten, noch in Gedanken. Wenn ihr an andere denkt, dann immer gut. Warum? Weil sie eure Brüder und Schwestern in Gott sind. Gott wirkt in jedem Herzen.

Unsere Körper sind die Tempel Gottes. Wenn wir Schlechtes denken, verunreinigen wir zuerst unsere Tempel und dann andere. Stattdessen sollten wir denken: „Friede sei auf der ganzen Welt, nach Deinem Willen, o Gott." So hat Guru Nanak gebetet. Lasst die ganze Welt glücklich sein. Doch wie kann sie glücklich sein, wenn ihr sie verunreinigt?

Deshalb ist das Wichtigste, dass ihr nichts Schlechtes über andere denkt, sprecht oder anhört. Wenn ihr etwas erfahrt, dann behaltet es einfach für euch und versucht, es den anderen in ihrem Interesse persönlich zu sagen. Wir sollten uns nicht gegenseitig bessern wollen. Wir sollten zuerst uns selbst bessern. Wenn wir jemanden mögen, sollten wir ihm unter vier Augen sagen, was er nach unserer Meinung falsch macht. Dann wird der andere bereitwillig zuhören.

Wenn ihr einen Blinden seht und sagt: „Hallo, Blinder!" wird er verletzt sein. Wenn wir aber sagen: „Mein Freund, wann hast du dein Augenlicht verloren?", dann ist ihm geholfen. Es gibt Mittel und Wege, sich auszudrücken. Man kann also sagen, Sprechen ist eine Kunst. Die gleichen Worte, die liebevoll und friedlich wirken, können auch Feuer entfachen. Das ist es, wovor wir uns hüten müssen. Deshalb sollten wir in unserem Herzen andere nicht verletzen – nicht in Gedanken, nicht mit Worten und nicht mit Taten.

# Den Lebensimpuls wahrnehmen

Jetzt wachsen hier Blumen und Gras, aber vor einiger Zeit gab es weder Gras noch Blumen, sondern nur Staub. Nach einer Weile, wenn eine Trockenheit kommt und kein Wasser vorhanden ist, wird sich alles wieder in Staub verwandeln.

Wie kommt es aber, dass jetzt Blumen, Gras, Früchte, Bäume und all die Pflanzen Gestalt annehmen? Es kommt von dem großen Lebensimpuls, der den Staub dieser Welt belebt und ihm eine andere, wunderbare Daseinsform gibt.

So wächst alles in der Natur und entfaltet große Schönheit. Sobald jedoch das Wasser nicht mehr zur Verfügung steht, entschwindet alles Leben. Das Leben kommt von Gott, der auch durch das Wasser wirkt. Sobald diese Lebensgrundlage entzogen wird, geht alles zu Ende.

5. September

## Im Inneren ruhen

Wenn das Gemüt innen auf Licht und Ton konzentriert ist, kommt es zur Ruhe. Es wird standfester und lässt sich weniger von den weltlichen Störungen aus der Bahn bringen. Normalerweise werden die Menschen von Veränderungen in der Welt sehr beunruhigt. Die Welt wandelt sich auf Schritt und Tritt. Wer ein labiles Gemüt hat, fühlt sich bei jeder kleinen Welle erschüttert.

Ein Stück Holz auf dem Wasser wird von jeder Kräuselung oder Welle hin- und hergeworfen – es hat keinen festen Halt. Ist es aber auf dem Grund befestigt, kann die Welle kommen, sich sogar an ihm brechen und es wird doch an seinem Platz bleiben. Es wird nicht schwanken und nicht schaukeln. Es wird fest mit dem Boden verankert sein.

# Löwe und Lamm

Es gibt ein Gleichnis von einem Löwen, der an einem Wasserlauf stand und trank. Ein Lamm kam hinzu und begann ebenfalls zu trinken.

Da knurrte der Löwe das Lamm an: „Warum machst du das Wasser, das ich trinken möchte, schmutzig?" Das Lamm erwiderte: „Mein lieber Onkel, das Wasser fließt von dir zu mir. Wie kann ich da dein Wasser trüben?"

Da machte der Löwe einen anderen Versuch: „Mein Lieber, du bist ein ganz Schlimmer. Vor einem Jahr hast du mich beleidigt." Darauf sagte das Lamm: „Lieber Löwe, ich bin doch erst sechs Monate alt."

Der Löwe brüllte: „Nun, wenn du es nicht warst, muss es dein Vater oder deine Mutter gewesen sein", und er stürzte sich auf das Lamm.

Das ist die Art und Weise, wie die Negativkraft mit uns umgeht. Sie verschafft sich irgendeinen Grund, obwohl in Wirklichkeit keiner vorliegt. Können wir unter solchen Umständen und in einer solchen Atmosphäre leben?

7. September

# Man sieht nur mit dem Herzen gut

Wenn die Meister sprechen, sprechen sie aus dem Innersten ihres Herzens und vermitteln uns etwas, das wir wissen und verstehen sollten. Dann verstehen wir diese Wahrheit nicht nur, wir empfinden sie auch. Selbst diejenigen, die ihre Worte nicht begreifen, können ihren Sinn erfassen. Etwas von dem, was der Meister sagt, begreifen sie durch seine Augen, durch seine Gestik oder durch die Schwingung, die seine Gedanken erzeugen.

Ungefähr siebzig Prozent der Worte des Meisters gehen von Herz zu Herz, die restlichen dreißig Prozent von Mund zu Ohr, also über den Kopf. Alles andere geht unmittelbar vom Herzen aus. Der Verstand hilft uns zwar, Dinge zu verstehen, doch er arbeitet sehr schematisch und wir vergessen sehr schnell wieder, was wir gehört haben. Geht jedoch etwas geradewegs vom Herzen ins Gemüt, gerät es nicht in Vergessenheit. Es wird einen dauerhaften Eindruck hinterlassen.

Wer einmal in der Atmosphäre eines Meisters war, sei es bei einem Vortrag oder in einem Gespräch, wird stets die Segnungen jener Begegnung spüren. Sie werden ihm bleiben, sogar über den Tod hinaus.

8. September

# Zu einem wahren Menschen werden

Der Mensch ist ein Vielfrass geworden. Dauernd steht sein Mund offen, immer offen, immer offen, und er fordert: „Mein Mund ist leer, füttere mich, gib mir etwas." Sind Mund und Bauch dann endlich voll, reißt das Gemüt das Maul auf und begehrt: „Ich will, ich will. Stecke es in meine Tasche."

Dieses Problem haben wir jetzt zu lösen: Der Mensch ist wieder in einen wahren Menschen zu verwandeln, in das, was er seinem Wesen nach ist. Sein Mund ist vor allem zum Reden da, nicht aber, um zu schlingen. Seine Hände sollten nicht raffen, sondern geben. Mit ihnen sollte er gute Gaben verteilen, mit dem Mund nur gute Nachrichten verbreiten und alle Menschen mit dem Reichtum Gottes verbinden, damit jeder in den Genuss des göttlichen Segens kommt. Das ist der Mensch, zu dem wir werden müssen.

9. September

# Erscheine vor mir in aller Klarheit

*Mein großer Gott und Geliebter,
Du bist der Erhalter der Schöpfung.*

*Bewahre die Ehre Deines Namens
und bezeuge Deine Schönheit und Größe.*

*Du bist der einzig Handelnde.*

*Als großer Vater liebe uns
und schaue nicht, ob wir gut sind oder schlecht.*

*Mache uns zu Deinem Eigen.*

*Wenn Du in Deiner göttlichen Allmacht
die Gebete unserer Herzen erhörst,
werden wir aus unseren Bindungen erlöst.*

*Dann überschüttest Du uns mit Deinen Segnungen
und bereitest uns eine Wohnstatt
in Deinem heiligen Schoß.*

*Der Weise betet:
O Gott, erscheine vor mir in aller Klarheit.*

*Lass Deine ganze erhabene Schöpfung
vor meinem unwissenden Auge erstrahlen.*

Unbekannter Heiliger

# Liebe und Hass

Der Meister wird gefragt: „Wie sollen wir auf Hass und Verleumdung reagieren?"

Seine Antwort: „Lasst uns unsere Herzen mit Liebe füllen und den Hass der anderen in Liebe zurückweisen. Wovon wir viel haben, davon können wir großzügig geben. Hass kann uns dann nicht erreichen. Wenn wir jedoch nur wenig Liebe in uns haben, vermag Hass auf uns überzugreifen.

Liebt Gott, euren Vater, mit all euren Kräften. Wie können wir das? Indem wir nach innen gehen. Er muss uns mit Seiner Liebe anfüllen, erst dann können wir sie erwidern. Dann wird die Kraft der Liebe jede Zelle unseres Körpers erfüllen. Dann werden wir fähig sein, alle zu lieben wie uns selbst."

11. September

# Benehmt euch wie Erwachsene

Ich mag euch nicht so oft fragen: „Warum tut ihr das? Warum befasst ihr euch nicht mit jenem?" Mein Herz hat dies nicht gern, denn ich liebe euch, und wenn ihr etwas nicht mögt, so will ich nicht von euch verlangen: „Mögt es trotzdem." Ich möchte euch nicht etwas aufdrängen, was ihr nicht haben wollt, denn es ist nicht gut, etwas aufzuzwingen, was nicht gefällt. Liebe kennt keinen Zwang.

So muss der Meister andere Wege einschlagen, um euch nicht zu nötigen, um euch nicht zu kränken. Statt dessen stellt Er sich selbst dem Leiden, geht einen anderen Weg, um euch zu reinigen. Was ihr versäumt, tut Er für euch.

Aber es wäre eine große Hilfe für Ihn, wenn ihr tun würdet, worum er euch bittet: Vergeudet keine Zeit. Plant jeden Augenblick, prüft nach und legt euch über jeden Moment Rechenschaft ab. Versucht euch darüber klar zu werden, ob ihr etwas Positives getan habt oder etwas Negatives und tut nichts Negatives mehr. Vermeidet das Schlechte und vermehrt das Gute. Überwacht, was ihr tut und in welche Richtung ihr geht.

Benehmt euch wie verantwortungsbewusste Erwachsene und entwickelt ein Gefühl für das Gebot: „Wenn ihr mich liebt, haltet meine Gebote." Führt euch nicht auf wie verantwortungslose Kinder, sondern seid würdige Kinder eures würdigen Vaters Gott.

# Das kleine Haus verlassen

Der Meister löst euch sanft und liebevoll aus all euren weltlichen Bindungen, so dass ihr weder Unannehmlichkeiten noch Schwierigkeiten empfindet. Wenn ihr ein kleines Haus habt und daraus vertrieben werdet, seid ihr traurig und denkt an die glückliche Zeit in diesem Zuhause zurück. So ist es, wenn euch eine grausame Person vertreibt, die keinerlei Mitgefühl empfindet.

Jemand aber, der mitfühlt und euch liebt, bittet auf andere Weise: „Komm, verlasse dein kleines Haus und ziehe statt dessen in diesen schönen Palast." Dann werdet ihr euch nicht mehr nach dem kleinen armseligen Haus umdrehen, sondern freudig zum Palast eilen. Ihr werdet glücklich sein und es gut finden, die schäbige Hütte aufgegeben zu haben, um dafür in einem herrlichen Palast leben zu dürfen.

13. September

# Wahre Mutterliebe

Es war einmal eine Frau, die große Sehnsucht danach hatte, Mutter zu werden; aber sie bekam kein Kind. Ihr Verlangen wurde jedoch so groß, dass sie eines Tages ein neugeborenes Kind entführte. Sie nährte und pflegte es liebevoll, wie eine Mutter es eben tut. Das Kind fühlte sich bei ihr wohl und bereitete ihr große Freude.

Es dauerte nicht lange, da fand die echte Mutter heraus, wohin ihr Kind gekommen war. Da aber die falsche Mutter ihre Tat nicht eingestehen wollte, entbrannte ein heftiger Streit zwischen den beiden: Jede beanspruchte das Kind als ihr eigenes. Sie schrien sich an: „Das ist mein Kind!" „Nein, es ist mein Kind!"

Schließlich wurde der Fall vor den weisen Richter Salomo gebracht. Wie sollte er herausfinden, wer die echte Mutter war? Er überlegte kurz, und dann sprach er: „Ich weiß nicht, wer von euch beiden recht hat. Da ihr euch nicht einigen könnt, bleibt nur eine Lösung. Ihr nehmt das Kind in eure Mitte. Jede ergreift eine seiner Hände und versucht, es an sich zu ziehen. Wer dies schafft, dem soll das Kind gehören."

Die eine Frau stimmte sofort zu: „Gut, wenn dies dein Urteilsspruch ist, soll es so sein." Doch die Mutter des Kindes schrie auf: „Nein! Bitte, gib ihr das Kind, gib es ihr, sie kann es behalten. Ich gebe es auf und verzichte auf mein Recht."

Da war dem Richter und allen Anwesenden klar, wer die wahre Mutter war.

# Verantwortung für das Leben der Erde

Der Mensch soll sich hier auf dieser Welt und in alle Ewigkeit erfreuen. Er soll auch allen anderen Lebewesen auf der Erde, im Wasser und in der Luft helfen, und Freude schenken und Frieden sichern. Leben hat immer eine Verbindung zu Gott, und dieses Leben wird in eure Hände gelegt, damit es kein Geschöpf auf dieser Erde gibt, das leidet. Diese Verantwortung wurde euch übertragen.

In der Genesis heißt es, dass Gott allen Lebewesen das zur Nahrung gegeben hat, was auf dem Tisch dieser Erde wächst. Es steht ganz deutlich geschrieben, dass kein Tier, kein Vogel, kein Mensch vom Fleisch eines anderen leben darf.

Als generelle Regel kann ich euch sagen: Wenn ihr jemandem nachlauft und er rennt weg und möchte entkommen, dürft ihr ihm nicht wehtun. Natürlich ist auch in den Pflanzen Leben, doch eine Pflanze ist sich keiner Angst bewusst, benutzt zu werden. Eine reife Frucht fällt von selbst in unsere Hände und wir können sie essen. Sie ist sowohl für die Tiere als auch für uns bestimmt. Gras, Blätter, Gemüse und anderes mehr bieten sich uns zum Essen an.

Wir haben kein Recht, jemanden zu fangen, der nicht gefangen werden will, oder etwas zu essen, das nicht von uns verzehrt werden will. Solch eine Tat kann nur ein grausames Herz vollbringen.

15. September

# Wissen und Glaube

Der Weg von Sant Mat beruht auf tatsächlichem Wissen, auf einer Erfahrung, die sich auf redliche Untersuchung gründet.

Es ist ein Weg, der eine Meinung nicht unterdrückt oder blinden Glauben verlangt. Um beginnen zu können, wird man gebeten, ein paar fundamentale Konzepte anzunehmen, nur als Arbeitshypothese: ähnlich wie man in der euklidischen Mathematik einen Lehrsatz als gegeben annimmt, damit man am Ende seine Richtigkeit feststellen kann. Du darfst auch nicht vergessen, dass die subtile Natur dieses Subjekts durch bloßes intellektuelles Argumentieren nicht angemessen besprochen und verstanden werden kann. Es geht hier um ewige Wahrheiten, jenseits der Reichweite des Verstandes und des Erkenntnisvermögens (buddhi); es kann deshalb nur in der rechten Weise verstanden werden, wenn der Student selber nach innen geht und zumindest ein gewisses Maß an persönlichen Erfahrungen gewinnt. Jene, die darauf genügend Zeit verwenden, bezeugen selbst diese Wahrheiten und das bezieht sich auf beide Gruppen, Inder und ebenso Menschen aus anderen Ländern. Wir möchten niemandem etwas aufzwingen. Wir wünschen, dass diese Überzeugung von innen her wächst als Ergebnis eigener, persönlicher Erfahrung. Der Studierende möchte bitte genügend Zeit darauf verwenden und wie beschrieben vorgehen. Der Rest wird folgen.

Bis es so weit ist, braucht es Vertrauen, ansonsten ist es nicht möglich. Hätten die großen Erforscher und Abenteurer dieser Welt, die den Horizont unseres Wissens erweiterten, kein Vertrauen in ihre Unternehmungen gehabt, es wäre ihnen nicht möglich gewesen, weiter zu machen und so viele Entbehrungen und Nöte auszuhalten. Was unterschied Kolumbus von seinen Begleitern? Ein unerschütterlicher Glaube und ein unbeugsamer Wille.

# Den Freund als Freund erkennen

Meine lieben Schwestern und Brüder, ich glaube, ihr seid doch alle klug und weise – wie auch ein Kind genügend Klugheit besitzt. Fordert man es auf, zu seiner Mutter zu laufen, wird es sich vielleicht an deren Kleid festhalten und sagen: „Das ist meine Mutter." Es weiß, es geht nicht um das Kleid. Es ist ihm klar: „Jene, die das Kleid trägt, ist meine Mutter." Wenn diese am nächsten Tag die Kleidung wechselt, geht das Kind nicht zu diesem Kleid, sondern zur Mutter, die jetzt etwas anderes trägt.

Einst sagte man zu meinem Meister: „Am liebsten würden wir gar nicht mit dir darüber sprechen, aber jeder muss den physischen Körper verlassen, also auch Du. Lass uns bitte wissen, wo Du danach sein wirst, damit wir nicht in die Irre gehen." Darauf sagte der Meister auf die ihm eigene sinnbildliche Art: „Meine Lieben, wenn euer Freund heute in diesem Mantel zu euch kommt und morgen in einem anderen, werdet ihr den Freund dann nicht erkennen?"

Die Seele ist unser eigenes Selbst. Wir sind nicht die Kleider, wir sind nicht der Körper, sondern wir sind der innerste Kern, der vom gleichen Wesen ist wie Gott. So gibt es eine Grundregel von Gott: Wir sollten uns sofort daran machen, aus dem Körper herauszukommen und eins zu werden mit Ihm.

17. September

# Wie man den Teufel beschäftigt hält

Ein Schüler fragte einmal seinen Lehrer, wie es ihm gelingen könnte, seine nie enden wollenden Gedanken zur Ruhe zu bringen. Der Meister antwortete mit einem Gleichnis:

Es war einmal ein Mann, dem ein Teufel seine Dienste anbot. Der Mann nahm an und trug ihm vieles auf, was er erledigen sollte. Der Teufel machte sich immer sofort an die Arbeit, führte alles zügig aus und kam dann wieder: „Ich bin fertig, ich habe nichts mehr zu tun, gib mir eine andere Arbeit."

Nach kurzer Zeit war alles, was der Mann an Arbeit aufbieten konnte, getan, und er fand nichts mehr, womit er den Teufel hätte beschäftigen können. Da drohte der Teufel: „Wenn du mich nicht beschäftigt hältst, werde ich mich mit dir beschäftigen. Ich werde dich quälen und dich schließlich töten."

Diese Drohung versetzte den Mann in großen Schrecken, und er suchte Rat bei einem Weisen. Dieser sprach zu ihm: „Sage dem Teufel, dass er eine hohe Säule bauen soll." Sogleich erhielt der Teufel den Auftrag für diese Arbeit, und wiederum erledigte er sie sehr schnell. Daraufhin gab ihm der Mann den zweiten Befehl, zu dem ihm der Weise geraten hatte: „Gut. Und jetzt klettere dort hinauf und hinunter, hinauf und hinunter, und tu das so lange, bis ich dir befehle, aufzuhören und herunterzukommen."

Auf diese Weise war der Teufel für immer beschäftigt und der Mann von ihm befreit.

„Nun, mein Lieber", sprach der Lehrer, als er die Geschichte beendet hatte, „auch dein Gemüt muss immer mit einer Sache beschäftigt sein, damit es zur Ruhe kommt. Die beste Beschäftigung ist, seine Gedanken auf Gott zu lenken, denn dadurch wird dein Gemüt seine Neigung, hinter nutzlosen Dingen herzulaufen, ablegen und aufhören, dich zu stören."

# Sich über die Sinne erheben

Du hättet wahres Wissen, wenn Du dich über die Sinneserfahrung erheben würdest.

Tritt ein in die innere Stille, und diese Stille wird zu tönen beginnen. Mit Sehnsucht im Blick wende dich von außen nach innen. Dies ist die zentrale Botschaft eines jeden wahren Meisters. Du wirst Ihn in deinem eigenen Haus sehen.

Deshalb möchte ich dich bitten, schaue beständig und sehnsüchtig in dein Herz, mit Stille im Herzen, mit Stille in der Seele und ohne irgendeinen Gedanken an diese oder die andere Welt. Die Gnade Gottes wird auf dich herabkommen, der beständige Blick wird zur Schau werden, und Er wird sich dir selbst enthüllen, und du wirst Ihn in dir sehen.

19. September

# Hier auf Erden ist der Ort des Handelns

Hier auf Erden ist der Ort des Handelns: Was wir einmal getan haben, besitzt Gültigkeit für viele Zeitalter; und was wir unterlassen haben, wird ebenfalls für viele Zeitalter seine Wirkung auf uns ausüben. Die Zeit hier ist überaus wertvoll, so kostbar. Aber wir wissen nichts davon und gehen verschwenderisch mit ihr um.

Mutter Natur ist trügerisch. Immerfort reizt und lockt sie mit ihren Freuden, die doch nur vergänglich sind. Aber alles, was unser Gemüt anzieht und beeindruckt, ist sehr gefährlich und irreführend. Doch das Gemüt kann auf der jetzigen Entwicklungsstufe nicht begreifen und möchte diese Verlockungen keinesfalls missen. Wir suchen stets die nächstbeste Gelegenheit, um in den Genuss weltlicher Freuden zu gelangen – aber wir sind die Verlierer.

Wer sich in dieser Welt vollständig verloren und entmutigt fühlt, weder Weg noch Steg sieht, der fühlt sich genötigt, an Gott zu denken. Es gibt nur wenige Menschen, die das Glück haben, die Welt genießen zu können und trotzdem einem höherem Leben, einem spirituellen Leben, zugeneigt sind. Wir sollen unsere Lebensumstände nicht ändern, aber unserem Leben etwas hinzufügen, das so bedeutungsvoll ist, dass dadurch sogar das, was vergeudet wurde, gesegnet wird. Dann wird unsere Lebenszeit, in welcher Lage wir uns auch befinden mögen, von großem Nutzen sein.

# Leben und Freiheit

Vom Dämon des Verlangens befreit erlangt er Erlösung vom Dämon des Zorns, der den nicht erfüllten Wünschen folgt. Danach wird er frei von Gier, Verhaftetsein und Stolz, die Folgen des Wünschens sind.

Er könnte ein Leben der Entsagung führen: Aber dieses wäre für ihn nicht ein gleichgültiges Leben oder ein asketischer Verzicht. Das wirkliche Leben zu kennen heißt, zwischen sich und der übrigen Schöpfung eine neue Verbindung zu finden. Wer dies erkennt, kann nicht ‚gleichgültig‘ sein. Er ist bis zum Überfluß erfüllt von Mitgefühl für alles, was ihm begegnet, und diese Empfindung für das Ganze beinhaltet einen gewissen heiligen Gleichmut im Einzelnen.

Er wird nicht weiter nur an seine eigenen, engen persönlichen Interessen gebunden sein, sondern seine Liebe und das, was er hat, mit allen teilen. Er entwickelt langsam aber sicher etwas vom Mitleid des Buddha und der Liebe von Christus. Er hat nicht den Wunsch, die Welt zu verlassen, um sich in die Einsamkeit der Wälder und Berge oder in die Wüste zurückzuziehen. Die Loslösung muss innen stattfinden und wer sie nicht zu Hause erreicht, wird sie auch nicht in den Wäldern erlangen. Er erkennt, welche große Hilfe es ist, sich gelegentlich von den weltlichen Aufgaben und Sorgen in die Stille einer einsamen Konzentration und Meditation zurückzuziehen. Er versucht aber nicht, dem Leben und seinen Verpflichtungen auszuweichen. Er ist ein liebevoller Ehemann und ein guter Vater, vergißt aber dabei niemals den eigentlichen Zweck des Lebens. Er wird dem Kaiser geben, was des Kaisers ist, und Gott, was Gott gehört.

21. September

# Besiege dein Gemüt

*Genügsamkeit sei dein Ohrring
und Streben nach dem Göttlichen und Achtung
für das höhere Selbst dein Beutel.*

*Ständige Meditation über Ihn sei deine Asche.*

*Bereitschaft für den Tod soll dein Umhang sein,
und dein Körper sei wie eine reine Jungfrau.*

*Deines Meisters Lehre sei der Stab,
der dich stützt.*

*Höchste Religion ist,
sich zur Universalen Bruderschaft zu erheben,
ja, alle Geschöpfe als deinesgleichen zu betrachten.*

*Besiege dein Gemüt;
denn Sieg über das Ich ist Sieg über die Welt.*

*Ehre sei Ihm allein,
dem Ersten, Reinen, Ewigen, Unsterblichen
und allezeit Unveränderlichen.*

Guru Nanak

# Einfach strömen wie ein Fluss

Die Seele braucht nur dahinzufließen, gleich einem Fluss, der still und ruhig strömt. Das Wasser des Flusses braucht nur schweigend seinen Lauf durch das vorbereitete Flussbett zu nehmen. Es muss nicht für irgendetwas arbeiten, sich auch nicht selbst vorwärts schieben. Es ist nicht notwendig, jemand anderen beiseite zu stoßen oder an sich zu ziehen. Nein, das Wasser passt sich jedem einzelnen Tropfen an, aus dem der Strom besteht, und bewahrt dennoch seine eigene Existenz.

Es ist gleichsam mit jedem einzelnen Tropfen in Verbindung und fühlt sich doch unabhängig. Beide sind nicht zu irgendeinem Zweck starr verbunden. Genauso wenig hegen die Wellen Abneigung oder Groll gegeneinander. In Übereinstimmung mit jedem einzelnen Tropfen geht es weiter, immer weiter, stets friedvoll, bis der Ozean erreicht wird, der genauso beschaffen ist wie der Strom.

Das ist auch der Weg der Seele. Wenn das Gemüt zurückgelassen wurde und nicht mehr stört, kann sich die Seele, einmal auf den Weg des inneren Lichts und Tons gestellt, wirklich erfreuen und genießen.

# Das Herz öffnen

Wenn ihr das Essen nur anschaut, werdet ihr nicht satt. Ihr müsst es zu euch nehmen. Bloß einen Blick auf den Meister zu werfen, wird nicht ausreichen, solange ihr nicht die Meisterkraft in euch aufnehmt und in euer Herz einlasst. Auf diese Weise werdet ihr vom Meister gesegnet, denn nur Er kann uns tatsächlich segnen.

Es gibt keine echte Beziehung auf dieser Welt, lediglich hier und da etwas Vorübergehendes.

Wir können unsere irdischen Beziehungen beibehalten, auch sie sind gut und hilfreich. Aber ihr lebt diese Beziehungen mit anderen erst wirklich, wenn die wahre Beziehung – die Verbundenheit mit Gott – entwickelt ist.

# Der Lebensstrom

Sobald der Lebensstrom einmal hörbar wird, fühlt man sich nie mehr allein, denn man hört sein Klingen, wo immer man ist, sei es zu Hause oder draußen. Die Stimme Gottes erinnert einen beständig an die wahre Heimat des Vaters. Die Praxis des Tonstromes befreit von allen Sorgen und Qualen, den fünf tödlichen Leidenschaften – Lust, Ärger, Gier, Verhaftetsein und Ego – von den Begierden des Körpers und des Gemüts und gibt der Seele ihr ursprüngliches Leuchten wieder, losgelöst von allem, was zur Welt gehört.

Shabd, wie der Tonstrom auch genannt wird, ist die Stütze bei der irdischen Reise und im Jenseits. Erfährt man das Überschreiten der körperlichen Grenzen, wird man dem Tod gegenüber furchtlos. Wenn die zugemessene Spanne des irdischen Daseins zu Ende geht, streift man die sterbliche Hülle ein für allemal ab, und dies leicht und glücklich, wie man seine alten abgetragenen Kleider ablegt. Befreit vom Zyklus der Geburten und Tode geht man frei und ehrenvoll in seine himmlische Heimat ein.

Die Praxis und Verbindung mit dem Wort bringt das Licht des Himmels mit sich und man fühlt sich von Gott gesegnet. Dies bringt intuitives Wissen vom Selbst und von Gott ein, und man erfährt in sich die ganze Verwirklichung der Seele als das eine, allgemeine Lebensprinzip, das alles durchdringt, ohne Schranken und Begrenzungen von Zeit und Raum; denn alles Leben ist von Ewigkeit zu Ewigkeit nur eines, ungeachtet der vielen Formen und Muster, durch die es sich offenbart. In dem Augenblick, in dem man sich ins Zeitlose erhebt, wird man selbst zeitlos. Dies ist in der Tat wirkliche Meditation.

25. September

# Der König und die beiden Astrologen

Man sagt, unser Schicksal steht in den Sternen. So wollte auch einmal ein König in seine Zukunft blicken. Also rief er einen der berühmtesten Astrologen an seinen Hof.

Dieser las in den Sternen und sah, dass es um die Zukunft des Königs sehr schlecht stand. So sagte er einfach: „Ihr verliert bald das ganze Königreich. Eure ganze Familie wird umgebracht. Ihr selber werdet sehr einsam werden und zuletzt eines schlimmen Todes sterben."

Das wollte der König nicht glauben und war darüber sehr aufgebracht.

Ein zweiter Astrologe wurde gerufen. Auch dieser kam zum gleichen Ergebnis wie der erste. Aber er sagte: „Mein lieber König, ihr seid sehr glücklich zu nennen. Schon bald wird euch die Last abgenommen, ein so großes Reich regieren zu müssen. Und auch von den Pflichten als Ehemann und Vater werdet ihr entbunden. So werdet ihr frei sein und könnt hier in Frieden und Ruhe leben. Am Ende eurer Tage werdet ihr auch noch von der Bürde eures Körpers befreit und könnt euer ewiges Königreich genießen."

Das konnte der König annehmen: „Dieser Astrologe hat mir aufgezeigt, wie ich in Zukunft glücklich leben kann. Ich werde ihn königlich belohnen."

# Gleichmut

Wenn ihr mit Gott und Seiner Liebe verbunden seid, werdet ihr restlos glücklich und gesättigt sein. Ihr könnt euch entspannen, und euer Seelenfrieden ist nie mehr von anderen abhängig. Dann berührt es euch nicht, ob man euch achtet oder euch gerne mag. Ihr werdet erfüllt in eurem eigenen Selbst ruhen und ihr werdet überfließen vor Liebe.

Ihr werdet in eurem eigenen Frieden, eurer eigenen Gelassenheit verweilen, die man Gleichmut nennt. Wenn jemand zu euch kommt, bereichert euch das nicht; wenn jemand euch verlässt, werdet ihr dadurch nicht ärmer.

Euer Herz wird voller Liebe sein, denn wenn ihr in Gott versunken seid, kann in eurem Herzen nichts dazukommen und nichts verdrängt werden.

# Stolz

Wir erzählen gern, wie reich wir sind und was wir alles besitzen. Wir sind stolz darauf, anderen Menschen unsere beruflichen Qualifikationen und akademischen Grade mitzuteilen. Sie sollen wissen, dass wir Ingenieur oder Arzt sind, Politiker oder Premierminister und wir in der Gesellschaft etwas bedeuten. Doch es ist besser, nicht mit unserer Ausbildung oder Position anzugeben, denn dies führt nur zu unserem Fall.

Eines sollten wir verstehen: Wir gehören zu Gott und sind Kinder Gottes. Habt ihr nicht ‚Naam', das Wort in euch? Wenn ihr mit ihm verbunden seid, werdet ihr zum König aller Könige.

Doch ihr wollt und schätzt es nicht. Fließt euch dagegen etwas Geld zu, freut ihr euch sehr und kümmert euch nicht mehr um das Wort und seinen Wert. Und doch ist es so: Wenn Gott in eurem Innern wohnt, wird euch nichts fehlen.

# Sitzt einfach an Seiner Tür

Kabir sagt über das Sitzen in der Meditation: „Wenn ihr an der Tür sitzt und wartet, ohne draußen umher zu schweifen, dann wird Er euch eines Tages fragen: „Nun, lieber Freund, was wünschst Du?" Seht ihr, wenn jemand jeden Tag vor eurer Türe sitzt, ihr an ihm vorbei lauft, kommt, geht und seht dann, dass er immer noch da sitzt, werdet ihr ihn eines Tages fragen: „Lieber Freund, was wünschst Du? Warum sitzt du hier so allein Tag und Nacht?"

Wenn ihr also an der Tür sitzt, denkt nicht daran, ob euer Gebet erhört wird oder nicht. Eure Aufgabe ist, ganz allein vor der Tür zu sitzen, völlig abgeschnitten von außen. Seine Aufgabe ist es, zu geben. Ihr braucht euch nicht zu sorgen. Ihr seid an der Türe. Er wird euch eines Tages fragen. Es ist, als ob ihr eurer täglichen Pflicht nachkommt. Nehmt eure Pflicht ernst und wartet. Er wartet sehnlichst darauf, in eure Augen zu schauen und Er wird fragen: „Nun, was suchst Du?" Es ist also das Beste, einzig und allein an der Tür zu sitzen.

29. September

# Ein paar Streicheleinheiten

Das Alphabet des spirituellen Vorwärtskommens beginnt mit der Kontrolle des Gemüts. Es heißt, dass wir, solange nicht das Gemüt kontrolliert, die Sinne diszipliniert und der Verstand beruhigt ist, das Selbst, unsere Seele nicht erfahren und verwirklichen können.

Aber das Gemüt mit Gewalt zu unterwerfen, ist nicht möglich. Es muss nach und nach durch gutes Zureden gewonnen werden und indem es einen Vorgeschmack der wirklichen Freuden bekommt, die nur die Meisterkraft geben kann.

Wenn es durch sanfte Überredung und freundschaftliche Ratschläge sowie ab und zu ein paar Streicheleinheiten auf die rechte Art geschult wird, kann es von einem tückischen Feind in einen wertvollen Freund verwandelt werden, welcher der Seele auf ihrer Suche nach der Wahrheit zur Seite steht.

Es ist nur eine Frage von Zeit und Geduld, diese Umkehr zuwege zu bringen, und wenn sie vollbracht ist, gibt es keinen besseren Gehilfen als das Gemüt. Ein Heiliger hat so schön gesagt: „Meine Füße gehen stetig weiter, und das Gemüt folgt sanft und froh."

# Nächstenliebe

Alle Mitmenschen sind auch euer eigenes Selbst. Sie sind nicht von euch getrennt. Ihr denkt: „Ich muss etwas zu essen haben. Der andere braucht nichts, er ist unwichtig" – weil wir uns der Verbindung nicht bewusst sind. Wir fühlen uns voneinander getrennt. Jeder empfindet sich als Einzelner.

Die Individualität ist das Werk der bindenden Kraft, die um jede Seele Begrenzungen legt. Jede Seele ist durch feinstoffliche und den physischen Körper von den anderen getrennt, damit sie keine Einheit empfinden kann. Der eine stirbt, der andere lässt es sich gut gehen. Sie wissen nicht, dass die Leidenden sie selbst sind. Menschen sind imstande, einander zu töten. Damit aber töten sie ihr eigenes Selbst. Wenn ein Mörder jemanden umbringt, ist sein Opfer niemand anderes als sein Selbst.

Das ist auch der Sinn der Bibelworte, wenn der Meister sagt: „Du sollst Gott lieben von ganzem Herzen, von ganzer Seele und von ganzem Gemüt" und „Du sollst deinen Nächsten lieben wie dich selbst" sowie „Liebet eure Feinde". In Wahrheit sind es weder eure Nächsten noch eure Feinde. Jedermann ist euer Selbst. Ihr solltet also euren Nächsten als euer Selbst lieben und eure Feinde ebenso.

1. Oktober

# Ein paar Tropfen Liebe

Ein Heiliger sagte: „Wenn ihr keine Liebe zu Gott entwickelt habt, dann seid ihr wie ein Esel, der mit Büchern und Schriften vollbepackt ist." Ihr habt ganze Büchereien in eurem Kopf und nichts davon in eurer Seele.

Einmal kam ein Student mit einem Buch unter dem Arm zu Ramakrishna, der ihn fragte: „Was für ein Buch hast du da?" Der Student antwortete, dass es erkläre, wie man Wasser herstellen kann. Ramakrishna lachte und sagte: "Nun gut, dann presse ein paar Seiten des Buches aus und schau dir an, wie viele Tropfen Wasser herauslaufen."

Ihr versteht, was er gemeint hat? Bloßes Bücherlesen ist nur der erste Schritt. Es ist nicht alles. Wie viele Tropfen Wasser kamen aus den Seiten des Buches heraus?

Ihr sprecht von Gott, von Gott im Menschen und von der Liebe zu Gott – aber wie viele Tropfen Liebe kommen dabei heraus?

# Die zwei Ringer

Als Sant Kirpal Singh in jungen Jahren in Lahore wohnte, das im heutigen Pakistan liegt, pflegte er an das Ufer des Flusses Ravi zu gehen und dort die ganze Nacht zu meditieren. Dorthin kam in den Winternächten auch ein Ringer. Dieser war von seinem Vater hinausgeschickt worden, um in den kalten Nächten seinen Körper zu trainieren und zu stählen.

Es waren also zwei ‚Ringer' da, die Seite an Seite ihre Übungen ausführten. Der eine bereitete sich darauf vor, ein spiritueller Kämpfer zu werden, und der andere rüstete sich für den körperlichen Kampf. Niemand wusste etwas über ihre Verfassung, über die Mühe und die Anstrengungen, die sie in jenen Nächten auf ihre Arbeit verwendeten. Nacht für Nacht blieben sie ohne warme Kleidung in jenem kalten Winter draußen.

Nach vier oder fünf Jahren hatte der Ringer sein Ziel erreicht. Er war soweit, dass er öffentlich auftreten konnte, um an anderen seine Kräfte zu messen. Die Leute rühmten ihn sehr und sprachen davon, was für ein großer Ringer er sei. Aber niemand wusste, wie er diese Kraft erworben hatte, wie viele Entbehrungen und wieviel Überwindung es ihn gekostet hatte, um ein solches Stadium der Vollendung zu erreichen.

So erging es auch Sant Kirpal Singh, und so ergeht es allen großen Heiligen. Wenn sie in dieser Welt als Heilige verehrt werden, weiß niemand, wie viel Disziplin und Arbeit notwendig waren, um sie zu dem zu machen, was sie sind.

3. Oktober

# Meditation als Quelle
# des Friedens und der Ruhe

Die Meditationen sind für uns von größter Hilfe und gleichzeitig der einzige Weg, auf dem wir vorwärtskommen können. Darum scheue niemals davor zurück, die Übungen regelmäßig auszuführen. So wird es dir sicher eines Tages gelingen, das Körperbewusstsein zu übersteigen, und die Meditationen werden zu einer Quelle des Friedens und der Ruhe.

Der äußeren Welt brauchst du keine Aufmerksamkeit zu schenken. Die Meisterkraft wirkt mit all ihrer Gnade segensreich für das Schülerkind und erweist ihm jede nötige Hilfe. Andererseits sollte das Schülerkind den Empfehlungen des Meisters folgen und geduldig den Weg weitergehen.

Die Erfahrungen in Licht und Ton werden beständig, sobald unsere Aufmerksamkeit gefestigt ist. Mangel an Erfahrungen hängt eng zusammen mit der fehlenden Stetigkeit der Aufmerksamkeit. Licht und Ton sind immer vorhanden. Ich bin froh, dass du mehr meditieren möchtest. Das ist sehr ermutigend und du wirst noch schönere Erfahrungen machen.

# Feinde werden sich in Freunde verwandeln

Ihr fragt, ob die Negativität jemals völlig verschwinden kann. Nein, nicht das Negative wird verschwinden, sondern nur seine negative Haltung. Die Diebe bleiben in eurem Haus, aber sie entwickeln sich zu euren Freunden. Sie werden euch weder verletzen noch irgendwelche Probleme bereiten. Sie werden gebessert und euer Haus wird friedlich und wundervoll sein.

Das Negative, das uns jetzt so sehr verletzt, wird uns nicht mehr als Feind gegenüber stehen, sondern uns wohlgesonnen und zu jedem Dienst bereit sein.

Die ganze Welt wird in ein Paradies verwandelt, von dem wir jetzt nicht einmal träumen können.

Bemüht euch also. Die Meisterkraft ist da, Gott ist da, und ihr werdet Erfolg haben. Ich bin ganz und gar sicher und überzeugt, dass wir die Welt in ein Paradies verwandeln können.

5. Oktober

# Der Friede Gottes hat Einzug gehalten

*Mein allmächtiger Vater und Schöpfer,*
*Du hast mich in Deine Obhut genommen;*
*aus dem Labyrinth meiner Schmerzen und Nöte*
*für immer befreit.*

*Ihr Menschen, ihr Seelen Gottes,*
*seid glücklich und jubelt.*

*Euer barmherziger Vater ist euch wohlgesonnen,*
*Er hat euch in Sein Königreich eingelassen.*

*Der Friede Gottes hat Einzug gehalten*
*in dieser leidvollen Welt.*

*Mein überirdischer Vater erfüllt jeden Raum.*

*Aus dem Herzen meines Schöpfers fließt,*
*wie seit Urbeginn,*
*die unberührte Melodie von Naam.*
*In ihr schmelzen meine Sorgen dahin.*

*Mein Gott hat mir bewiesen,*
*dass Er gnädig und barmherzig ist.*


Arjun Dev

# Die Seele befreien

Nehmt als Beispiel ein Pferd, das vor einen schwer beladenen Wagen gespannt wird. Versetzt ihr ihm einen Hieb, will es losrennen, kann aber nicht. Angeschirrt an den Wagen mit der schweren Last, kommt es nur mühsam und langsam voran. Gelangt es schließlich an einen Graben oder einen Hügel, kommt es gar nicht mehr vorwärts.

Gebt ihr das Pferd aber frei, dann springt es durch Flüsse und über Hügel, und bald seht ihr es nicht mehr. Jetzt kann es sich uneingeschränkt bewegen. Das wäre der ursprüngliche Zustand der Seele.

Die Seele ist an den kausalen, astralen und physischen Körper gebunden, an die Last der Karmas und Begrenzungen unserer Beziehungen, die uns aneinander ketten – es sind unendliche Lasten und Bindungen in jeder Hinsicht – und doch ist die Seele noch am Leben und aktiv. Aber könnt ihr euch vorstellen, wie sehr sie gefesselt ist und wie sehr sie darunter leidet?

Die Seele hat diesen menschlichen Körper allein zu dem Zweck erhalten, dass sie nun endlich diese Last abschüttelt.

Wenn ihr dafür um Hilfe bittet, wird Er da sein, euch zu helfen. „Bittet, so wird euch gegeben." Solange ihr hier in dieser Welt nicht bittet, wird euch niemand etwas geben. Selbst der Meister kann euch nicht helfen, wenn ihr Ihn nicht bittet. Euer Wille muss mitwirken. Er ist da, eure Probleme für immer zu lösen.

7. Oktober

# Wie erkennt man einen wahren Meister

Einen vollendeten Meister ausfindig zu machen und zu beurteilen ist schwierig. Wer im siebten Stockwerk eines Hauses wohnt, kann nur vom siebten Stockwerk aus erkannt und eingeschätzt werden. Kommt man nach innen und sieht selbst die Größe und Gnade des Meisters wirken und wie er der Menschheit hilft, mag man Ihn bis zu einem gewissen Grad verstehen.

Aber bis dies erreicht ist, kann man nach den Merkmalen, die von früheren Meistern aufgestellt wurden, prüfen:

1. Der Meister sollte hinsichtlich seiner persönlichen Bedürfnisse nicht von der Mildtätigkeit oder von Zuwendungen der Schüler abhängen, sondern von seinem eigenen, ehrlich erworbenen Verdienst leben.
2. Er sollte kompetent und fähig sein, das innere Auge zu öffnen und bei der Initiation eine Erfahrung vom göttlichen Licht und Ton im Innern zu geben, die unter seiner Führung Tag für Tag weiter zu entwickeln ist.
3. Er sollte in diesem physischen Leben als Mensch unter Menschen wirken, der ihre Schwierigkeiten, Freuden und Leiden kennt und versteht. Er empfiehlt Mittel und Wege in Übereinstimmung mit den Geboten der physischen Ebene und auf höheren Ebenen, entsprechend den dortigen Gesetzen.
4. Er mag keine großartigen Kundgebungen und keine trügerische Werbung, die den Menschen einen Maulwurfshügel als einen hohen Berg verkaufen will.

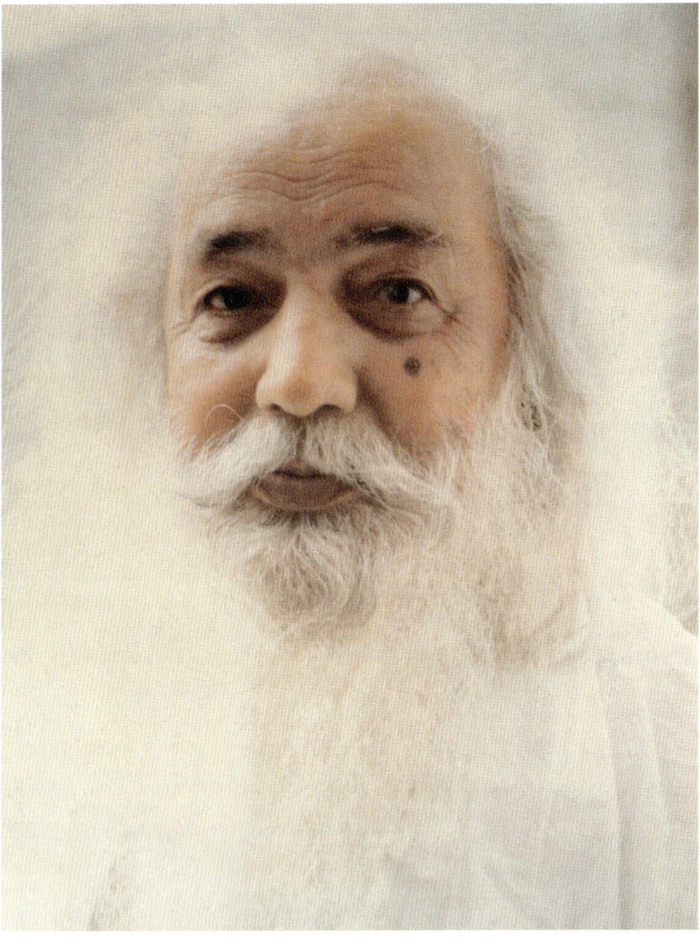

Sant Thakar Singh

# Wie der Meister für Baba Jaimal Singh Wache stand

Als Baba Jaimal Singh bei seinem Meister, Soami Ji, in Agra war und bei ihm saß, forderte dieser ihn auf: „Nun, meditiere bitte."

Baba Jaimal Singh setzte sich also am Abend zur Meditation und war darin so vertieft, dass die ganze Nacht verging, ohne dass er zu sich kam. Als er dann am Morgen wieder im Körper war, fiel ihm ein, dass er Nachtwache beim Militär gehabt hätte. Es tat ihm sehr leid, dass er sich herausreden müsste oder vor seinem Dienstvorgesetzten um Entschuldigung zu bitten hätte.

Er ging geradewegs zum Offizier und entschuldigte sich, dass er seine Pflicht nicht hatte wahrnehmen können. Daraufhin blickte ihn sein Offizier ganz erstaunt an und fragte lächelnd: „Bist du bei Sinnen? Du warst doch letzte Nacht im Dienst, ich selbst habe dich überprüft. Du warst auf deinem Posten."

Da kehrte Baba Jaimal Singh zu seinem Meister zurück und sagte: „Ich bin so gering, und du hast mir eine so große Vergünstigung, so viel Hilfe zukommen lassen. Denn während ich hier war, tatest du meine Pflicht für mich." Diese Dinge gibt es also wirklich. Wenn wir Seine Arbeit tun, übernimmt Er die unsrige. Dies sind praktische Beispiele und es gibt viele davon.

9. Oktober

# Spiritualität beginnt, wo alle Philosophie endet

Spiritualität ist eine innere Erfahrung. Ihr Alphabet fängt dort an, wo alle Philosophie und alle Yoga-Praktiken enden. Sie ist eine Erfahrung der Seele.

Die erste praktische Lektion beginnt, wenn man sich durch die Güte eines wahren Meisters vom physischen Körper völlig zurückgezogen hat. Niemand kann sich ohne seine Hilfe vom Körperbewusstsein zurückziehen und erheben.

Die Meister kommen, um die Schätze spiritueller Segnungen an die zu verteilen, die auf der Suche nach wahrer Spiritualität sind.

Spiritualität kann weder erkauft noch gelehrt werden. Sie wird durch die Verbindung mit spirituellen Menschen aufgenommen.

10. Oktober

# Gott sorgt für seine Kinder

Um alles, was ihr braucht, wird sich Gott kümmern – denn er ist Gott. Er wird nicht eure Füße vergessen und nur euren Kopf massieren. Zuerst wird er sich um eure Füße kümmern, sie waschen, reinigen und ölen, falls sie Verletzungen aufweisen. Jeden Teil eures Körpers wird er pflegen. Er wird keinen Bereich eures Lebens vernachlässigen, weder eure Kinder, eure Familie und Verwandten noch eure Freunde oder euren Arbeitsplatz. Um jede eurer Beziehungen wird er sich kümmern, denn er ist unser Gott.

Er trägt die volle Verantwortung für uns mit großer Weisheit und Kompetenz. Dass wir unsere Kinder vernachlässigen, kann vorkommen. Hat eine Mutter viele Kinder, so kann sie einmal übersehen, dass eines nicht gegessen hat oder nicht zum Essen erschienen ist. Gott aber hat Milliarden von Kindern und doch wird er niemals eines vergessen. Kein einziges Kind wird er übersehen.

# Läuterung

*Sind Hände, Füße und Körper schmutzig,*
*werden sie mit Wasser rein gewaschen.*

*Sind Kleider beschmutzt und fleckig,*
*werden sie mit Seife gereinigt.*

*Ist das Gemüt durch Sünden befleckt,*
*kann es nur durch die Verbindung mit dem Wort*
*wieder geläutert werden.*

*Durch Worte allein werden die Menschen*
*nicht zu Heiligen oder Sündern,*
*sondern durch Taten,*
*die sie mit sich nehmen,*
*wohin sie sich auch wenden.*

*Wie man sät, so erntet man.*

*O Nanak, die Menschen kommen und gehen*
*durch das Rad der Geburten und Tode*
*wie es Sein Wille fordert.*

Guru Nanak

# Wirklich attraktiv sein

Der Körper ist aus Staub gemacht. Ihr möchtet diesen ‚Schlamm' in einen besseren Zustand bringen, damit ihr vorteilhafter ausseht als die anderen. Wenn dieser Lehm ein etwas modischeres Aussehen erhält, dann fühlt ihr euch besser. Manchmal bemalt ihr diesen Lehm, diese Erde, mit Lippenstift, damit er attraktiver ist. Ihr pudert euch das Gesicht. Ihr nehmt also einen etwas besser aussehenden Schlamm und schmiert ihn auf den hässlicheren.

Warum nehmt ihr das nicht alles weg und erscheint selbst als der Edelstein, der das Licht und die Leuchtkraft von Millionen von Sonnen und Monden in sich hat? Aller Blumenduft, Wunder über Wunder sind in euch. Legt dieses Gewand aus Schmutz und Staub ab und erscheint in eurer eigenen Herrlichkeit.

13. Oktober

# Nichts ist gut oder schlecht

Wenn ihr euch beunruhigt oder gestört fühlt, dann setzt euch zur Meditation, und nach einiger Zeit werdet ihr keinerlei Beeinträchtigung mehr bemerken. Ihr werdet sehen: alles ist ruhig.

Es liegt nur an unserem gestörten Gemüt, dass wir alles als gestört empfinden. Wenn wir vollständig ruhig sind, dann ist für uns alles in Ordnung, dann gibt es nichts Schlechtes.

Es gibt weder Gutes noch Schlechtes – nur unser Denken macht es dazu. So ist es wirklich – nur unser Denken macht es dazu. Die Verfassung des Gemüts muss sich ändern, und wenn das Gemüt geändert ist, ist alles verwandelt. Daher ist nichts gut, nichts schlecht. Sind wir schlecht, ist alles schlecht; sind wir gut, ist alles gut. So macht weiter mit dieser guten Sache und ändert euch.

# Selbstlos dienen

Einmal bat mein Meister Sant Kirpal Singh seine Haushälterin Tai Ji, für die Reinhaltung einiger Toiletten zu sorgen, die anlässlich einer Feier vorübergehend aufgestellt worden waren. Tai Ji beauftragte einige Personen, die Aborte bis acht oder neun Uhr abends zu säubern. Doch danach wurden sie von einigen Leuten benutzt und wieder verunreinigt. Um Mitternacht stand der Meister auf, um zu überprüfen, ob Tai Ji die Arbeit erledigt und nicht vergessen hatte. Als er feststellte, dass dort etwas Unerwünschtes lag, nahm er Eimer und Schaufel und begann eigenhändig, die Toiletten zu säubern. Ein oder zwei Leute, die den Meister dabei beobachteten, waren sehr verwundert und liefen zu Tai Ji, um es ihr mitzuteilen, da sie nicht wagten, dem Meister selbst etwas zu sagen. Tai Ji ging hin, nahm dem Meister die Reinigungsgeräte aus der Hand und betraute einige Schüler mit dem Saubermachen. Der Meister war traurig, diese Aufgabe zu verlieren, aber niemand wollte ihn damit fortfahren lassen.

Auch Jesus Christus hat seinen Jüngern die Füße gewaschen und ihnen gesagt, wenn Er dies tun könne, sollten auch sie lernen, einander die Füße zu waschen. In Liebe sollen wir einander dienen, damit wir seine Schüler genannt werden können. Der fünfte Guru der Sikhs wartete einer Schar von Schülern auf, die von weit her gekommen war. Er reichte ihnen Wasser und massierte den Alten und Erschöpften die Füße in einer Weise, sodass die Lieben ihn nicht erkannten.

Wenn wir also eine Möglichkeit finden, irgendeinen Dienst für den Meister, für sein heiliges Werk oder für seine Schüler zu tun, müssen wir ihn in aller Aufrichtigkeit ausüben und dabei völlig unsere Stellung, unser Ansehen, unseren Rang und Namen in dieser Welt vergessen.

15. Oktober

# Wie wir uns schützen können

Verkehren wir mit Taschendieben, werden wir zu Taschendieben, unter Räubern werden wir zu Räubern. Die Atmosphäre der Gesellschaft, in der wir uns befinden, weckt auch in uns ihre Eigenschaften. Darum bitten uns die Heiligen eindringlich, nicht mit Menschen zu verkehren, die weltlich gesinnt sind.

Doch selbst wenn wir in der Welt leben müssen, gibt es einen Schutz. Bei Regen können wir einen wasserfesten Mantel anziehen, der uns trocken hält. Wird das Wetter schrecklich kalt, gibt es warme Kleidung, die uns vor der Witterung schützt.

Vor dem Negativen in der Welt, das so stark und eindrücklich ist, können wir uns mit etwas noch Stärkerem schützen: mit Simran, dem liebevollen Denken an Gott. Wie es im Adi Granth geschrieben steht: Wenn ihr mit einem Löwen Freundschaft schließt, braucht ihr euch vor Wölfen, Schakalen oder anderen wilden Tieren nicht mehr zu fürchten.

# Gute Gedanken, gute Worte und gute Taten

Zoroaster wurde einmal gefragt, wie man Gott erkennen könne. Er sagte: „Durch Rechtschaffenheit". Daraufhin wurde er gefragt: „Was ist Rechtschaffenheit?" Er antwortete: „Gute Gedanken, gute Worte und gute Taten." Das Ganze hängt von eurer Aufmerksamkeit ab. Woran immer ihr eure Aufmerksamkeit heftet oder bindet – die Gedanken daran werden ständig in euch widerhallen. Wir sollen natürlich den besten Gebrauch von allen Dingen machen, aber wir dürfen uns nicht an sie binden. Wenn sich unsere Seele nur an etwas Höheres in uns binden könnte, dann wären wir gerettet. Was ist aber, wenn sich unsere Aufmerksamkeit durch die nach aussen fliessenden Energien so sehr zerstreut, dass sie sich mit den äusseren Dingen identifiziert? Dann könnt ihr eure Aufmerksamkeit nicht von ihnen zurückziehen. Es ist eine Frage der Aufmerksamkeit, ob ihr sie mit den äusseren Dingen beschäftigt oder nach innen wendet und an euer Überselbst bindet.

Ihr müsst also erkennen, wohin ihr durch die nach aussen fliessenden Energien des Sehens, Hörens, Riechens, Schmeckens und Fühlens getrieben werdet. Diese fünf Energien fliessen durch die fünf Öffnungen des Körpers nach draussen. Solange ihr sie nicht von aussen zurückzieht, werdet ihr nicht fähig sein, euer eigenes Selbst zu erkennen oder euch mit dem höheren Selbst oder Gott in euch, dem Licht und dem Tonstrom, zu verbinden.

17. Oktober

# Was uns wirklich gehört

Alle Bemühungen, die auf Gott gerichtet sind, bringen reiche Ernte; keine einzige bleibt fruchtlos. Die Häuser, die wir bauen, werden vielleicht zerstört und die Geschäfte, die wir betreiben, vielleicht scheitern und unsere Arbeit wird vergebens gewesen sein.

Doch alle Anstrengungen, die wir im Dienst für Gott einsetzen, müssen entweder hier oder später Frucht tragen, denn sie gehen von der Seele aus. Sie werden niemals vergessen und ihre Segnungen werden uns erhalten bleiben. Niemand kann sie uns stehlen, unsere Feinde können ihnen keinen Schaden zufügen, die Sonne sie nicht austrocknen, das Wasser sie nicht verderben. Was wir aus unserem göttlichen Dienst und Einsatz erworben haben, kann nie verloren gehen.

Weltlicher Reichtum, weltliche Güter und Besitztümer sind immer Zerstörung und Verlust unterworfen, der Gewinn aus den heiligen Meditationen aber geht niemals verloren.

# Der Beschluss der Eulen

In alten Zeiten geschah es einmal, dass sich alle Eulen an einem Ort versammelten. Eulen nehmen, wie wir wissen, die Sonne mit ihrem Licht und allem, was sie den Augen sichtbar macht, gar nicht wahr. Die Eulen aber hatten soviel über die Sonne erzählen hören, dass sie nun zusammen entscheiden wollten, ob das, was sie darüber gehört hatten, richtig sein könne oder nicht. Lange und ausführlich diskutierten sie diese Frage, bis sie schließlich zu einer Entscheidung kamen.

Alle erhoben ihre Stimme und erklärten: „Es gibt überhaupt keine Sonne, es gibt keine Sonne." Nicht eine einzige Eule war da, die auch nur den Gedanken an sich heranließ, dass die Sonne existieren könnte. Einstimmig und aus voller Überzeugung erklärten sie weiter: „Jeder, der behauptet, es gebe die Sonne, ist ein unwissender Narr. Es gibt keine Sonne. In diesem Punkt irren wir nicht."

Das also war der Beschluss der Eulen. Wer die Sonne jedoch selbst bewusst wahrnehmen kann, wird diese Behauptung der Eulen nicht teilen, auch wenn sie von hunderttausend Eulen kommt. Wie kann man das, was man mit eigenen Augen gesehen hat, für einen Irrtum halten?

19. Oktober

# Wie Hingabe an Gott Frucht trägt

Wie kann unsere Hingabe an Gott oder den Gott im Menschen Frucht tragen? Vor allem sollten wir unseren Lebensunterhalt ehrlich und im Schweisse unseres Angesichts verdienen. Wir sollten andere Menschen weder bewusst noch unbewusst ausbeuten. All unser Tun sollte offen und ehrlich sein und niemand sollte dabei ausgenützt werden. Ihr solltet euren Lebensunterhalt ehrlich verdienen, euch selbst und eure Familie erhalten und zugleich mit anderen teilen. Einen Teil eures Einkommens müsst ihr zum Wohle anderer geben.

Die Geschichte zeigt, dass die alten Christen, Hindus und andere ein Zehntel ihres Einkommens gaben. Warum? Weil ein Teil unseres Einkommens der Zeit entsprechen könnte, in der wir unserer Pflicht nicht ganz ehrlich nachgekommen sind, wenn das auch nur eine halbe Stunde oder zehn Minuten waren. Nehmen wir zum Beispiel an, ihr werdet für die Arbeit von sechs Stunden bezahlt und habt nicht die ganzen sechs Stunden dafür gearbeitet, sondern eine halbe Stunde vertan. So gehört das, was euch für diese halbe Stunde bezahlt wurde, nicht euch. Ihr habt es euch nicht verdient. Das war Brauch bei allen Meistern.

# Wir sind wirklich Narren

Der Mensch ist etwas Wunderbares. Man sagt aber auch, es gebe sieben Weltwunder. Von diesen habe ich einige mit eigenen Augen gesehen, aber ich konnte nichts an ihnen entdecken, was man als wundervoll bezeichnen könnte.

Ich war an den Niagara-Fällen in Kanada, die als eines der Weltwunder gelten, das man unbedingt gesehen haben muss. Aber als ich dort war, hatte ich Hunger und keinen Pfennig in der Tasche, und so litt ich.

Ich habe auch das Taj Mahal in Agra besichtigt, es zählt ebenfalls zu den Weltwundern. Es war gerade Mittag. Der Boden aus Marmor hatte sich so aufgeheizt, dass meine Füße entsetzlich brannten. Das war also mein Vergnügen im Taj Mahal. Was ist es denn überhaupt? Was denn? Zwei Leichen liegen in diesem großen Bauwerk. Die eine stammt von einem König, die andere von einer Königin, die beide vor sechshundert Jahren lebten. Die Bedeutung und Herrlichkeit dieses Ortes liegt darin begründet, dass er das Grab von zwei Leuten ist. Zwei Leichen liegen darin und das nennen wir ein Wunder.

Wir sind wirklich Narren.

21. Oktober

# Sünde – Trennung von Gott

Es gibt eine ganz einfache Theorie von Sünde und Tugend:

Sünde bedeutet, von Gott getrennt zu sein – alles, was man tut, ist ichbezogen. Ihr mögt den Armen helfen, den Kranken beistehen, eure Mitmenschen auf die verschiedensten Arten unterstützen – ohne Gott ist alles nichts.

Wenn ihr Gott hingegen gefunden habt, dann ist jede Tat, jedes Wort, jeder Gedanke, der euch Ihm näher bringt, wunderbar. Dann wird euch auch jede begangene Sünde vergeben.

Gott trägt das Prinzip der Barmherzigkeit in sich. Sein Gesetz heißt Gnade, Freude, Vergebung und Erbarmen.

# Im Reich deines Herzens forsche nach Ihm

*Warum denn die Wälder und Felder durchstreifen
auf der Suche nach deinem verlorenen Gott?
In deiner eigenen Hütte forsche nach Ihm,
in deinem Körper, dem heiligen Tempel von Gott.*

*Die ganze Schöpfung ist erfüllt von Gott,
aber gleichzeitig steht Er jenseits von ihr.*

*In jedem von uns wohnt unser lieblicher Gott,
fürwahr, Er wohnt auch in dir.*

*Wie jede Blume ihren eigenen Duft in sich birgt
und jedem Spiegel das Reflektieren innewohnt,
lebt und webt auch dein Gott in dir:
Im Reich deines Herzens forsche nach Ihm.*

*Durch die Kraft und die Führung
eines Meisters von Gott
öffnet sich dir dein innerer Blick:
„Mein Gott ist in mir."*

*Er ist innen wie außen,
die ganze Schöpfung kündet von Gott.*

*Erwache, o Mensch, und erkenne dein Selbst,
lerne die Berge deiner Zweifel überwinden.*

Teg Bahadur

# Liebe im Gegensatz zu Lust

Liebe – viele Leute sagen, dass sie wissen, was Liebe ist. Auch wir sagen dann und wann immer wieder, dass Gott Liebe und unsere Seele vom gleichen Wesen wie Gott ist, dass die Liebe unserer Seele eingeboren ist und sie uns auch den Weg zurück zu Gott weist. Die Liebe ist unserer Seele eingeboren und sie braucht jemanden, den sie lieben kann und von dem sie geliebt wird. Das ist das natürliche Bedürfnis jedes Menschen. Unsere Seele ist eine bewusste Wesenheit und sie sollte die Allbewusstheit oder Gott lieben. Stattdessen hat sie sich an weltliche oder materielle Dinge gehängt.

Ihr werdet dorthin gehen, wo eure Liebe gebunden ist. Die Seele sollte Gott lieben, der die kontrollierende Kraft im Tempel des menschlichen Körpers ist. Sie hängt aber am Körper und seiner Umwelt, an den nach außen fließenden Energien und den Freuden äußerer Lust. Deshalb wurden wir zu Sklaven. Wir kehren immer wieder dorthin zurück, wo wir gebunden sind. Wenn unsere Seele an Gott gebunden ist, der die kontrollierende Kraft in diesem menschlichen Körper ist – der ewig ist und selbst jenseits der Ewigkeit besteht – dann wird sie frei und jeder Bindung ledig. Der Unterschied zwischen wahrer Liebe und Lust ist daher, dass wahre Liebe niemals endet – auch nicht nach dem Verlassen des Körpers. Diese Liebe entwickelt sich zwar im Körper, aber sie geht ganz in der Seele auf, nicht im Körper und seiner Umgebung. Das also nennt man wahre Liebe oder Nächstenliebe. Die andere heißt Lust oder Verhaftetsein, und es besteht ein großer Unterschied zwischen den beiden. Die Liebe zu Gott macht uns frei und gibt uns alle Freude, Glück und Seligkeit. Während uns Lust oder Verhaftetsein versklavt und sehr engherzig macht.

# Sei kein Frosch

Das Thema des Vortrags: die äußeren Freuden, die den Menschen so unentbehrlich erscheinen. Heiter schließt der Meister mit einer Geschichte:

„Es war einmal ein Frosch in einem dunklen, schlammigen Tümpel, und er war sehr glücklich darin. Jemand, der es gut mit ihm meinte, setzte ihn in die strahlende Sonne zwischen herrlich duftende Blumen.

Da klagte der Frosch: ‚Das ist ja die reinste Hölle hier, nicht auszuhalten', und hüpfte wieder in seinen Tümpel zurück. ‚Ah, hier ist es schön', seufzte er erleichtert – ‚hier ist der Himmel.'"

Die Schüler lachen und der Meister mit ihnen. Dann fügt er hinzu: „Wir lachen über uns selbst, denn genauso klammern wir uns an diese Welt."

25. Oktober

# Liebe, die uns wirklich hilft

In dieser Welt kann man nicht ohne Liebe leben, denn Gott hat unser Leben so geschaffen, dass wir nicht ohne Liebe existieren können. Es mag vorkommen, dass ihr nichts zu essen habt, vielleicht könnt ihr euch keine großen Häuser, Reichtümer oder anderen Annehmlichkeiten leisten, was ihr aber unbedingt braucht, ist Liebe. Wenn ihr Liebe findet, habt ihr alles gefunden.

Gott sagt: „Die Liebe, die euch zugedacht ist, kommt von mir. Habt ihr sie, wird euch jeder dank meiner Gnade lieben. Ich werde durch alle wirken und sie segnen, damit sie nützlich für euch sind.

Aber zuerst müsst ihr Liebe zu mir entwickeln. Direkt geht es nicht. Alles muss durch mich geschehen. Ich werde euch einen Mann, ich werde euch eine Frau besorgen, ich werde euch Eltern geben und Kinder, ich werde euer Haus in Ordnung halten und alles für euch erledigen. Ihr braucht mich nur darum zu bitten.

Geht nach innen, ich werde alles für euch tun. Denn ich werde in euch sein, ihr werdet in mir sein. Euer Verlangen wird mein Verlangen, eure Bitte wird meine Bitte sein. Euer Problem wird mein Problem, euer Wohlergehen und Friede  mein Friede. Was euch gefällt, wird auch mir gefallen, was ihr erleidet, ist auch mein Leid. Wir werden nicht mehr zwei sein, sondern eins."

# Wo unsere Aufmerksamkeit ist, da sind wir

Der Welt wirklich zu entsagen bedeutet, offen und bereit zu sein, dass Gottes Willen geschehen möge; das heißt in der Welt zu leben, sie durchaus zu genießen, ohne aber unser Gemüt von etwas gefangen nehmen zu lassen.

Die Aufmerksamkeit ist Ausdruck der Seele; wo unsere Aufmerksamkeit ist, da sind wir.

Da waren einmal zwei Schüler, die auf dem Weg zu einem spirituellen Treffen, Satsang genannt, an einem Kino vorbeikamen. Der eine konnte nicht widerstehen und ging ins Kino. Der andere ging zu dem Treffen. Der Schüler, der im Kino saß, dachte die ganze Zeit, dass es besser gewesen wäre, zum Satsang zu gehen. Auf diese Weise war er der Meisterkraft sehr nahe. Der andere bereute, dass er nicht auch ins Kino gegangen war und konnte sich nicht auf den Satsang konzentrieren. Wer ist nun Gott näher?

So kann einer, der meditiert, Gott ferner sein als einer, der in der Welt tätig ist, im Inneren aber mit seiner Aufmerksamkeit bei Gott weilt.

27. Oktober

# Komm in einer Woche wieder

Einmal brachte eine Frau ihr Kind zum Arzt und sagte: „Mein Kind hat die Gewohnheit, sehr viel Zucker zu essen, und das ist nicht gut." Der Arzt antwortete: „Bring das Kind in einer Woche wieder zu mir." Die Mutter dachte: „Während dieser Woche wird er wohl eine Medizin vorbereiten" und ging mit dem Kind nach Hause. Nach einer Woche suchte sie wieder mit dem Kind den Arzt auf. Dieser nahm das Kind in die Arme, blickte in seine Augen und sprach: „Liebes Kind, es ist sehr schlecht, Zucker zu essen. Du solltest nie wieder Zucker essen. Verstehst du?"

Die Mutter war sehr verwundert und fragte: „Wenn das alles ist, was du zu sagen hast, warum hast du uns dies nicht beim ersten Mal, als wir hier waren, gesagt? Warum sollten wir ein zweites Mal kommen?"

Der Arzt sagte zu ihr: „Letzte Woche war ich noch nicht so weit, dem Kind dies sagen zu können, denn da hatte auch ich noch die Gewohnheit, Zucker zu essen. Erst in dieser Woche hörte ich damit auf und bestätigte so meine Überzeugung, dass Zucker wirklich schlecht ist. Jetzt kann ich anderen Menschen sagen, dass sie keinen Zucker mehr essen sollen. Meine Worte werden nun Kraft in sich tragen, weil mein eigenes praktisches Leben und meine Willensstärke ausstrahlen und die anderen beeinflussen."

# Jeder Gedanke wirkt sich auf den Körper aus

Wenn eure Herzen rein sind, werdet ihr merken, dass auch kleine Dinge euch beeinträchtigen. Wir müssen auch den Körper rein halten – weil er der Tempel Gottes ist. Und haltet ihn auch von innen her rein, indem ihr ihm Nahrung gebt, die ihn nicht verunreinigt, und indem ihr ein reines Leben führt. „Gesegnet sind, die reinen Herzens sind, denn sie werden Gott schauen." Selbst wenn man einen Fisch in einen Fluss setzt, bleibt ihm der schlechte Geruch. Wasser kann euren Körper säubern, aber solange eure Gedanken und euer Gemüt nicht rein sind, kann euer Körper nicht völlig rein sein.

Ich will euch ein Beispiel geben: Ihr badet jeden Morgen; und wenn ihr an einem Tag nicht badet, bemerkt ihr einen schlechten Körpergeruch. Das liegt an den Gedanken, die euch täglich durch den Sinn gehen. Jeder Gedanke hat seine Wirkung, seinen eigenen Geruch, seine eigene Farbe – bedenkt das. Ich sage euch: Wer lüsterne Gedanken hegt, dessen Körpergeruch wird so stark sein, dass man diesen schlechten Geruch immer wieder bemerkt, auch wenn der Körper jeden Morgen gereinigt wird. Was ist die Folge, wenn ihr Ärger empfindet, aufgebracht seid oder immer etwas gegen jemanden habt? Das wirkt sich auf den Körper aus. Riecht nur an eurem Körper. Ihr werdet einen schlechten Geruch bemerken.

Es gibt also verschiedene Gerüche. Wenn euer Herz rein ist, wenn nur gute Gedanken in euch aufkommen oder euch einfallen, wenn ihr Gedanken der Liebe, spirituell hohe Gedanken und Liebe für Gott hegt, dann wird der Geruch eures Körpers wie der Duft von Jasmin sein.

# Bergauf – Bergab

Was immer wir denken, tun, hören, sprechen, ob gut oder schlecht, positiv oder negativ, das begleitet uns als Saatkarma und weicht nicht von unserer Seite. Was wir säen ist eine Bürde, die uns an diese Erde bindet, um den Aufstieg zu verwehren.

Aber auch der Meister geht an eurer Seite, beendet, löscht und lenkt diese Karmas auf seine Weise. Er weiß am besten, wie er mit jedem Karma fertig wird. Manches davon begleicht er auf einfache Weise, ohne dass ihr etwas dazutun müsst. Anderes wieder lässt er euch abtragen. Bei wieder anderem sieht er vor, dass ihr es erfüllen und leiden müsst oder gewisse Probleme habt, die getilgt werden, während ihr es durchlebt. Dann seid ihr von ihm befreit.

Doch wo immer es möglich ist, greift er ohne unsere Kenntnis ein. Es ist auch nicht nötig, dass ihr etwas davon wisst, denn es würde euch nichts nützen. So werden die Gedanken gelenkt. Auch einem Kind verschweigt man, welche Schwierigkeiten es erwartet und wie man mit ihm verfährt. Nur die Mutter kennt die Schwierigkeit ihres Kindes und weiß auch, wie sie damit fertig wird. Das Kind hingegen bleibt in völliger Unkenntnis und spürt nur, dass es mit ihm einmal bergauf, einmal bergab geht – bergauf und bergab.

# Sender und Empfänger

Der Meister fasst eine Vielzahl von Fragen zusammen und beantwortet sie ausführlich: „Die ganze Atmosphäre ist voller Schwingungen. Doch diese sind zu hoch, als dass unsere Ohren sie auffangen könnten. So müssen sie durch eine Vorrichtung herunter transformiert und damit verfügbar gemacht werden. Dann sind wir in der Lage, die Botschaften eines Senders zu empfangen.

Unser physischer Körper ist einem Radio ähnlich. Die hohen Schwingungen können von ihm nicht aufgenommen werden. Das Licht und der Ton Gottes können weder durch das physische Auge noch durch das physische Ohr wahrgenommen werden. Um die Botschaft und die Segnungen Gottes empfangen zu können, brauchen wir etwas in uns, das auf die Schwingungen Gottes abgestimmt ist, und das ist die Seele. Die niedrige Frequenz unserer verschiedenen Körper hat die hohe Schwingung der Seele überlagert.

Die Aufgabe des Meisters ist es, die Seele nach oben zu nehmen und von den groben Schichten aus Gemüt und Materie zu befreien. Das geschieht bei der Initiation. Dann ist die Seele in der Lage, die feinen Vibrationen Gottes zu empfangen. Sie erreicht die Astralregion, und die Wellen der Gefühlsebene stehen ihr zur Verfügung. Dasselbe geschieht bei der weiteren Entwicklung auf der Kausalebene, der Ebene höherer Erkenntnisse, und so fort.

Dann empfängt und sendet dieser Mensch ähnlich einer Rundfunkstation. Er nimmt die Schwingungen Gottes auf und gibt sie an seine Brüder und Schwestern weiter. Alle, die mit uns zu tun haben, werden Gottes Nähe spüren, und je weiter wir uns entwickeln, desto stärker wird Gott durch uns wahrnehmbar sein."

31. Oktober

# Die Praxis des ‚Wortes'

*Wer es übt, sich dem Wort zu überlassen,*
*erhebt sich ins universale Bewusstsein*
*und entwickelt rechtes Verstehen;*

*wer es übt, sich dem Wort anzuvertrauen,*
*gelangt zu Hellsichtigkeit*
*und Schau über die ganze Schöpfung;*

*wer es übt, sich vom Wort tragen zu lassen,*
*wird von Sorgen*
*und Leiden befreit;*

*wer es übt, sich vom Wort empor ziehen zu lassen,*
*braucht nach dem Tode nicht zu Yama,*
*dem Herrn des Todes, zu gehen.*

*O, groß ist die Macht des Wortes,*
*aber wenige gibt es,*
*die das wissen.*

Guru Nanak

# Niemand stirbt

Wir haben den Tod zu einer Tragödie gemacht. Niemand stirbt. In keinem kann das, was lebt, sterben. Das Leben besteht immer fort, das Leben ist ewig; Leben kann sich nicht in Tod verwandeln.

Das Gold, aus dem ein Schmuckstück gefertigt ist, wird Gold bleiben. Man kann seine Form ändern, aus einem Armreif eine Halskette und aus einer Halskette einen Ring formen. Man kann die Gestalt verändern, aber das Gold ist unzerstörbar, unveränderlich, es wird Gold bleiben. So bleiben die Seelen, die in verschiedenen Leben in verschiedenen Körpern erscheinen, dieselben.

Die Seele trägt das Siegel Gottes, sie gehört Gott. Wenn dieselbe Seele in unterschiedliche Körper eintritt, können diese Mutter, Vater, Bruder oder Schwester genannt werden. Dennoch ist es dieselbe Seele, die nur verschiedene Formen annimmt. Diese Körper also, die ein bestimmtes Aussehen, wechselnde Beziehungen und unterschiedliche Namen haben, wandeln sich und unterliegen schließlich immer wieder einer letzten Veränderung: sie zerfallen zu Staub.

2. November

# Die innere Schönheit

Gibt es irgend etwas außen, das ähnlich schön und strahlend wäre wie das Licht im Inneren? Ist irgend etwas so wohltuend wie die Liebe im Inneren? Einige haben es erfahren, andere bis jetzt noch nicht.

Die es noch nicht erfahren haben, sind wie kleine Kinder, sehr kleine Kinder. Aber sie können im Schoße Gottes, unseres Vaters, heranwachsen und größere, erwachsenere Kinder werden. Dann erkennen sie und erfreuen sich – sie erfahren, wie großartig dieses Licht ist, wie wundervoll, wie süß, wie erfreulich.

Sie werden sich nicht mehr davon trennen können und aufsteigen, höher und höher, höher und höher und immer bessere Früchte finden. Auch an den unteren Zweigen hängen Früchte, doch sie sind nicht so süß, nicht so gut. Verglichen mit dem Staub und Schmutz am Boden finden wir sie aber immer noch gut.

Je höher ihr hinaufsteigt, desto reicher tragen die Zweige, desto süßer und feiner sind die Früchte und das wird das Gemüt überzeugen. Weil es unersättlich ist, wird es seiner Natur entsprechend ans Werk gehen und versuchen, noch bessere zu finden, um seine Gier zu befriedigen.

# Der beste Bogenschütze

In alten Zeiten wollte ein Mann von einem Meister das Bogenschießen erlernen. Der Lehrer aber sagte: „Ich kann dich leider nicht als Schüler annehmen. Nur jemand aus königlichem Geblüt darf diese Kunst erlernen."

Die ganze Liebe des Mannes galt aber dem Bogenschießen. So formte er eine Statue des Meisters, stellte sie neben sich und fing an alleine zu üben. Nach jedem Schuss wandte er sich seinem ‚Meister' zu und fragte: „Ist es gut so? Nein, noch nicht?" – und übte weiter.

Auf diese Weise hielt er mit Hilfe des Bildwerks eine Verbindung an den Meister wach und entwickelte eine solche Fertigkeit, dass er mit der Zeit die Kunst des Bogenschießens völlig beherrschte.

Eines Tages, als er gerade übte, kam der Meister, der ihn als Schüler zurückgewiesen hatte, mit seinen Anhängern des Weges. Er sah seine Kunstfertigkeit und fragte ihn: „Bei wem hast du gelernt so vollkommen zu schießen?" Er erhielt zur Antwort: „Bei dir." „Aber ich kenne dich nicht."

Der Schüler sagte: „Du hast mich nicht angenommen, aber ich dich. Hier ist dein Bild." Da erkannte der Meister, dass er einen wahren Schüler vor sich hatte, der mehr erreicht hatte als all seine anderen Anhänger.

Entscheidend ist nicht die äußere Verbindung. Erst die innere Hingabe lässt uns empfänglich werden und führt uns zur Meisterschaft.

4. November

# Menschgewordene Liebe

Ein Meister, der auf diese Welt kommt, hat ein so weites, klares und reines Herz, dass es in seinen Augen weder hohe noch niedrige Kasten, weder Schwarze noch Weiße, weder Mohammedaner noch Christen oder irgendwelche sonstigen Unterschiede gibt. Er sieht die Menschen nur auf der Ebene der Seele und lässt alle auf der Ebene der Seele gelten. Er betrachtet niemanden als Feind oder als Fremden. Er nimmt alle mit der gleichen Liebe und Zuneigung an.

Diese Art der Liebe und Zuneigung kann nirgendwo sonst auf dieser Welt gefunden werden. Diese grenzenlose Liebe kann man auf der Ebene des Körpers nicht finden; daher spüren die Menschen diese Liebe selten. Nur sehr wenig kann vom Gemüt, vom Intellekt und mit dem Körper empfunden werden; denn nur die Seele kann mit dieser überfließenden Liebe in Verbindung kommen.

Der Meister ist ein Teil der Überseele, die alle Liebe ist. Gott ist Liebe, und die Liebe ist Gott. Der Meister ist menschgewordene Liebe, und nur die Liebe weiß zu lieben.

Liebe kann nicht hassen, Liebe kann nur lieben. Andere mögen seine Liebe erwidern oder nicht. Sie mögen versuchen, ihn zu verletzen oder sogar umzubringen, aber der Meister wird ihnen immer nur mit Liebe begegnen; denn Liebe ist alles, was er hat. Er ist so arm, dass er außer Liebe nichts besitzt. Nichts steht ihm zur Verfügung außer der Liebe, die er von Gott empfing. Es ist ihm nicht möglich, etwas anderes zu tun, als allen Liebe zu schenken. Sie ist sein einziger Besitz, den er mitbringt. Er führt die Menschen zusammen und gibt ihnen Liebe. Er gibt ihnen die Liebe zum Herrn, zueinander und zu sich selbst.

# Enthaltsamkeit und Beharrlichkeit

Berühmte Ringer beachten vollkommene Enthaltsamkeit. Werdet ihr euch an etwas einmal Gelesenes noch Jahre danach erinnern können? Keuschheit bedeutet Leben, wisst ihr das?

Enthaltsamkeit ist eine Voraussetzung für Erfolg auf jeder Ebene. Ein äußeres Kriterium für einen Menschen, der sich diese Vitalkraft vollständig bewahrt hat, ist, dass er niemals ärgerlich wird. Im Zorn verlieren wir die Kontrolle über uns. Wenn dieser Zorn bei einem Menschen zutage tritt, könnt ihr sicher sein, dass er nicht vollständig enthaltsam ist. Er kann sich nicht einmal für ein paar Minuten beherrschen. Das sind die Prüfsteine.

Bei allen Provokationen wird einer, der keusch ist, einer, der diese Kraft bewahrt, nicht aus der Ruhe gebracht. Er bleibt gelassen und verliert nicht seinen Kopf. Ist das nicht gut? Das ist der Grund, warum Keuschheit mit Leben gleichgesetzt wird.

# Wo das Reich Gottes zu finden ist

Das Reich Gottes befindet sich im Haus dieses Körpers, wie es in der Bibel heißt: „Wisst ihr nicht, dass ihr der Tempel Gottes seid und dass der Geist Gottes in euch wohnt?"

Wenn wir eine herrliche Kette aus Gold besitzen, mit sehr, sehr kostbaren Juwelen besetzt, und sie in eine Kiste gelegt haben, werden wir diese nie mehr öffnen? Werden wir die Juwelen nie anschauen, und werden wir uns nie an der Schönheit und Pracht der Kette erfreuen? Die Kiste an sich ist nichts; ihr Wert besteht nur darin, dass sie ein sicherer Aufbewahrungsplatz für die Kette ist. Wie dumm von uns, zu denken, der Behälter sei das Wichtigste, und wie dumm von uns, uns das Vergnügen und den Genuss der schönen Juwelen und der prächtigen Kette, die wir vor uns selbst weggesperrt haben, zu versagen.

Wir müssen also aus dem Körper herauskommen. Bis zur Höhe der Stirnmitte sind wir Körper, der sich aus Blut, Fleisch und Knochen zusammensetzt. Darüber liegt das Reich Gottes. Hier einzutreten wird zum Leben führen.

# Vishnus Festmahl

Der indische Gott Vishnu lud einmal die Teufel zusammen mit den Göttern und Engeln zu einem großen Festmahl. Als alle versammelt waren, bat er die Teufel, auf der einen Seite der Tafel Platz zu nehmen. Die Götter und Engel aber sollten sich auf die andere Seite setzen. Dann ließ er für sie überaus reichlich gute und wohlschmeckende Speisen auftragen. Bevor die Gäste anfingen zu essen, hielt Vishnu eine kurze Tischrede: „Liebe Gäste, ich freue mich, dass ihr alle gekommen seid, und ich hoffe, diese Köstlichkeiten hier bereiten euch großen Genuss. Für dieses Festmahl aber stelle ich euch eine Bedingung: Beim Essen dürft ihr eure Arme nicht beugen, sie müssen gestreckt bleiben."

Da wurden die Teufel sehr ärgerlich und riefen: „Wie ist es möglich zu essen, ohne den Arm zu beugen? Vishnu will uns nur zum Narren halten und lächerlich machen." So schimpften sie und zogen zornig ab.

Die Engel aber, die geduldiger waren, dachten sich: „Er hat diese vielen leckeren Speisen sicherlich nicht zum Scherz zubereitet. Irgendeinen Sinn muss seine Bedingung schon haben."

Im Allgemeinen ist es die Angewohnheit der Götter und Engel, sich vor dem Essen umzuschauen, ob irgend jemand da ist, der nichts zu essen hat. Sehen sie jemanden, reichen sie zuerst dem Bedürftigen etwas, bevor sie selbst essen. Als die Engel in der Runde umherblickten, sahen sie, dass alle anderen hungrig waren. Da nahm jeder von ihnen etwas von den Speisen und führte es zum Mund des anderen – ihre Arme blieben auf diese Weise gestreckt. So gaben sie sich gegenseitig zu essen, und allen schmeckte es köstlich.

# Lebt in der lebendigen Gegenwart

Vergesst die Vergangenheit und vergesst die Zukunft. Was geschehen ist, kann nicht zurück genommen werden. Ihr mögt eine Lehre daraus ziehen, mehr nicht. Vergesst die Zukunft – „wir werden dies, wir werden jenes machen" – dies sind die zwei Dornen, die sich in unsere Lebensadern bohren.

„Lebt in der lebendigen Gegenwart."

Die Steine, die ihr setzt, bestimmen das Gebäude. „Wie du säst, so wirst du ernten." Was ihr bereits ausgesät habt, muss eingebracht werden. Deshalb lebt in der lebendigen Gegenwart. Dann werdet ihr keine Sorgen haben, euer Herz wird frei sein. Jetzt ist unser Gemüt mit Gedanken an die Vergangenheit und an die Zukunft – „Was werden wir tun?" – überladen.

Dankt Gott für das, was wir haben. Wir haben es verdient, indem wir die Saat dafür legten – und wir ernten immer noch. Ganz gleich, ob ihr über das, was kommt, glücklich seid oder nicht, bringt es zu einem Abschluss. Diese Saat wurde von euch selbst in der Vergangenheit gesät, ihr wisst nur nichts davon. Tut also euer Bestes und überlasst den Rest Gott.

9. November

# Dürreperioden

Wenn ihr hin und wieder in der Meditation innen nichts seht oder hört, hat das seinen Grund und seinen Sinn. Kinder dürfen unbeschwert umherlaufen, sie bekommen noch keine größeren Aufgaben. Den Erwachsenen aber wird eine Last, eine Bürde auferlegt.

Jene von euch, die im Innern etwas erfahren, mögen sich weiterhin daran erfreuen. Aber jene, die innen nichts sehen oder hören, tragen eine Bürde. Sie läutern ihre eigene Situation, die ihrer Umgebung und die der ganzen Welt. Was sie abtragen, ist wirklich sehr viel.

Der eine dient euch, ihr gebt ihm nichts dafür, aber er macht trotzdem weiter. Der andere hingegen kommt nur, wenn ihr ihm täglich etwas bezahlt. Zwischen den Herzen dieser beiden Menschen besteht ein großer Unterschied. Der eine kommt, weil ihr ihm etwas dafür gebt, und deshalb wird er auch wiederkommen. Der andere aber kommt und dient euch ohne Entlohnung; ihm werdet ihr eure ganzen Schätze öffnen. Er besitzt in der Tat Liebe und Hingabe, und so ist sein Verdienst sehr hoch. Er wird nicht nur für seine Arbeit, sondern auch für seine große Liebe und seine grenzenlose Hingabe belohnt werden.

Meine Lieben, wenn ihr also innen nichts seht und wenn ihr nichts hört und trotzdem weiter meditiert, tragt ihr damit sehr viel ab. Das weiß ich. Auch ich habe früher solche Dürreperioden durchgemacht, doch der Lohn war wirklich groß.

10. November

# Das Salz des Lebens

*Das Salz des Lebens ist selbstloses Dienen,
das Wasser des Lebens ist allumfassende Liebe,
die Sanftheit des Lebens ist liebevolle Hingabe,
der Duft des Lebens ist Großmütigkeit,
der Schlüssel des Lebens ist Meditation,
das Ziel des Lebens ist Selbstverwirklichung.*

*Liebt Gott und die ganze Schöpfung.
Dient allen.
Gebt, gebt und gebt euer ganzes Leben hindurch.*

*Das ist in Kürze, was alle heiligen Schriften sagen.*

Sant Kirpal Singh

# Sich als Schüler betrachten

Der wahrhaft Demütige ist sich nie bewusst, dass er demütig ist. Er macht kein Aufheben und ist in Harmonie mit sich und anderen. Er ist mit einem wundersamen Gefühl des Friedens beschenkt.

Er fühlt sich sicher und beschützt wie ein Schiff im Hafen, unberührt von heulenden Stürmen und peitschenden Wellen. Er hat Zuflucht gefunden zu Füßen seines Herrn, und die Stürme der sich stets wandelnden Umstände haben keine Macht über ihn. Er fühlt sich leicht wie Luft. Die Last des Egos und seiner Wünsche, die wir unser Leben lang tragen, hat er beiseite gelegt, er ist beständig, ruhig und gelassen. Da er alles aufgab, hat er nichts zu verlieren, und dennoch gehört ihm alles, denn er gehört Gott und Gott ist in ihm.

Weil er die Bande des Wünschens zerrissen hat, ist er mit einem Stück trockenen Brotes genauso glücklich wie mit einem aufwendigen Mahl. In jeder Lage und in jedem Lebensumstand preist er die Namen Gottes.

Wer demütig sein will, betrachtet sich als Schüler. Er lernt viele neue Dinge, aber was noch schwieriger ist: Er verlernt vieles, was er gelernt hat. Wer den Weg der Demut beschreiten möchte, muss seine frühere Lebensweise aufgeben. Er muss Meinungen aufgeben, die er gebildet hat und Maßstäbe, an die er gewöhnt war. Die Dinge, welche die Welt anbetet, haben für ihn keinen Wert. Seine Werte sind völlig anders als diejenigen anderer Menschen. Üppige Nahrung, schöne Häuser, kostbare Kleider, Positionen mit Macht und Einfluss, die Zustimmung der Leute, Ehrenbezeigungen und Titel ziehen ihn nicht mehr an.

Er fühlt sich zu einem Leben in Schlichtheit hingezogen. Er ist glücklich, ein verborgenes Leben im verborgenen Herrn zu leben.

12. November

# Der beste Astrologe

Das Weissagen der Zukunft aus der Hand, aus Karten oder mithilfe astrologischer Berechnungen ist zwar nicht schädlich, aber auch nicht nützlich. Solche Methoden können, richtig angewendet, lediglich sagen, was ihr in der Zukunft erleiden oder an Schönem erfahren werdet. Aber sie können nichts ändern, was entsprechend eurem Schicksal geschehen muss. Es ist also nutzlos, zu einem Astrologen, einem Handleser oder jemand ähnlichem zu gehen. Es ist Selbstbetrug.

Wenn ihr einen Meister habt und die Meditationen entsprechend seinen Empfehlungen durchführt, wird alles wunderbar. Ich bin auch ein ‚Astrologe'. Soll ich euch die Zukunft voraussagen? Ihr werdet niemals sterben, ihr seid ewig.

Meditiert und das Schicksalskarma, das für euch schwer zu ertragen ist, wie Krankheiten und Probleme, wird gemildert. In eurem Leben wird es nur Gewinne, keine Verluste geben. Reicht euch das aus? Mehr braucht ihr nicht an Information. Wozu geht ihr also zu Wahrsagern oder Astrologen?

# Die Liebe des Falken

Ein Sultan liebte die Jagd über alles. Er besaß einen Falken, mit dem ihn eine tiefe Liebe verband.

Eines Tages geriet der Sultan auf der Jagd tief in die Wüste. Es war bereits Mittag, die Sonne stand heiß am Himmel und er war vom langen Ritt erschöpft und durstig. Seine Männer hielten Ausschau nach einer Wasserquelle.

Nach langer Suche entdeckten sie unter einem Felsen eine kleine Wasserlache, gespeist von einem dünnen Rinnsal. Sogleich befahl der Sultan einen Becher zu füllen. Kaum hatte er das Gefäß an seine Lippen gesetzt, als sich sein Falke auf den Becher stürzte und ihn seinem Herrn aus der Hand stieß. Das kostbare Wasser war im Nu im heißen Sand verdampft.

Der Sultan konnte seinen Unmut kaum verbergen. Sein zorniger Blick streifte den Vogel und der Becher wurde noch einmal mit dem letzten kostbaren Nass der Pfütze gefüllt. Doch bevor der Sultan wieder einen Schluck kosten konnte, stieß der Falke den Becher abermals aus der Hand seines Herrn.

Da geriet der Sultan in große Wut. Er ergriff einen Stein und schleuderte ihn mit der ganzen Wucht seines Zorns auf das Tier. Mit einem schrillen Schrei fiel ihm der Falke tot zu Füßen.

Nun befahl der Sultan einem Soldaten, auf den Felsen zu klettern und nach der Quelle des Wassers zu suchen. Doch dieser kehrte mit leerem Becher zurück: „Das Wasser, mein Gebieter, ist vergiftet!" „Vergiftet?", rief der Sultan. „Als ich nach oben kam", entgegnete der Soldat, „ritten drei Männer eilig davon, und neben dem Wasserloch fand ich ein leeres Giftfläschchen. Ohne Euren treuen Falken wäret Ihr eines qualvollen Todes gestorben."

14. November

## Missverständnisse klären

Wenn äußere Umstände schwierig erscheinen, wächst des Meisters innerer Beistand.

Falls jemand etwas Unfreundliches über dich sagt, bedenke es in Ruhe. Ist das Gesagte teilweise oder im großen Ganzen richtig, versuche, diese Mängel abzulegen und danke dem Betreffenden für die Gefälligkeit, dich auf diese Tatsachen hinzuweisen.

Sind jedoch diese Dinge nicht richtig, nimm als gegeben an, dass die Person nicht ausreichend informiert ist und aus einem Missverständnis heraus gesprochen hat. Vergib es ihr und vergiss es.

Sollte sich eine Gelegenheit ergeben, dieses Missverständnis auszuräumen, tue es freundlich und offenherzig. Dies wird deinen spirituellen Fortschritt beschleunigen und dazu beitragen, das Gefäß zu reinigen, das dafür bestimmt ist, mit der stets bereiten und überfließenden Gnade des Meisters gefüllt zu werden.

# Vorherbestimmung und freier Wille

Ein Wille ist nur solange frei, wie daraus noch keine Handlung entstanden ist. Bereits eine Tat führt zu seiner Beschränkung. Beim zweitenmal geschieht das Tun schon nicht mehr aus freiem Willen, sondern bereits aus so etwas wie ‚Berechnung'; denn es trägt in sich die Erfahrung aus der ersten Handlung. Solch ein Wollen mit Überlegung ist nicht mehr ein freier Wille, sondern begrenzt. All die Schöpfungen oder Handlungen aus freiem Willen wirken auf sich selbst begrenzend und bestimmen seine weitere zukünftige Aktivität. Je mehr man also handelt, umso stärker wird der Wille gelenkt und damit auch begrenzt. Das kann man dann Vorherbestimmung nennen.

Es gibt also keinen Widerspruch zwischen Vorherbestimmung, Schicksal, Karma und freiem Willen. Zu einer Zeit waren wir wirklich frei. Dann begannen wir zu handeln und diese Handlungen banden uns ihrerseits. Sie schränkten unsere anfängliche Freiheit ein. Jetzt wirken sie auf uns wie ein unabänderliches Schicksal. Da unsere Erfahrungen komplex und vielfältig wurden, erscheinen sie nun als Freuden und Ängste, Hoffnungen und Sehnsüchte und alle wiederum beeinflussen unsere Lebensweise, unser Beurteilungs- und Denkvermögen.

Auf die Weise, wie Intellekt, Denken und Fühlen geformt wurden, bestimmen sie jetzt unser Handeln und lassen uns einen vorbestimmten Weg wählen. So legen die Handlungen eines Lebens den Rahmen für das nächste fest. Wie Bauern leben wir heute von der Ernte, die wir zuvor eingefahren haben; gleichzeitig bereiten wir den Boden und säen den Samen für die nächste.

Auch wenn wir unser Schicksal erdulden müssen, ist doch nicht alles verloren, wenn wir den uns verbleibenden Rest an Freiheit so nutzen, dass er zu unserer letztendlichen Rettung führt.

16. November

# Spiritualität ist eine Erfahrung der Seele

Bei der Spiritualität handelt es sich um eine Erfahrung der Seele. Die erste praktische Lektion beginnt, wenn man sich durch die Güte des Meisters vom physischen Körper vollkommen zurückgezogen hat.

Du kannst sicher sein, dass alles zu deinen Gunsten zählt und der hoffnungsfrohe Tag nicht fern ist, an dem der dunkle Schleier im Innern zerrissen wird und dir die Schleusentore des strahlenden Glanzes durch die Gnade des Meisters aufgetan werden.

Die Kraft des Geistes, das Wort, Naam oder der waltende Gott, ist für alles, was ist, verantwortlich, und die uns bekannten physischen Universen sind nicht die einzigen, die sie geschaffen hat. Sie brachte zahllose Regionen und Myriaden von Schöpfungen außer der physischen hervor.

# Wer den Karren lenkt

Wenn ein Kind ein Auto auf der Straße erblickt, ohne den Fahrer zu sehen, wird es nicht glauben, dass ein Fahrer erforderlich ist, damit der Wagen fährt. Sieht es aber, wie ein Fahrer den Wagen in Gang bringt, wird es erkennen, dass der Wagen nicht von selbst fährt, sondern von jemandem gefahren wird.

Ebenso haben wir nur gesehen, dass sich der Körper bewegt. Wir haben niemals die Antriebskraft bemerkt, und so haben wir auch kein Verständnis dafür, dass es da noch etwas außer dem Körper gibt.

Aber es ist sicher, dass der Körper nur nach dem Willen der Seele funktioniert. Die Gedanken und Befehle unserer Seele werden vom Körper ausgeführt. Im Körper gibt es also einen Lenker, gibt es einen Herrschenden, dessen Wille befolgt wird. Und sein Wille ist so mächtig, dass er nur einen Gedanken zu senden braucht, und der Körper führt den Befehl aus. Er muss nicht sprechen, er muss nichts schreiben, er braucht nur einen Befehl zu denken, und alles wird getan. Dies ist auch der Weg Gottes.

So beherrscht Gott all die grenzenlosen Universen. Sie funktionieren Seinem Willen entsprechend. Im Nu kann Er alles im Einklang mit Seinem Willen geschehen lassen. „Er sprach und es geschah", sagt die Bibel. Und wenn Er will, dass alles eingeatmet werden soll, dann wird augenblicklich alles in Ihn selbst eingehen und es wird nichts mehr sein. Das ist die Wirkungsweise Gottes.

18. November

# Die Werke des wahren Einen sind echt

*Er wohnt in allen Schöpfungsebenen
und birgt in ihnen Seine großzügigen Schätze,
nur einmal dort hineingefüllt
bedürfen sie keiner Ergänzung.*

*Was immer wir empfangen,
empfangen wir auf Sein Geheiß.*

*Er allein hat Seine Schöpfung geschaffen
und Er ist es, der über sie wacht.*

*O Nanak! Die Werke des Wahren Einen sind echt.*

*Ehre sei Ihm allein,
dem Ersten, Reinen, Ewigen, Unsterblichen
und in allen Zeitaltern Unveränderlichen.*

Guru Nanak

# Liebe und Gerechtigkeit

In dieser Welt sind zwei Gesetze wirksam: das Gesetz der Liebe – welches das Gesetz Gottes ist – und das Gesetz der Vergeltung, das von der bindenden Kraft stammt.

Wo Gottes Gesetz der Liebe und Barmherzigkeit wirkt, sind Armeen, Polizei, Rechtsanwälte, Gerichte oder Gefängnisse nicht notwendig. Alle Beziehungen gestalten sich wie in einer liebenden Familie, wo alle einander gerne dienen.

Den Weg der Liebe zu gehen, heißt geben, dienen und anderen ergeben sein. So ist es im Himmel und wir sollten versuchen, es hier auf Erden auch zu verwirklichen. „Dein Wille geschehe, wie im Himmel so auf Erden."

Aber es scheint, dass sogar in den Familien die Liebe Tag für Tag abnimmt und es ist eine Schande, wie viele Ehen, die voll Liebe beginnen, vor dem Scheidungsrichter enden. Anstatt Gottes Gesetz der Liebe zu vertrauen und so zu leben, wie wir es in Seinem Reich täten, wählen wir ein Leben, das vom weltlichen Gesetz der Gewalt bestimmt wird und von der negativen Kraft geprägt ist.

Hier in dieser Welt regiert die Negativkraft mit einem sehr strengen Gesetz: „Auge um Auge, Zahn um Zahn." Alle Menschen, die nicht mit ihrem Vater Gott verbunden sind, werden diesem unerbittlichen Gesetz unterworfen, das Moses verkündet hat. Wenn wir denken, das sei nur ein Gesetz des Alten Testaments, das für uns nicht gilt, irren wir. Es findet bei uns zu hundert Prozent seine Anwendung.

Doch wenn wir Gott finden und uns mit Ihm verbinden und lernen, in Seinem Reich zu leben, unterstehen wir Seiner Herrschaft. Dann gilt für uns nur das Gesetz der Gnade und Barmherzigkeit und nicht mehr das Gesetz der Vergeltung.

# Lernen, wie man glücklich wird

Wir sollten lernen, wie man glücklich wird, dann brauchen wir nie wieder traurig zu sein. Jetzt sind wir traurig, weil wir erst in der Lehre sind. Wir werden darin ausgebildet, wie wir für immer glücklich sein können.

Wenn ihr irgendwann Kummer, Enttäuschung oder Sorge empfindet, dann erinnert euch daran, dass ihr lediglich mehr Übung braucht und gerade dabei seid, die eine große Lektion des Lebens zu lernen, nämlich wie man glücklich ist.

Glück sollte ein Bestandteil unseres Daseins sein. Andernfalls wird uns die Traurigkeit wie ein Netz aus Sorgen und Enttäuschungen einhüllen. Jahre und Jahrhunderte lang haben wir gelitten, aber dieser menschliche Körper ist ein Schulungszentrum, in dem wir lernen können, vollkommenes und dauerhaftes Glück zu erlangen.

# Die Liste der guten und schlechten Menschen

Es war einmal ein König, der über ein großes Reich herrschte. Eines Tages rief er zwei seiner Untertanen zu sich und befahl ihnen: „Folgende Aufgabe sollt ihr erfüllen: Der eine von euch soll eine Liste aufstellen, in der alle guten Bewohner meines Königreichs erfasst sind; der andere soll eine Liste mit allen schlechten Menschen im Lande zusammenstellen. Für diese Aufgabe gebe ich euch eine Woche Zeit."

Die beiden ritten durch Stadt und Land, um alle Bewohner des Reiches zu erfassen. Nach einer Woche kamen sie zurück und legten dem König ihre Listen vor. Der König fragte den Mann, von dem er verlangt hatte, die Namen der guten Menschen zusammenzutragen: „Hast du irgendeinen guten Menschen in diesem Königreich finden können?" Da antwortete dieser: „Nein, Herr, alle Menschen sind so schlecht. Ich konnte nicht einen einzigen wirklich guten Menschen finden." Dann fragte der König den anderen: „Wie viele schlechte Menschen konntest du in diesem schlechten Land finden?" Dieser erwiderte: „Keinen! Ich konnte nicht einen schlechten Menschen finden. Ich bin der einzige schlechte Mensch, und mit meinem Namen ist diese Liste vollständig." Mit diesen Worten setzte er seinen eigenen Namen auf die Liste, und der König war erfreut über seinen aufrichtigen Diener.

Als der heilige Kabir dies hörte, meinte er: „Nur mit einer solchen Denkweise ist man für Gottes Nähe und Liebe empfänglich."

22. November

# Die Zukunft gestalten

Der Mensch muss annehmen, was jetzt auf ihn zukommt. Nichts Wesentliches kann verändert werden, denn unser Schicksal wurde schon zum Verlauf unseres Lebens gemacht.

Es ist wie bei einem fertigen Film. Ihr könnt beim Betrachten des Films auf der Leinwand nur noch Zeuge dessen sein, was im Film als Handlung bereits festgelegt wurde, ihr könnt nichts verändern. Wenn ihr wollt, dass jemand nicht leiden soll, der im Film gerade leidet, wird das nichts nützen. Die Person wird leiden müssen, da auf der Ebene der Leinwand nichts mehr umgestaltet werden kann. Der gesamte Ablauf von Leid und Glück, Größe und Bedeutungslosigkeit, Krankheit und Gesundheit ist schon in uns festgelegt, er entspricht dem Ausgleich der guten oder schlechten Karmas, die wir in unseren vergangenen Leben bewirkt haben.

Bevor der Mensch geboren wird und auf diese Welt kommt, wird sein Lebensablauf für ihn festgelegt, der sich automatisch abspult und auf der ‚Leinwand des Lebens' als sein Leben erscheint. Ihr solltet euch deshalb auch nicht bemühen, es zu verändern, denn es würde nichts helfen.

Was aber sollen wir tun? Wir sollen unsere Zukunft formen. Jetzt sind wir Meister über unsere Zukunft.

# Spirituelles Leben im Alltag

Das ist unser gegenwärtiger Entwicklungsstand: unser weltliches Leben hinter uns zu lassen und ein spirituelles Leben aufzubauen; das eine absterben und das andere mit Kraft erfüllen zu lassen.

Unser spirituelles Leben wird unser normales Alltagsleben werden; wir werden auf natürliche und einfache Weise ein göttliches Leben führen. Jetzt können wir Seine Gestalt sehen, wenn wir sehr eifrig meditieren, aber dann werden wir Ihn von selbst sehen, leicht und ohne Hindernis. Die Konzentration auf das Zentrum wird nicht mehr erforderlich sein – Er wird überall sein. Er wird immer bei uns sein.

Der Grund dafür, dass wir uns jetzt noch konzentrieren müssen, liegt darin, dass wir die äußere Welt nicht verlassen können. Wir müssen unsere ganze Aufmerksamkeit auf einen Punkt richten, wo die Welt zurückgelassen wird, so dass wir uns mit der inneren Schönheit verbinden können. Lassen wir mit unserer Konzentration nur ein wenig nach, dringt die Welt in unser Inneres ein und erfüllt uns mit weltlichen Gedanken.

Wir müssen also sehr, sehr vorsichtig sein und eine Aufmerksamkeit entwickeln, die nur auf einen Punkt gerichtet ist. Haben wir diese Stufe genommen, werden wir imstande sein zu entspannen und voller Frieden zu sein. Wir werden keine Schwierigkeit haben, und unser Leben wird vollständig verändert sein. Das ist das einzige Ziel unserer Meditation.

24. November

# Frei sein

Wir wissen nicht bestimmt, ob wir den morgigen Tag erleben werden oder nicht. Lasst uns also jetzt sofort nach innen gehen. Haltet nach nichts anderem in dieser Welt Ausschau, bis ihr euer Lebensziel, Gott in Seinem Reich, erreicht habt.

Gibt es irgendeine Schwierigkeit oder ein Problem, macht euch keine Sorgen. Die Meisterkraft, der Meister ist dazu da, Verantwortung für alles zu übernehmen, für eure Gesundheit, für euer Essen, für eure Familie und für alles, wofür ihr zuständig seid. Dann seid ihr vollkommen frei.

Mein Meister pflegte zu sagen: „Wenn ihr eine Arbeit für mich tut, werde ich hundert eurer Arbeiten erledigen." Auch ich sage euch: „Wenn ihr euch im Inneren einfach nur im Schoß des Meisters niederlasst, wird Er alle eure Arbeit tun, wird Er eure ganzen Verpflichtungen übernehmen." Dies ist nicht schwer oder unmöglich. Ihr werdet es einfach durch euren aufrichtigen Willen und eure ernsthaften Bemühungen in Hingabe an die Meisterkraft erreichen.

# Sant Kirpal Singh und sein Koch

Sant Kirpal Singh diente mehrere Jahre in der indischen Armee. Eines Tages wurde er an die Front geschickt. Dort bekam er einen Burschen zugewiesen, der ihm die Mahlzeiten zubereiten sollte.

Der Meister wies ihn an: „Wenn du die Küche betrittst und mein Essen zubereitest, lass niemanden sonst hinein. Nur du allein darfst in der Küche sein. Was immer du an Gebeten kennst, kannst du aufsagen. Wiederhole sie während der ganzen Zeit, in der du die Speisen zubereitest. Denke nur an Gott, wenn du kochst." Der Bursche befolgte diese Anweisungen, und einige Zeit verlief alles nach dem Wunsch des Meisters.

Eines Tages jedoch, als der junge Mann gerade am Herd stand, betrat einer seiner Freunde die Küche. Er konnte ihn nicht daran hindern, war es doch sein bester Freund. Und so unterhielten sie sich eine Weile, bis der Freund wieder ging.

Das Essen wurde dem Meister serviert, und der Meister nahm die Mahlzeit wie immer zu sich. Doch in dieser Nacht hatte der Meister eine unruhige Meditation.

Da rief der Meister den Burschen zu sich und fragte: „Sage mir, wer war gestern mit dir in der Küche, als du das Essen zubereitet hast?" Der Bursche wurde verlegen und versuchte sich herauszureden. Der Meister beharrte: „Erzähle mir keine Märchen, sag mir die Wahrheit." Da gestand der Bursche: „Ein Freund kam in die Küche, und wir unterhielten uns, so dass ich eine Zeitlang nicht an Gott denken konnte."

26. November

# Das Leben als Lehrer

Der Mensch ist der Urheber seiner eigenen Schwierigkeiten, aber er kann auch sein eigener Retter sein. Wir sind in diese Welt gekommen, um das zu erfahren. Alles, was uns in dieser Welt zustößt, ist eine Lehre für uns, eine Art Unterricht.

Unser eigenes Leben ist unser Lehrer. Wir müssen uns keine Sorgen machen, wenn wir straucheln oder fallen – es ist eine Lektion für uns. Sobald wir feststellen, dass etwas falsch ist, sollten wir versuchen, es richtig zu stellen. Machen wir einen Fehler, sollten wir uns bemühen, ihn zu korrigieren.

Indem wir den Weg für uns selbst frei räumen, machen wir ihn auch für andere frei.

# Vollkommene Liebe finden

Ich kann mit hundertprozentiger Sicherheit sagen, dass es auf dieser Welt nichts und niemanden gibt, den ihr wahrhaft lieben könnt oder der euch wahrhaft lieben kann. Es gibt Spuren der Liebe, und diese halten das Leben dieser Welt einigermaßen aufrecht. Aber für uns reicht das nicht aus. Was wir brauchen ist echte, wahre, vollkommene Liebe.

Sprechen wir einen Ehemann an und fragen: „Wie geht es dir mit deiner Frau?", so sagt er: „Na ja, es geht schon so." Genauso reagiert seine Frau. Erkundigen wir uns nach ihrem Mann, sagt auch sie: „Na ja, es geht so einigermaßen. Wir kommen schon miteinander zurecht, was bleibt uns auch anderes übrig?"

Auch ihr könnt nicht sagen: „Ich habe wirklich Liebe erfahren, ich habe einen Freund, einen Ehemann, einen Bruder gefunden, und damit bin ich nun ganz und gar zufrieden und glücklich." Nie hat jemand dergleichen gefunden – auch ich nicht. Auch bei mir ging es ‚so einigermaßen'.

In der Bibel jedoch steht ein wunderbarer Satz: „Wir haben erkannt und geglaubt die Liebe, die Gott, unser Vater für uns hat. Denn Gott ist Liebe, und wer in der Liebe lebt, lebt in Gott und Gott in ihm." Das heißt, dass Gott wirklich da ist, ich seine Liebe spüre und weiß, welch große Liebe er für mich hat. Ich habe erfahren, dass er ganz und gar Liebe ist, ohne jeden Eigennutz oder Gedanken an sich selbst. Er gibt und gibt, gibt und gibt, dient und dient immerzu. Wo Liebe ist, ist kein Raum für irgendeinen Gedanken an Lohn, geschweige denn an Dank.

Wenn wir vollkommene Liebe finden wollen, müssen wir zu Gott gehen. Er liebt uns wirklich.

28. November

# Reformer werden gesucht

Wir sollten uns selbst so kritisieren, wie wir andere kritisieren. Kümmert euch um eure eigenen Angelegenheiten. Wenn ein Freund, den ihr liebt, etwas Unrechtes begeht, dann sagt ihm unter vier Augen: „Bitte, tu das nicht."

Was könnt ihr mehr tun? Wenn ein Mensch nicht im Innersten seines Herzens fühlt, dass er falsch gehandelt hat, wird er sich nicht nach euch richten. Der Mensch folgt den Vorschriften seines Gemüts. Nur wenn er überzeugt ist, dass sein Handeln wirklich falsch ist, dann wird er auf euch hören, sonst nicht.

Also: „Reformer werden gesucht – nicht solche, die andere, sondern sich selbst umformen." Bessert euch selbst, dann werdet ihr viele Menschen um euch herum verbessern. Die Leute urteilen nach dem, was sie sehen, nicht nach den Worten, die ihr äußert oder predigt.

Ein Beispiel ist deshalb besser als eine Vorschrift.

# Gottgesandte

Ein Mann kann sich nicht vorstellen, dass auch Jesus einen Meister hatte, der ihn initiierte. Der Meister erwidert: Die Bibel erklärt ausdrücklich, dass Jesus von Johannes dem Täufer initiiert, das heißt getauft, wurde. Ohne Zweifel kam Jesus direkt von Gott, aber auch er erfüllte das Gesetz, dass wir einen physischen Meister brauchen, wenn wir einen spirituellen Weg gehen.

Seit Anbeginn der Welt gibt es zwei Arten von Meistern: Einige wenige kommen direkt von Gott und sind mit großer Kraft und Macht ausgestattet. Sie beginnen ihr Wirken mit hoher Autorität, damit die Spiritualität in der Welt einen neuen Impuls erhält.

Nach einer solchen Art von Meistern kommen sogenannte Nachfolgemeister, einer nach dem anderen. Wenn nach einiger Zeit die vom ersten gegründete Spiritualität immer schwächer wird, wird eine Art ‚frische Aufladung' gebraucht, und nach einem solchen starken Impuls entsteht wieder eine Linie von Meistern.

Alle Meister müssen von einem vorhergehenden Meister initiiert werden, selbst wenn dieser schwächer ist als sie. Dieses Gesetz müssen sie einhalten, und auch Jesus Christus hat es erfüllt. Johannes sagte, er sei nicht wert, Jesus die Schuhriemen zu lösen. Dennoch beugte sich Jesus dem Gesetz.

30. November

# Zeit der Stille

Findet täglich eine Zeit der Stille; dafür ist die Nacht der beste Teil des Tages.

Der zehnte Guru der Sikhs sagte uns: „Die Nacht ist für euch ein einsamer Ort." Jene, die ihre Nächte genützt haben, wurden Heilige; sie sind zu Göttern geworden. Und Studenten wurden Gelehrte, indem sie den besten Gebrauch von der Nacht machten, den rechten Nutzen daraus zogen. Jene, die ihre Nächte verschwendet haben, vergeudeten ihr Leben.

Auf welche Weise können wir fortschreiten, wenn wir nachts bis elf, zwölf, ein oder zwei Uhr ausgehen, uns in Gesellschaft aufhalten und anderen Vergnügungen nachgehen? Ein Student, dessen Licht um Mitternacht brennt, wird zum Gelehrten. Ein Gottliebender, der seine Nächte in beständiger Erinnerung an Gott in völliger Einsamkeit verbringt, wird zu einem Heiligen.

Stille ist also das Beste. Daher sollten wir die Einsamkeit suchen. Versucht, so viel wie möglich allein zu leben. „Lasst von den Menschen ab, schaut nach oben." Verbringt eure Zeit mit anderen nur, soweit es erforderlich ist. Manchmal verschwenden und vergeuden wir unsere Zeit nur um des Vergnügens willen. Und dann beklagen wir uns, dass wir keine Zeit haben.

Von vierundzwanzig Stunden, so werdet ihr feststellen, benötigt ihr für euren täglichen Lebensunterhalt etwa acht, zehn oder zwölf Stunden – in keinem Fall mehr. Ihr habt dann noch zwölf Stunden zur Verfügung. Schlaft fünf oder sechs Stunden – sechs Stunden sind genug; selbst dann habt ihr noch vier Stunden zu eurer Verfügung.

Wenn die Menschen sagen: „Wir haben keine Zeit", dann müssen sie sich eben entsprechend einrichten. Die Zeit braucht nicht von irgendwo her zu kommen, sie ist bereits da.

# Shabd ist der Lebensstrom von Gott

Shabd ist der lebendige und vollbewusste Lebensstrom von Gott. Er hat die Welt erschaffen und erhält sie auch. Es ist die Saat, die sich zu einem mächtigen Baum entwickelt hat, voll von vielfarbigen Blüten und Früchten. Alles, was jetzt ist, wird in Ewigkeit sein, und was immer aus dem Dasein scheidet, geht auch in die Ewigkeit ein. Alles ruht in der großen Tiefe und steigt vorübergehend an die Oberfläche in Form von Ebbe und Flut, Wogen und Wellen, Gischt und dergleichen, das vor unseren Augen erscheint und verschwindet – das Ungeoffenbarte, das sich selber in so vielen Formen und Mustern offenbart.

Shabd ist die Grundursache der Schöpfung, und die Schöpfung ist eine Folgeerscheinung von ihm. Alles, was aus den Wurzeln emporwächst ist bereits in gesammelter Form darin enthalten. Wenn die Zeit reif ist, beginnt es zu wachsen und Frucht zu tragen. Wenn ein Sonnenstrahl auf eine polierte Fläche fällt, spiegelt diese die Sonne wider. In gleicher Weise wird das Gemüt, wenn es geläutert und von jeder Spur des kleinen Ichs frei ist, das innere Licht Gottes reflektieren; genau wie der Sonnenstrahl sich nicht von der Sonne unterscheidet, kann auch der Geist, der nichts anderes als ein Strahl Gottes ist, nicht von Gott unterschieden werden. So offenbart er die verborgene Kraft Gottes durch richtige Schulung und Führung in der Wissenschaft von Shabd oder dem Wort.

2. Dezember

# Der Mann und der kleine Büffel

Wie wir denken, so werden wir.

Gedanken sind so stark und mächtig. Ihr werdet zu dem woran ihr denkt, vielleicht nicht unbedingt körperlich, aber in eurem Verhalten.

Da gab es einen Mann, der das nicht glauben wollte, und der sagte: „Das kann nicht sein, so ist es nicht." Ein Heiliger, zu dem er ging, fragte ihn: „Nun, sage mir, wen hast du sehr lieb?" Er antwortete: „Ich habe einen kleinen Büffel großgezogen und den mag ich sehr. Ich bin mit meinen Gedanken meist bei ihm."

Darauf erwiderte der Heilige: „In Ordnung. Ich werde dir eine sehr gute Meditation geben. Setze dich in jenen Raum dort und denke einfach immerzu an deinen Büffel."

Er tat, wie ihm geheißen, und nachdem sieben, zehn und fast vierzig Tage vorüber waren, öffnete der Heilige das Fenster zu dem Zimmer und forderte ihn auf, herauszukommen. Da antwortete der Mann: „Wie soll ich denn durch den engen Türrahmen herauskommen? Meine Hörner sind doch so breit."

# Leben als Seele

Es gibt Menschen, die ständig übellaunig und aggressiv sind. Sie machen sich selbst das Leben schwer und lassen auch andere nicht in Frieden leben. Das ist ja das Unglück in unserem Dasein, dass wir nur gelernt haben, auf der Ebene von Gemüt und Intellekt zu leben, nicht aber als Seele.

Unser wahres Leben beginnt, wenn wir als Seele zu leben beginnen. Ob wir arm oder reich sind – Freude finden wir hier nur, wenn wir lieben. Jemand, der arm an weltlichen Gütern ist aber reich an Liebe, kann ein wunderbar glückliches und friedvolles Leben führen. Dagegen wird ein reicher, aber selbstsüchtiger Mensch niemals mit sich oder anderen in Frieden leben. In all seinem Reichtum wird er keine Ruhe finden.

So können wir uns weder als Reicher noch als Armer erfreuen, es sei denn in Liebe.

# Einen Ort jenseits von Himmel und Hölle finden

Wir sollten einen Ort jenseits von Himmel und Höllen finden, einen Ort, der beständig und dauerhaft ist. Diesen Ort sollten wir auf keinen Fall jemals wieder verlassen.

Auf der höchsten Ebene ist Gott da in der Gestalt von Licht und Ton. Er ist unwandelbare Dauer, die Quelle aller Glückseligkeit und Herrlichkeit, aller Gnade und allen Lebens, die Quelle aller Aktivität und allen Bewusstseins.

Wenn wir diese Quelle erreichen, nennen wir sie im Allgemeinen Gott, oder wir geben ihr einen anderen Namen, aber der Name ist nicht wichtig. Wichtig ist nur, sie zu erreichen. Suchen wir auf dieser Erde nach Wasser, dann deshalb, weil wir durstig sind; sind wir nicht durstig, werden wir uns nicht damit befassen, nach Wasser zu suchen. Die Notwendigkeit und der Nutzen einer Sache machen sie uns wertvoll, egal wie wir sie benennen.

Wir brauchen Gott, denn er allein kann uns mit Freude und Gnade, mit Herrlichkeit und Barmherzigkeit erfüllen. Wir wollen keinen Gott, der ein Strafmaß gnadenlos und streng bemisst, denn Gerechtigkeit wird uns nicht helfen. Wir können nur durch Gnade gerettet werden; also brauchen wir einen liebenden Gott, der uns alles vergibt. Er wird sich nicht mit unseren Sünden, unseren Fehlern oder unseren Missetaten befassen. Er wird alles vergessen, alles vergeben und uns einfach annehmen und lieben. Solch ein Wesen brauchen wir, und daher suchen wir nach ihm.

# In Seiner Obhut

*Barmherziger, Verzeihender,*
*mein Herr segnet alle.*
*Fruchtbare Bäume oder Dornenbüsche,*
*gut oder schlecht –*
*Er nimmt sie alle in Seine Arme.*

*Warum sorgst du dich und leidest, mein Lieber?*
*In dir ist der Retter, der wahre Erlöser.*
*Er ist der Schöpfer und erhält dich,*
*Er hat ein mitfühlendes Herz für alle.*

*Lerne, all deine Mühen in Ihm ruhen zu lassen,*
*in Ihm, dem Handelnden, dem Ewigen.*
*Von ganzer Seele, von ganzem Gemüt und ganzem Herzen*
*sollst du den Liebenswerten lieben.*

*Er ist über alle Maßen vollkommen*
*und hat jeden einzelnen ganz und gar*
*in Seiner Obhut.*

*An Deinem Erbarmen, oh Du Barmherziger,*
*kann ich Sünder gewiss mich erfreuen.*


Sant Thakar Singh

# Vertieft euch in das innere Licht und den inneren Ton

Wenn einer von sich sagen kann: „Ich bin nicht der Handelnde", wird er zu einem bewussten Mitarbeiter im göttlichen Plan. Dann sagt er: „Gott ist der Handelnde. Ich bin nichts als eine Marionette in Seinen Händen."

Ich möchte, dass ihr nichts tut – das ist alles. Wenn ihr ruhiger werdet, wird jenseits dieser Ruhe, dieser Stille, das Licht herauf dämmern und der Ton zu klingen beginnen.

Äußeres Schweigen kann euch das nicht geben. Ihr mögt euch durch Nicht-Reden ein wenig Kraft bewahren, aber das ist nichts im Vergleich zum inneren Schweigen. Wenn ihr durch Übung eure ganze Aufmerksamkeit in das Licht und den Ton vertieft, wird diese Versenkung, in der sich keine Gedanken mehr erheben, euch etwas schenken.

Darum heißt es in den Upanishaden: „Was ist es, durch dessen Erkenntnis nichts mehr zu erkennen bleibt?" Kein Anhaften, kein Warum oder Wofür – kein Warum oder Wofür. Unser gewöhnliches Bewusstsein verwandelt sich in diese höhere Aufmerksamkeit. Dies entwickelt sich zu gegebener Zeit.

# Die Siegel werden zerbrochen

Glücklich sind jene, die durch Erheben über den stählernen Vorhang des physischen Körpers auf den Weg gestellt wurden. Das müssen wir von Tag zu Tag entwickeln.

Das Licht und die Stimme Gottes sind bereits in eurem Körper. Ihr könnt sie hören, ihr könnt sie sehen. Christus sagte zu seinen Jüngern: „Selig sind eure Augen, dass sie sehen, und eure Ohren, dass sie hören. Wahrlich, ich sage euch: Viele Propheten und Gerechte haben begehrt zu sehen, was ihr seht, und haben's nicht gesehen, und zu hören, was ihr hört, und haben's nicht gehört."

Es gibt also Siegel: unsere Augen und Ohren sind versiegelt. Durch die Gnade Gottes im Meister bekommt ihr eine Erfahrung des Sehens und Hörens, wenn diese Siegel zerbrochen werden. Dann müssen wir achtsam sein, wie wir mit diesem Menschenkörper umgehen, welcher der wahre Tempel Gottes ist. Nur in diesem menschlichen Körper könnt ihr eine solche Erfahrung machen.

# Wie wir innere Ruhe erreichen

Frage: Wie können wir passiv werden und innerlich vollständige Ruhe und Stille erreichen, die es uns möglich machen, die Seligkeit des Lichts aller Lichter zu erhalten?

Der Meister: Auf dem geistigen Pfad gibt es keine Abkürzungen. Man muss für die spirituelle Glückseligkeit arbeiten. Das Gemüt ist wie das Feuer ein guter Diener, aber ein schlechter Herr. Während wir in Meditation sitzen, müssen wir das Gemüt von allen Ablenkungen und den Verstand von allem Argumentieren freihalten. Das kann durch eine geistige Kehrtwendung bewirkt werden.

Was auf der Welt ist schließlich unser? Nichts, nicht einmal der Körper, die Denkfähigkeit oder der Reichtum, den man vielleicht besitzt. Sie wurden uns allein zum rechtmäßigen Gebrauch überlassen, aber sie gehören dem Geber.

Liebe, Sehnsucht und Hingabe sind die Schlüssel auf dem Pfad zu Gott.

# Der König und die Pferdeäpfel

Die Hindu-Mythologie erzählt vom König Aj, einem normalerweise gutherzigen Menschen. Eines Tages aber – er war gerade in seinen Stallungen – kam ein heiliger Mann und bat um ein Almosen. „Hier gibt es nur Pferdeäpfel", erwiderte der König und drückte ihm in seinem Unmut ein paar in die Hand. Der Mann ging schweigend fort.

Als der König am nächsten Morgen meditierte, sah er vor sich einen riesigen Haufen Pferdeäpfel. Ihm wurde klar, dies war die Frucht seiner gestrigen ‚Nächstenliebe'. Bestürzt erzählte er seinem Meister davon. Dieser sagte nur: „Da ist nichts zu machen, du musst die Pferdeäpfel essen – es sei denn, es findet sich jemand, der schlecht über dich redet. Dann muss dieser etwas davon übernehmen."

So versuchte der König alles, damit ihn andere kritisierten: Zusammen mit einer Prostituierten und einer Weinflasche in der Hand, laut Unfug rufend, fuhr er in einer Kutsche umher. Tatsächlich fingen die Leute an, schlecht über ihn zu reden und in der nächsten Meditation war der Haufen Pferdeäpfel zu einem kleinen Rest geschrumpft.

„Der wird dir wohl bleiben", sagte sein Meister. „Aber wenn du einen Heiligen findest und ihn dazu bringst, übel von dir zu reden..."

Also begab sich der König verkleidet zu einem Heiligen: „Habt Ihr schon gehört, was für schlimme Dinge unser König neuerdings macht?" Der Heilige schwieg und soviel der andere versuchte, es kam keine Reaktion. So verfiel auch der König in Schweigen. Aber nach fünf Minuten hielt er es nicht mehr aus und sagte wieder: „Unser König ist sehr schlecht. Es ist Eure Pflicht, dagegen etwas zu unternehmen." Da gab ihm der Heilige eine schallende Ohrfeige: „Hinaus, iss deine Pferdeäpfel selber!"

10. Dezember

# Demut des Herzens

Liebe ist das Licht des Lebens. Sie wird entwickelt, je mehr ihr von Herzen und nicht mit den Lippen betet, je mehr ihr in Verbindung seid mit dem Licht und dem Ton der handelnden Gotteskraft. Die Frucht eines solchen Lebens wird wahre Herzensdemut sein; sie ist das Geheimnis des Wachsens in Gott.

Wenn euch Liebe fehlt, dann seid ihr leicht verletzt, werdet misstrauisch, regt euch auf, wenn andere schlecht über euch reden, habt den geheimen Wunsch bekannt zu sein; dann werdet ihr herrisch in eurer Rede und eurem Auftreten, reizbar, gekünstelt, angeberisch, kompliziert in eurer Lebensweise und unfreundlich zu allen in eurer Umgebung und zu allen, die euch unterstehen.

Der wahre Mensch ist einer, der Gott mit bescheidenem Herzen dient. Er ist demütig, einfach, geradlinig, sanft, freundlich und ehrfurchtsvoll allen gegenüber. Beachten wir das nicht, so verursachen wir Streitereien im Namen der heiligen Sache, die wir vertreten.

# Selbstprüfung und Menschwerdung

Zunächst muss der sich mühende Schüler zwei Stadien durchschreiten, bevor er über das Körperbewusstsein gelangt und an den geistigen Übungen Freude zu haben und den Pfad mit Festigkeit zu beschreiten beginnt. Während der ersten Stufe weiß der Schüler wenig oder nichts von der Selbstprüfung und befindet sich in abgrundtiefer Unwissenheit. Auf der zweiten Stufe beginnt er zu erkennen, dass er unzählige Fehler und Schwächen hat, die abgelegt werden müssen, bevor er hoffen kann, sich über das Körperbewusstsein zu erheben, von wo aus dieser Pfad erst wirklich beginnt.

Dieser zweite Zustand, der für die meisten ein sich lang hinziehender Kampf mit den niedrigen Neigungen des Gemüts ist, wird als ‚Menschwerdung' bezeichnet. Der Gottespfad selbst oder das Sich-Erheben über die niederen Seinsebenen in die höheren Bereiche unsäglicher Glückseligkeit und Harmonie ist nicht schwierig. Schwierig jedoch ist die ‚Menschwerdung'. Es gibt keine festgelegte Zeit für diese zweite Stufe. Alles hängt von der Fähigkeit des Schülers ab, Selbstbeherrschung zu üben, die Gebote des Meisters zu befolgen und Liebe zu ihm zu entwickeln. Das selbstgefällige Ich ist das letzte Hindernis, das überwunden werden muss; und das ist nicht eher möglich, als bis die Seele beginnt, zu sich selbst zu finden und einen Schimmer ihres eigentlichen Wesens wahrzunehmen, wodurch sich dann im Schüler eine natürliche Demut entwickelt. Diese darf nicht mit einer unterwürfigen Haltung verwechselt werden, bedenkt das bitte. Wahre Demut hat Kraft, ist aber dennoch nicht auf Selbstbehauptung aus.

12. Dezember

# Nach dem Höchsten streben

Ein Arzt, der alle Examen bestanden hat, hat das Recht, sich Doktor zu nennen. Aber nach ein, zwei oder drei Jahren Studium kann er diesen Titel noch nicht für sich beanspruchen.

In gleicher Weise sind wir keine Eingeweihten – wir wurden lediglich in die Schule dieser hohen Vollendung aufgenommen. Wenn wir uns nicht wenigstens bemühen, unser Ziel zu erreichen, dann ist das sehr tragisch.

Ich bin wirklich kein Theoretiker, sondern ein sehr praktisch veranlagter Mensch. So habe ich, zusätzlich zu meiner Arbeit als Wasserbauingenieur, täglich sechs bis sieben Stunden meditiert. Warum wohl? Weil ich wusste, dass ich die Arbeit, die mir mein Meister aufgetragen hatte, ausführen muss. Und weil mir klar war, dass ich mich wenigstens wie ein Initiierter, wenn schon nicht wie ein guter Initiierter, zu benehmen hatte. Ich wollte es wenigstens versuchen.

Wann werde ich ‚gut' sein? Wenn ich die höchste Stufe erreicht haben werde. Dann mag man mir den Titel verleihen und mich als gut oder schlecht beurteilen. Solange man auf dem Weg ist, ist man bedeutungslos. Bis zum Erreichen des Ziels ist niemand von Wichtigkeit.

13. Dezember

# Eure Gesichter sollten Gott zugewandt sein

Eine Frau steht im Kreis von Schülern und bittet den Meister um Rat in einer schwierigen Lebenssituation. Er klärt zuerst ihr privates Anliegen und richtet sich dann überraschend mit einer Erklärung an alle:

„Meine Botschaft an alle Lieben ist, dass ihr Gott an die erste Stelle in eurem Leben setzen solltet. Eure Gesichter sollten Gott zugewandt sein, und Ihn zu finden muss das Ziel eures Lebens sein. Ihr solltet regelmäßig und vertrauensvoll meditieren, um gereinigt und erhoben zu werden. Das ruft die Gnade und die Barmherzigkeit unseres Vaters auf euch herab. Dann werden alle Segnungen euch gehören, und ihr könnt euch erfreuen.

Es gibt keinen anderen Weg des Lebens. Alle Aktivitäten, die nicht von Gott durchdrungen sind, bringen uns nur Kämpfe und Leiden, Probleme und Not. Nur die Meditationen werden euch helfen. Nur die Meditationen sind für euch von Wert. Die Meditationen allein sind nützlich und werden unermessliche Schätze für euch ansammeln, an denen ihr euch bereits jetzt und in alle Ewigkeit erfreuen könnt."

14. Dezember

# Hellwach in die Zukunft

Es ist nicht so wichtig, dass wir jetzt über unsere gegenwärtige weltliche Lage nachdenken – ob wir leiden, ob wir glücklich sind, ob wir arm oder ob wir Könige sind oder ob wir im Elend leben. Darauf kommt es nicht so sehr an. Wichtig sind die Handlungen, die wir für die Zukunft säen; die Saaten, die wir säen, sind von Bedeutung.

Was wir in diesem Leben zu essen erhalten, können wir nicht mehr ändern, das wird bleiben, wie es ist. Wir sollten uns darum keine Sorgen machen, nicht jammern oder klagen und nicht jubeln. Lasst es sein, wie es ist. Ob es bitter oder süß ist, wir sollten es mit einem Lächeln annehmen und uns dabei wohlfühlen. Wir sollten über unser Los nicht verärgert oder verbittert sein.

Es ist immer besser, das, was auf uns zukommt, als seinen Willen anzunehmen; doch bezüglich der Zukunft sollten wir hellwach sein. Wirklich weise sind jene Menschen, die aus ihren Leiden und ihren Erfahrungen in diesem Leben Lehren ziehen und versuchen, wachsam und aufmerksam ihr zukünftiges Leben vorzubereiten.

# Ernährung und Gesundheit

Einmal schloss sich ein Arzt dem Propheten Mohammed und seinen vierzig Schülern an, um sie mit Medizin zu versorgen, wenn einer krank werden sollte. Sechs Monate blieb er bei ihnen, aber niemand wurde krank. Da ging er zu dem Propheten und sagte: „Nun, da niemand krank geworden ist, hat mein Bleiben wohl keinen Sinn."

Der Prophet Mohammed erklärte ihm: „Siehe, solange sie meinen Geboten folgen, werden sie nicht krank. Ich rate ihnen, einen Bissen weniger zu essen, als sie eigentlich möchten, sich nicht satt zu essen, sondern etwas weniger zu sich zu nehmen, so dass sie noch ein wenig hungrig von Tisch aufstehen. Ich rate ihnen, zweimal am Tag zu essen und während des Tages hart zu arbeiten. Außerdem sollen sie regelmäßig meditieren. Solange sie diese Gebote befolgen, wird keiner krank werden."

Das sind sehr kleine Dinge, aber sie haben eine große Wirkung. Deshalb sollte man sich an eine einfache, rein vegetarische Nahrung halten. Esst nur soviel, wie ihr braucht und steht noch ein wenig hungrig vom Tisch auf. Nehmt diese Dinge ernst und befolgt sie; und ihr werdet alles besser in den Griff bekommen – sei es die Meditation, körperliche Arbeit oder sonst etwas.

# Habt keine Angst

Wenn wir mit Ihm verbunden sind, ist Er für alles verantwortlich. Auf uns fällt keinerlei Verantwortung. Nur unser im Irrtum befangenes Ego glaubt: „Ich kann etwas tun. Wenn ich nicht hingehe und es selber mache, bricht alles zusammen." Das ist völlig falsch.

Die Wahrheit ist vielmehr, dass wir mit unserem Eingreifen alles verwirren und vereiteln. Mit all unserem Tun schaufeln wir nur unser eigenes Grab. Nur das erreichen wir mit all unseren ständigen Mühen und Anstrengungen. Mit jedem Atemzug schaffen wir nichts als Knechtschaft und schwere Sorgen. Unsere eigene schreckliche Situation führen wir selbst herbei.

Sind wir aber mit Gott verbunden, setzt seine gewaltige Schaffenskraft und göttliche Energie ein und übernimmt ihre Aufgabe. Diese starke positive Kraft wird alles für uns und auch für unsere Angehörigen, unsere Verwandten oder Freunde tun, sogar für jeden anderen Menschen, den wir auch nur ein wenig ins Herz geschlossen haben. Auch für diesen wird die gewaltige Energie unseres göttlichen Vaters alles vollbringen.

# Wir werden erfüllt sein von Gott und Liebe

Gott ist Liebe, Gott ist nur Liebe. Wenn wir von Gott erfüllt sind und frei von der Welt, sind wir wirklich voller Liebe. Dann können wir nicht anders, als Gott zu lieben und werden vom Scheitel bis zur Sohle von Liebe erfüllt.

Jetzt haben wir sehr wenig Liebe in uns; nur soviel, wie uns von Gott gegeben wurde, um in dieser Welt leben zu können ohne zu streiten und ohne uns gegenseitig umzubringen. Er hat uns genug gegeben, damit wir in der Lage sind, mit etwas Sympathie und Zuneigung und wenigstens etwas Liebesgefühl zu anderen Menschen zu leben.

Aber wenn unser Gemüt ganz rein und für Gott geöffnet ist, tritt Er ein und erfüllt uns mit immer mehr Liebe. Dann besitzen wir soviel Liebe zu Gott, dass nur noch Gott in unserem Gemüt ist, und da Gott Liebe ist, sind wir verkörperte Liebe. Wir sind erfüllt von Gott und Liebe.

18. Dezember

# O Mensch, meditiere über Gott

*O Mensch, meditiere über deinen Gott,*
*vernachlässige Ihn nicht,*
*ja selbst nicht für einen Augenblick.*

*Bette Ihn ein in den Schoß deines Gemütes,*
*rühme dich deines allmächtigen Gottes,*
*deines vollkommenen, reinen Herrn.*

*Von Kummer und Angst erlöst Er uns;*
*unsere zahllosen Sünden vergibt Er uns;*
*unerträgliche Leiden erspart Er uns.*

*Biete Ihm dein Herz an als Seinen Thron.*

*Meditiere über die Tugenden Deines göttlichen Vaters,*
*der die ganze Welt erhält.*

*Er ist der Herr über die Schöpfung.*
*Er ist der Gebieter über Maya.*
*Er ist Gott und Meister in einer Person.*

*O Mensch, in der Gesellschaft eines Meister-Heiligen*
*meditiere über deinen Vater Gott.*

Arjun Dev

# Keiner ist gut, keiner ist schlecht

Immer noch meinen wir, uns für weltliche Befähigungen, äußeren Besitz, attraktive Berufe einsetzen zu müssen, glauben, wir können mit Titeln und Reichtum Ansehen und Wert gewinnen, und dass uns dann ein wunderbares Leben erwartet. Noch immer wollen die Worte der Meister nicht in unsere Köpfe.

Auch ihr seid um nichts klüger. Ich spreche nicht von ‚jenen Leuten', nein, ich spreche von euch, die ihr noch immer nicht imstande seid zu begreifen.

Die Wahrheit ist einfach: Keiner ist gut, keiner ist schlecht; keiner ist stark, keiner ist schwach; keiner ist tauglich, keiner ist untauglich. Geht nur zu Ihm, und schon ist jeder der Beste. Gott hat ein weiches Herz, das heißt, Er wird eure Fehler und Mängel nicht beachten, sondern euch einfach segnen. Alle werden auf die gleiche Art gesegnet werden, ohne jeden Unterschied.

Glaubt mir, jeder von uns tut schreckliche Dinge. Aber keine Sorge – Er wird uns verzeihen. Er wird uns segnen. Das ist gewiss. Auch an Sündern wie uns kann Er Seine Freude haben. Seid also glücklich in Seiner Barmherzigkeit und Gnade, denn Er verzeiht. Darauf können wir bauen.

20. Dezember

# Das Gute vermehren

Jene, die meditieren und eine gute Verbindung nach innen haben, wirken nicht nur durch ihre Worte, sondern viel mehr durch ihre Ausstrahlung. Auf diese Weise vermehrt und vervielfacht sich das Gute. Das Gleiche gilt aber auch für das Negative. Wenn ein Mensch mit einer sehr negativen Einstellung mit anderen zusammen ist, strahlt er all seine Dunkelheit, seine Negativität aus, und die Menschen um ihn herum werden negativ aufgeladen. Ihre Gedanken und Herzen werden härter.

Wenn ihr aber in eurem Gutsein wirklich stark seid, dann werdet ihr überzeugen können. Es ist die Gabe Gottes, dass das Negative viel schwächer ist als das Positive. Deshalb werden euer Gemüt und euer Herz gereinigt, und allmählich fühlt ihr euch mehr erhoben.

Durch die Meditationen wird all das Negative, das ihr während des Tages und der Nacht angesammelt habt, herausgewaschen, und ihr könnt das Ziel erreichen.

# Der Zauber der Musik

Im 16. Jahrhundert lebte ein berühmter Sänger namens Afladun. Seine Musik war so überirdisch schön, dass sie nicht nur die Herzen der Menschen bewegte, sondern auch Steine zum Schmelzen brachte und Kerzen entzündete. Es wird erzählt, dass er sogar die Wolken so rühren konnte, dass sie zu regnen begannen.

Der König seines Landes ließ ihn oft an seinen Hof rufen, um sich an seiner Kunst zu erfreuen. Afladun aber war wie viele große Künstler eigenwillig, und es fiel ihm schwer, sich den Wünschen der anderen anzupassen. So schätzte er es auch nicht sehr, immer den Bitten des Königs Folge leisten zu müssen, kam es diesem doch mehr darauf an, von seinen Gästen als Förderer der Künste bewundert zu werden, als die Musik richtig zu genießen.

Eines Tages aber geschah es, dass er den Drang verspürte, den König zu besuchen. So begab er sich in den Palast und wurde mit Freude und Ehrerbietung empfangen. Hingebungsvoll begann er, fröhliche Weisen zu spielen. Die Zuhörer fingen an zu lachen und lachten so lange, bis er die Melodie änderte. Als er die neue Melodie spielte, traten den Zuhörern Tränen in die Augen, und sie begannen zu weinen und weinten so lange, bis er die Melodie abermals veränderte. Da sanken die Köpfe der Anwesenden zurück auf die samtenen Polster, und sie fielen alle in tiefen Schlaf.

Er zog ein Stück Papier aus seiner Tasche und schrieb darauf: „Afladun kam. Er machte euch lachen, er machte euch weinen, und nachdem er euch einschlafen ließ, machte er sich auf und davon." Diesen Zettel legte er vor den schlafenden König und verließ das Schloss auf leisen Sohlen.

22. Dezember

# Zum Frieden der Welt beitragen

Lasst uns sehen, wo wir stehen. Die Wolken der Vernichtung hängen drohend über uns mit ihren vollen Arsenalen, um jederzeit auf die Menschheit losgelassen zu werden. Die große Zerstörungskraft der Atombombe, wie sie in Hiroshima und Nagasaki erlebt wurde, wird inzwischen von weit schlimmeren Vernichtungswaffen übertroffen.

Ernst und gut gemeinte Bemühungen maßgeblicher Persönlichkeiten der Welt, sich der mächtigen Flutwoge der Vernichtung entgegenzustellen, sind erkennbar. Wir sind ihnen wohlgesonnen und wünschen ihnen Erfolg. Lasst auch uns einen Beitrag zu diesem großen Werk leisten und eine bedeutende Rolle dabei spielen, uns selbst, unseren Nächsten und der Welt Frieden zu bringen.

Ihr seid auf den Weg zu Gott gestellt. Lasst euch nicht von diesem Pfad abbringen. Übersteigt den Körper, um in die höheren Regionen zu fliegen, um euch selbst zu erkennen und zu sehen, dass ihr ein Tropfen vom großen Meer des Bewusstseins seid. Strahlt Liebe auf die gesamte Schöpfung aus.

Lasst durch jede Pore unseres Körpers strömen: „Liebe und Friede sei auf der ganzen Welt." Lasst diese Bombe des Friedens und guten Willens die Bomben der Vernichtung besiegen.

# Im Reich Gottes können wir für immer Weihnachten feiern

Es ist ein großer Vorzug, den Gott uns gewährt hat, dass wir im menschlichen Körper sind. Wir können als Menschen von dem höchsten Vorrecht Gebrauch machen, das höher ist als das von Göttern und Göttinnen. Wir stehen an der Spitze der gesamten Schöpfung Gottes. Selbst Götter sehnen sich danach, ein menschliches Leben zu erlangen. Von unserer Stufe aus können wir den Sprung in das Reich Gottes tun, das in unserem Körper ist.

"Das Reich Gottes kommt nicht durch äußere Gebärden, es ist inwendig in euch." Warum sollten wir es nicht finden und dort Weihnachten feiern? Wahre Weihnachtsfreude kann es nur in Seinem Reich, das unser ist, geben; denn Er ist unser Vater und Er liebt uns sehr.

Jene sind die Glückseligen, die den Weg in das Reich Gottes finden und dort für immer Weihnachten feiern können. Ist der Weg einmal gefunden, ist er für immer gefunden. Dort werden wir das ‚Brot und Wasser des Lebens' bekommen. Leben kommt von Leben, und nur die Seele, die für Leben empfänglich ist, kann es erhalten. Der Körper, den wir besitzen, ist von grobem Stoff und wird durch grobe Dinge dieser Welt ernährt, von ‚Brot und Wasser dieser Welt, die kein Leben in sich haben'. Die Seele jedoch hat das Anrecht, lebendige Nahrung zu bekommen: ‚Brot des Lebens und Wasser des Lebens'. Nur dieses lebendige Wesen ist fähig zu feiern.

Wir sollten lernen, Weihnachten so zu feiern, wie Jesus Christus es uns lehrte. Die Seele muss sich in den ‚heiligen Tempel Jerusalems' erheben und das heilige Festmahl mit unserem Vater halten. Wir werden mit Ihm das Abendmahl feiern und Er mit uns. Seit unserer Geburt in diesen Körper wartet Er sehnsüchtig auf uns.

24. Dezember

# In Christus geboren werden

Ihr Lieben in Gott, Weihnachten ist auf der ganzen Welt die Zeit der Freude. Aus diesem frohen und verheißungsvollen Anlass – der Geburt Christi – sende ich euch meine herzlichsten Glück- und Segenswünsche.

Ich möchte, dass jeder von euch in Christus geboren wird; denn die Christuskraft ist zugleich das Alpha und Omega der Schöpfung. Lernt, durch diese Meisterkraft zu leben, und ihr werdet wahrlich gesegnet sein. Das Licht des Lebens ist in euch, ja ihr lebt durch dieses Licht – ob ihr euch dessen bewusst seid oder nicht.

Die gesamte Schöpfung entstand durch dieses Licht, und dasselbe Licht leuchtet in jedem Herzen. Alle sind ihrer Natur nach göttlich, und in der Religion kommt die dem Menschen bereits innewohnende Göttlichkeit zum Ausdruck.

Dieses Licht des Lebens muss während des Lebens offenbar werden. Seid Zeuge dieses Lebenslichts, nicht nur in euch selbst, sondern auch in anderen, denn dasselbe Licht leuchtet überall, und es gibt keinen Ort, an dem es nicht wäre.

Erreicht ihr dieses Licht erst einmal und lernt durch es zu leben, wird sich euer Dasein völlig ändern. Liebe wird euer Wesen durchdringen; sie wird aus jeder Pore eures Körpers strömen und allen Unrat in pures Gold verwandeln.

Ihr müsst euch über das Körperbewusstsein erheben. Ihr müsst in das Reich Gottes wiedergeboren werden, in dem ihr den physischen Körper verlasst, d. h. den Tod erfahrt. „Es sei denn, dass jemand von neuem geboren werde, so kann er das Reich Gottes nicht sehen." Jeder muss wissen, wie man täglich stirbt, um sich des ewigen Lebens jenseits von Zeit und Raum erfreuen zu können.

# Das Wesen von Christi Leben und Lehren begreifen

Weihnachten gehört in die Reihe der Geburtstagsfeiern für Meister. „Der einzige Zweck, Feierlichkeiten zu begehen, die sich auf die spirituellen Meister beziehen, ist, dass wir ihre Lehren näher kennen lernen und ihnen folgen." Das sagte mein Meister Sant Kirpal Singh immer über die jährlichen ‚Bhandaras', die hier in Indien abgehalten werden. Wenn diese Feierlichkeiten nur dem weltlichen Vergnügen dienen, haben sie diesen Zweck nicht erfüllt.

Wir sollten daran denken, in welch erbärmliche Umstände Jesus Christus geboren wurde. Seine Familie war sehr arm. Er litt sein ganzes Leben lang und musste seinen Körper unter großen Qualen verlassen. Wie können wir uns vergnügen, wenn dieser Diener und Gottergebene so viel für uns erleiden musste? Ich meine nicht, dass wir traurig sein sollten, aber wir sollten versuchen, das Wesen von Christi Leben und Lehren zu begreifen, und dann sollten wir anderen dienen, indem wir täglich in das Reich Gottes gehen.

Er hat uns aufgefordert: „Lernt zu sterben, damit ihr zu leben beginnen könnt."

26. Dezember

# Freude und nochmals Freude

Die Meister tragen den Segen in euer Herz und in eure Seele und reinigen auch euer Gemüt und euren Intellekt. Euer Leben verändert sich rasch zum Guten und wird wunderbar, weil jeder Teil eures Körpers und eurer Existenz durch die große Kraft Gottes gesegnet wird. Wir werden Freude finden, wir werden glücklich sein – jeden Augenblick, jede Sekunde und mit jedem Teil unseres Körpers. Auch unsere Fingernägel werden von Glück erfüllt sein, unsere Haare, unser Kopf, die Nase, die Füße. Jeder einzelne Teil von uns wird von Freude durchdrungen sein. Alles wird Freude, Freude und nochmals Freude sein. Fasst jemand euren Finger an, wird er Freude spüren, berührt jemand einen eurer Fingernägel, wird er sich daran erfreuen.

Jene Kraft segnet nämlich nicht nur euch, sondern jeden, an den ihr denkt, mit dem ihr in Kontakt kommt oder der nur an euch denkt. Wenn der Meister an jemanden denkt, wird dieser Person geholfen und sie wird gesegnet. Und wer an den Meister denkt, der wird vom Strom des Göttlichen in Ihm berührt und gesegnet. Nicht, weil ihr den Meister liebt, sondern weil Er euch liebt. Niemand vermag den Meister wirklich zu lieben, allein der Meister vermag alle zu lieben. Hättet ihr euch bemüht, den Meister zu lieben, so hätte sich wirklich ein gewaltiger Strom des Friedens und der Liebe in euch ergossen.

# Nur durch Seine Gnade

*Er erschuf den Tag und die Nacht,*
*die Monate und die Jahreszeiten,*
*das Feuer, den Wind, das Wasser*
*und die niederen Regionen;*
*und in ihrer aller Mitte errichtete Er die Erde*
*als Dharm Khand, die Arena des Handelns.*

*Er bevölkerte sie mit*
*Geschöpfen vieler Farben und Formen,*
*Geschöpfen ohne Zahl.*

*Alle werden nach ihren Taten beurteilt;*
*denn wahr ist der Herr*
*und makellos Sein Gesetz.*

*Jene, die Ihm wohlgefällig sind,*
*werden in Seinem Reich geehrt,*
*und nur durch Seine Gnade*
*erfährt man diese Auszeichnung.*

*Die Unvollkommenen werden dort vollkommen.*
*O Nanak!*

*Dort wird dieses Mysterium enthüllt.*


Guru Nanak

# Mein Herz ist wirklich zu glücklich

Mein Herz ist wirklich zu glücklich, ich kann nicht sprechen – der Meister wischt sich die Augen – ich werde mich an euch erfreuen können. Wir werden uns aneinander erfreuen können. Wir werden miteinander lachen.

Aus Liebe weinen wir und in Liebe erfreuen wir uns – in einer Liebe, die keine Fesseln und Grenzen kennt.

Dies sind die wertvollen Augenblicke, deretwegen wir hier zusammen sind: wenn die Gemüter schweigen, es die Gemüter nicht mehr gibt und die Herzen sich öffnen. Die Gefühle des Herzens können niemals kontrolliert werden. Ihr könnt sie weder beherrschen noch erschaffen. Was aus den Tiefen eures Herzens kommt, explodiert wie eine Bombe. Ihr könnt es nicht kontrollieren.

Für uns heißt das, dass sich unsere Herzen so sehr in Liebe zu Gott in uns entwickeln, dass aller Hass, alles Negative vergehen wird. Denn Gott ist Liebe und Liebe ist Gott. Alle Süße und aller Frieden sind hier in Fülle vorhanden. Das ist die Vollkommenheit – wir werden uns daran erfreuen.

# Zuerst Gott, dann die Welt

Als mein Meister Sant Kirpal Singh seine Ausbildung abgeschlossen hatte, wollte er eine Entscheidung treffen: Gott oder die Welt. Beide sind sehr wichtig. Es geht nicht ohne die Welt und es geht nicht ohne Gott.

Eine Woche lang beschäftigte er sich mit diesem Problem, dann traf er seine Entscheidung: „Zuerst Gott, dann die Welt."

Ihr heiligen Seelen, die ihr direkt von meinem Meister initiiert worden seid, seid meines Meisters heilige Familie. Ich will euch weder belehren noch irgend etwas erzählen, sondern euch nur bitten, die Empfehlungen des Meisters zu beherzigen und zu versuchen, alles in Seine Hände zu legen. Dann wird euch alles gegeben werden.

Gehört Ihm und alles wird euch gehören; gehört dieser Welt und nichts wird euer eigen sein.

# Lebensprogramm

Ich bin ein Diener der Armen, der Niedrigen und der Verlorenen.
In aller Demut arbeite ich im Weinberg des Herrn.

Ich lege euch ein Lebensprogramm vor:
- Einfachheit,
- Liebe zur Menschheit,
- Dienst an den Armen.

Lernt, eure ganze Arbeit Gott zum Opfer zu bringen und wachst in der Demut.

Solche Gottergebenen werden für den Dienst an der Menschheit gebraucht. Nicht ihre Anzahl ist wesentlich, sondern die Qualität und die Gesinnung der Arbeiter.

Liebe ist die Wurzel und Liebe ist die Frucht des Lebensbaumes.

Erkennt das Geheimnis des Lebens!

# Fremdwortverzeichnis

*Adi Granth*: Die heilige Schrift der Sikhs. „Adi" heißt wörtlich „von Anbeginn", „Granth" heißt „heiliges Buch" oder „heiliges Schriftstück". Eine weitere Bezeichnung ist „Gurbani", das heißt wörtlich „die heiligen Worte aus dem Munde der Meister selbst".

*Ashram*: wörtlich „Rat erbitten" oder „mit dem eigenen Selbst Zwiesprache halten"; heilige Wohnstätte, Einsiedelei, Stätte der inneren Einkehr, wo ein Meister seine Schüler um sich versammelt und sie unterrichtet.

*Auflösung, allgemeine*: Auflösung der Astral- und Kausalebene (erste und zweite feinstoffliche Ebene) sowie der physischen Ebene.

*Auflösung, große*: Auflösung der ersten bis zur vierten Ebene sowie der physischen Ebene. Lediglich die fünfte Ebene, Sach Khand genannt, bleibt erhalten. Diese ist rein spirituell und unzerstörbar.

*Baba Jaimal Singh*: bekannt als Baba Ji (1839-1903), der Meister von Baba Sawan Singh und Schüler von Soami Ji; lebte in Beas.

*Baba Sawan Singh*: Hazur Sawan Singh (1858-1948), stammte aus dem Punjab, lebte als Nachfolger von Baba Jaimal Singh in Beas; der Meister von Sant Kirpal Singh.

*Beas*: spiritueller Ort am Beas-Fluß im Norden Indiens, im Bundesstaat Himachal Pradesh liegend, wo auch Baba Sawan Singh lebte.

*Drei Welten*: die physische, die astrale und die kausale Welt.

*Füße des Meisters*: oder auch „Lotusfüße des Meisters". Damit ist nicht der physische Körper gemeint, sondern dieses Bild steht für die Hingabe des Schülers an seinen Meister.

*Gemüt*: Der Meister verwendet im Englischen dafür das Wort „mind". Er bezeichnet damit das Ich-Empfinden, die Gedanken und Gefühle, das Vorstellungsvermögen, die Absichten und Wünsche des Menschen, also die vom

Unterbewussten geprägte Gedanken- und Gefühlswelt. In der deutschen Sprache ist es hier mit „Gemüt" übersetzt.

*Guru*: spiritueller Lehrer; vom Sanskrit her als „Zerstreuer der Dunkelheit" oder als „Lichtbringer" bezeichnet.

*Guru Gobind Singh*: (1666-1708), 9. Guru der Sikhs in der Nachfolge Guru Nanaks.

*Guru Nanak*: (1469-1539), 1. Guru der Sikhs, Begründer der Sikh-Religion.

*Guru Ram Das*: (1534-1581), 3. Guru der Sikhs in der Nachfolge Guru Nanaks.

*Initiation*: Einweihung; Einführung in etwas Verborgenes; hier: Einführung in die Meditation auf das innere Licht und den inneren Ton durch den lebenden kompetenten Meister.

*Jap Ji*: der erste Teil des Adi Granths; enthält die Lehre von Guru Nanak und stellt die Essenz des Adi Granths in Hymnen niedergeschrieben dar.

*Kal*: wörtlich: Zeit oder Tod; Bereich des Zeitlichen; der Name für jene Kraft, welche die drei vergänglichen Welten (Körper, Gemüt und Intellekt) beherrscht und regiert; auch Bezeichnung für „Negativkraft".

*Karma*: das Gesetz der Kausalität, also das Gesetz von Ursache und Wirkung; die Frucht der Handlungen, Worte und Gedanken aus den vergangenen Lebensläufen und dem gegenwärtigen Leben. Man unterscheidet drei verschiedene Arten von Karma:
1. Lagerkarma oder Vorratskarma (Sanchit), das in einer unendlichen langen Reihe von Inkarnationen angehäuft wurde und das in zukünftigen Inkarnationen abgezahlt werden muss;
2. Schicksalskarma (Pralabdha), das unsere derzeitige Existenz bewirkt;
3. Saatkarma (Kriyaman), stellt das Ergebnis oder die Frucht dessen dar, was wir im jetzigen Leben verursachen.

*Lichtgestalt*: göttliches Licht, auch „strahlende Form des Meisters" genannt.

*Lotus des Herzens*: ein Bild für die Liebe und Hingabe an den Schöpfer.

*Mahabharata*: Nationalepos der Inder, religiöses Heldenlied, das mehr als 80.000 Verse umfasst.

*Maya*: Ursache für die spirituelle Blindheit, die verkehrte Betrachtungsweise des Seins. Sie lässt den Menschen nicht den allen Dingen innewohnenden Gott erkennen.

*Meditation*: langanhaltende ganzheitliche Sammlung der Aufmerksamkeit auf ein Objekt. Hier bezeichnet es die gesammelte, liebevolle, innere Hinwendung zu Gott in zwei Formen, nämlich der Meditation auf das Licht und den Ton, die im Inneren wahrnehmbar sind und mit denen der Schüler bei der Initiation verbunden wird.

*Meister*: vermittelt die bewusste Erfahrung des Tonstroms (Naam) und führt den Schüler auf dem inneren spirituellen Pfad.

*Naam*: siehe *Tonstrom*.

*Parshad*: (auch Prashad), etwas, was durch die Gnade des Meisters geheiligt und gesegnet worden ist (z.B. Speisen oder Süßigkeiten).

*Sach Khand*: Bereich der Wahrheit, unvergänglich; esoterisch: die fünfte spirituelle Ebene, unsere wahre Heimat, die Wohnstatt des Meisters.

*Sangat*: Gemeinschaft von Gottsuchenden (Satsangis).

*Sant Kirpal Singh*: (1894-1974), Meister des jetzt lebenden Meisters Sant Thakar Singh und Schüler Baba Sawan Singhs; gründete den Sawan Ashram in Delhi und die Manav Kendra Zentren.

*Sant Mat:* Der Weg der Meister, der heilige Pfad (sant = heilig, mat = Weg, Pfad). Bezeichnung für die Lehre vom inneren Licht- und Tonstrom und der Lehrer, welche sie vermitteln. Ein anderer Name dafür ist *Surat Shabd Yoga* (siehe dort).

*Sat Naam*: der wahre Name; (Sat = die ewige Wahrheit; Naam = der Name, das „Wort", der Logos oder Shabd, der Tonstrom).

*Sat Purush*: Gott, der wahre Herr; Herrscher über die höchste Ebene und aller darunter liegenden Ebenen.

*Satsang*: Verbindung mit der Wahrheit; Zusammensein und Gemeinschaft mit einem Heiligen oder einem vollendeten Meister.

*Satsangi*: jemand, der von einem wahren Meister eingeweiht ist; Schüler eines Vollendeten.

*Sat Yuga*: Goldenes Zeitalter im Gegensatz zum *Kali Yuga*, dem Eisernen Zeitalter, in dem wir uns derzeit befinden.

*Shabd*: der innere Tonstrom; identisch mit „Naam", dem „Wort", Logos, kalma (Koran), nad (Veden); die himmlische Musik der Sphären.

*Sikhs*: wörtlich Schüler, Jünger; die Anhänger Guru Nanaks und seiner neun Nachfolger werden Sikhs genannt.

*Simran*: wörtlich „wiederholen" oder „erinnern". Gemeint ist das Wiederholen der heiligen Namen Gottes, die der Meister dem Schüler als Hilfe und Unterstützung gibt.

*Soami Ji*: Soami Shiv Dayal Singh (1818-1878), großer Heiliger aus Agra; Meister des Surat Shabd Yoga.

*Surat Shabd Yoga*: (surat = Aufmerksamkeit, Shabd = Ton) praktische Anleitung zur Verbindung des individuellen Bewusstseins mit dem ursprünglichen Lebensstrom, wahrnehmbar als innerer Licht- und Tonstrom.

*Tai Ji*: Madame Hardevi, Haushälterin von Baba Sawan Singh und von Sant Kirpal Singh.

*Tonstrom* oder *Tonprinzip*: das „Wort" (Naam), aus dem die gesamte Schöpfung von Gott erschaffen wurde. Naam als transzendentes Licht und transzendenter Ton sind die Offenbarungen Gottes, die der Schüler bewusst erfährt.

*Veden*: die vermutlich ältesten heiligen Schriften der Welt (über 5000 Jahre alte Überlieferungen).

*Vishnu*: (auch Lord Vishnu genannt), der Erhalter, Gottheit der Hindu-Dreifaltigkeit (Brahma, Vishnu und Shiva = Schöpfer, Erhalter und Zerstörer).

*Wesenheiten*: Kräfte, die eigenen Gesetzmäßigkeiten gehorchen und die sich in einem Menschen verselbständigen können; man spricht dann auch von Besessenheit, z.B. durch Dämonen.

# Meister des Sant Mat

## Sant Thakar Singh

Sant Thakar Singh wurde am 26. März 1929 in einem kleinen Dorf im nordindischen Bundesstaat Punjab geboren. Nach dem Studium der Ingenieurwissenschaften trat er 1951 in den indischen Staatsdienst ein. Sechsundzwanzig Jahre lang war er als Wasserbauingenieur an vielen Orten in Indien tätig.

Im Jahr 1966 traf er seinen spirituellen Meister Sant Kirpal Singh und führt seit 1976 dessen spirituelles Werk fort.

Er ist nun im Ruhestand, verwitwet und lebt von seiner Pension. Für seine Vorträge und Unterweisungen erhält er keinerlei Honorar. Spenden gibt er ausnahmslos und direkt weiter für ideelle Zwecke und die von Schülern gegründeten Vereine.

Auf Einladung seiner Schüler hat er auf seinen zahlreichen und monatelangen Reisen Menschen in allen fünf Erdteilen besucht. Weltweit, jedoch überwiegend in Indien, gibt es etwa zwei Millionen Menschen, die durch ihn die Initiation erhalten haben. Bei seinen Auslandsaufenthalten werden Zusammenkünfte veranstaltet, sogenannte ‚Retreats', bei denen Tausende seiner Schüler und Besucher zusammenkommen.

Sant Thakar Singh lebt hauptsächlich in Indien, wo er ebenfalls viele Reisen unternimmt und dazwischen zurückgezogen in den Bergen des Himalaya meditiert.

Aufgrund der großen Zahl der Initiierten und Interessenten sowie des umfangreichen Tagesprogramms von Sant Thakar Singh ist es nicht mehr möglich, ihn zu besuchen oder ihm Briefe zu schreiben. Jedoch stehen Repräsentanten in vielen Ländern zur Verfügung für besondere Anliegen in Verbindung mit dem spirituellen Weg von Sant Mat, für Auskünfte über den Meister, seine Reisen und Besuche und bei der Vermittlung von Kontaktpersonen, die Fragen zu Sant Mat beantworten können.

## Sant Kirpal Singh

Der Lehrer von Sant Thakar Singh war Sant Kirpal Singh. Dieser wurde geboren am 6. Februar 1894 in der nordindischen Region von Rawalpindi als jüngster von drei Söhnen. Er war verheiratet und hatte zwei Söhne. Sechsunddreißig Jahre arbeitete er in leitender Stellung als Rechnungsprüfer bei der indischen Armee.

1924 traf er seinen Lehrer Baba Sawan Singh, nachdem er ihn sieben Jahre zuvor in seinen Meditationen erblickt hatte. Im Jahr 1948 beauftragte ihn dieser, sein spirituelles Werk fort zu führen.

Sant Kirpal Singh unternahm zahlreiche Reisen auf dem indischen Subkontinent und drei ausgedehnte Weltreisen. Er war Begründer und Leiter von vier Konferenzen der Weltreligionen und der Unity of Man Conference. Er stand in Kontakt mit vielen Persönlichkeiten des geistigen und politischen Lebens, wie den damaligen indischen Ministerpräsidenten J. Nehru und S. Radhakrishnan oder Papst Paul VI. Als erster Nicht-Christ wurde er Träger des Ordens der Ritter von Malta. Er verfasste zahlreiche Bücher und gründete die Manav Kendra Zentren (Be good – do good – be one) für unentgeltliche Ausbildung, medizinische Hilfe und freie Altersversorgung. Am 21. August 1974 verließ Sant Kirpal Singh seinen Körper.

## Baba Sawan Singh

Baba Sawan Singh, auch genannt der ‚Heilige von Beas', wurde am 27. Juli 1858 im Ludhiana Distrikt des Punjab geboren. Wie auch Sant Kirpal Singh und Sant Thakar Singh war er verheiratet. Seiner Ehe entstammten drei Söhne. Fünfundzwanzig Jahre arbeitete er im technischen Dienst der indischen Armee.

Nach über fünfzehn Jahren intensiver spiritueller Suche traf er seinen spirituellen Lehrer Baba Jaimal Singh, der ihn 1894 in den Weg des Sant Mat initiierte. Fünfundvierzig Jahre, bis zu seinem Ende am 2. April 1948, wirkte er als dessen Nachfolger.

Baba Sawan Singh war der Erbauer der Dera am Beas-Strom, einem großen und weitbekannten spirituellen Zentrum. Ausgedehnte Reisen führten ihn bis in das heutige Pakistan. Ein umfangreicher Schriftwechsel verband ihn mit seinen Schülern aus dem Westen.

## Frühere Meister des Sant Mat

| | |
|---|---|
| Nam Dev | 1269 – 1344 |
| Kabir | 1398 – 1518 |
| Ravi Das | 14./15. Jahrhundert |
| Guru Nanak | 1469 – 1539 |
| Amar Das | 1479 – 1574 |
| Bhagat Bhikan | 1480 –1573 |
| Ram Das | 1534 – 1581 |
| Angad | 1538 – 1552 |
| Arjun Dev | 1563 – 1606 |
| Har Govind | 1606 – 1638 |
| Teg Bahadur | 1621 – 1675 |
| Har Rai | 1638 – 1660 |
| Har Kisan | 1660 - 1664 |
| Gobind Singh | 1675– 1708 |
| Tulsi Sahib | 1788 – 1848 |
| Soamiji | 1818 – 1878 |
| Jaimal Singh | 1839 – 1903 |

# Quellenverzeichnis

Die Texte zu den einzelnen Tagen stammen, soweit im Einzelnachweis nicht anders angegeben, aus den nachstehenden Quellen.

Dabei wurden die Geschichten zum Teil nacherzählt und die Textauszüge aus längeren Kapiteln dem Seitenumfang dieses Buches angepaßt.

| | |
|---|---|
| Adi Granth | Voigts, Gisela: Hymnen aus dem Adi Granth. Wundersam ist Dein Spiel, Geliebter meiner Seele. Edition NAAM: Cadolzburg, 1997 |
| Ebner, Meister | Ebner, Maria: Begegnungen mit einem Meister. Edition NAAM: Cadolzburg, 1997 |
| Erkenntnis | Schlüssel der Erkenntnis. NAAM Verlag im Kirpal Ruhani Satsang: Cadolzburg, 1989 |
| Geschichten | Puchner; Leibnitz (Hrsg.): Gute Geschichten machen uns gut. Edition NAAM: Cadolzburg, 1996 |
| Geschichten alt | Thakar Singh: Gute Geschichten machen uns gut. NAAM-Verlag: Cadolzburg, 1984 |
| Kirpal, Crown | Kirpal Singh: The Crown of Life. A Study in Yoga. Chandigarh Ruhani Satsang Society: Chandigarh, 1988 |
| Kirpal Sandesh | Zeitschrift Kirpal Sandesh. Herausgegeben von Ruhani Satsang, Gruppe München (E. Donig) |
| Kirpal, Elixir | Kirpal Singh: Spiritual Elixir. Timeless Excerpts from Correspondence. Ruhani Satsang: Anaheim (California). 1988 |
| Kirpal, Jap Ji | Kirpal Singh: The Jap Ji. The Message of Guru Nanak. Ruhani Satsang: Anaheim (California), 1995 |
| Kirpal, Jungle | Kirpal Singh: The Night is a Jungle. Sant Bani Ashram: Sanbornton (New Hampshire), 1976 |
| Kirpal, Lehren 1 | Kirpal Singh: Lehren Band 1 u. 2: Der heilige Pfad und die Meditation. Edition NAAM: Cadolzburg, 1995 |
| Kirpal, Lehren 2 | Kirpal Singh: Lehren Band 3: Das neue Leben. Edition NAAM: Cadolzburg, 1993 |
| Kirpal, Light | Kirpal Singh: The Light of Kirpal. Sant Bani Ashram: Sanbornton (New Hampshire), 1984 |
| Kirpal, Morgen | Kirpal Singh: Morgengespräche. Ruhani Satsang München, 1986 |

| | |
|---|---|
| Kirpal, Naam | Kirpal Singh: Naam or Word. Ruhani Satsang: Anaheim (California), 1981 |
| Kirpal, Tod | Kirpal Singh: Mysterium des Todes. Edition NAAM: Augsburg, 2000 |
| Master News | Zeitschrift Master News. Hrsg. Holosophische Gesellschaft Deutschland: Augsburg |
| Sant Mat | Zeitschrift Sant Mat. Hrsg. Edition NAAM: Cadolzburg |
| Sawan, Gems | Sawan Singh: Spiritual Gems. Extracts from letters to seekers and disciples. Radha Soami Satsang Beas: Punjab, India, 1976 |
| Thakar, Briefe | Thakar Singh: Briefe lebendiger Liebe. Edition NAAM: Cadolzburg, 1983 |
| Thakar, Euro 1 | Thakar Singh: Satsangs im Euroretreat Bd. 1: Zeit für die Seele. Edition NAAM: Cadolzburg, 1995 |
| Thakar, Euro 2 | Thakar Singh: Satsangs im Euroretreat Bd. 2: Auf den Schwingen von Licht und Ton. Edition NAAM: Cadolzburg, 1995 |
| Thakar, Euro 3 | Thakar Singh: Satsangs im Euroretreat Bd. 3: Geborgen in Gottes Hand. Edition NAAM: Cadolzburg, 1996 |
| Thakar, Leben | Thakar Singh: Leben als Seele. Ausgewählte Vorträge aus Europa und Nordamerika 1998. Edition NAAM: Augsburg, 1999 |
| Thakar, Seele | Thakar Singh: Wenn die Seele zu leben beginnt. Edition NAAM: Cadolzburg, 1989 |
| Thakar, Ton | Thakar Singh: Lauscht dem inneren Ton. Edition NAAM: Cadolzburg, 1996 |

# Im Einzelnen stammen die Texte aus folgenden Quellen:

| | | | | | | |
|---|---|---|---|---|---|---|
| 1. 1. | Sant Mat | 1/93 | | 16. 1. | Thakar, Euro 1 | S. 196 |
| 2. 1. | Sant Mat | 3/89 | | 17. 1. | Kirpal, Morgen | S. 161 |
| 3. 1. | Sant Mat | 2/83 | | 18. 1. | Thakar, Euro 2 | S. 85 |
| 4. 1. | Thakar, Euro 1 | S. 213 | | 19. 1. | Thakar Singh | Wien, 8.7.79 |
| 5. 1. | Ebner, Meister | S. 10 | | 20. 1. | Ebner, Meister | S. 12 |
| 6. 1. | Geschichten | S. 109 | | 21. 1. | Thakar, Euro 1 | S. 29 |
| 7. 1. | Kirpal, Morgen | S. 145 | | 22. 1. | Erkenntnis | S. 5 |
| 8. 1. | Sant Mat | 9/92 | | 23. 1. | Geschichten alt | S. 89 |
| 9. 1. | Adi Granth | S. 18 | | 24. 1. | Kirpal, Elixir | S. 208 |
| 10. 1. | Kirpal, Elixir | S. 55 | | 25. 1. | Sant Mat | 3/89 |
| 11. 1. | Sant Mat | S. 18 | | 26. 1. | Kirpal, Elixir | S. 20 |
| 12. 1. | Sant Mat | 3/82 | | 27. 1. | Kirpal, Elixir | S. 355 |
| 13. 1. | Kirpal, Jap Ji | S. 87 | | 28. 1. | Thakar, Euro 1 | S. 45 |
| 14. 1. | Sant Mat | 8/83 | | 29. 1. | Kirpal, Elixir | S. 273 |
| 15. 1. | Sant Mat | 10/83 | | 30. 1. | Thakar, Euro 1 | S. 287 |

| Datum | Quelle | Seite |
|---|---|---|
| 31. 1. | Kirpal, Lehren 2 | S. 31 |
| 1. 2. | Kirpal, Morgen | S. 24 |
| 2. 2. | Sawan, Gems | S. 98 |
| 3. 2. | Thakar, Euro 2 | S. 36 |
| 4. 2. | Thakar, Euro 2 | S. 87 |
| 5. 2. | Geschichten | S. 24 |
| 6. 2. | Kirpal, Elixir | S. 349 |
| 7. 2. | Thakar, Euro 1 | S. 52 |
| 8. 2. | Erkenntnis | S. 12 |
| 9. 2. | Kirpal, Morgen | S. 29 |
| 10. 2. | Thakar, Seele | S. 215 |
| 11. 2. | Erkenntnis | S. 7 |
| 12. 2. | Kirpal, Jap Ji | S. 100 |
| 13. 2. | Thakar, Leben | S. 308 |
| 14. 2. | Sant Mat | 11/83 |
| 15. 2. | Kirpal, Elixir | S. 131 |
| 16. 2. | Thakar, Ton | S. 111 |
| 17. 2. | Sant Mat | 11/92 |
| 18. 2. | Kirpal, Morgen | S. 193 |
| 19. 2. | Kirpal, Elixir | S. 8 |
| 20. 2. | Ebner, Meister | S. 16 |
| 21. 2. | Kirpal, Jap Ji | S. 120 |
| 22. 2. | Sant Mat | 11/89 |
| 23. 2. | Geschichten | S. 31 |
| 24. 2. | Sant Mat | 10/83 |
| 25. 2. | Kirpal, Elixir | S. 15 |
| 26. 2. | Adi Granth | S. 22 |
| 27. 2. | Thakar, Euro 2 | S. 119 |
| 28. 2. | Master News | S. 19 |
| 29. 2. | Master News | 5/96 |
| 1. 3. | Kirpal, Lehren 2 | S. 25 |
| 2. 3. | Kirpal, Elixir | S. 297 |
| 3. 3. | Geschichten alt | S. 190 |
| 4. 3. | Kirpal, Morgen | S. 26 |
| 5. 3. | Thakar, Euro 1 | S. 84 |
| 6. 3. | Kirpal, Jap Ji | S. 90 |
| 7. 3. | Thakar, Euro 2 | S. 241 |
| 8. 3. | Geschichten | S. 47 |
| 9. 3. | Sant Mat | 1/85 |
| 10. 3. | Thakar, Ton | S. 157 |
| 11. 3. | Kirpal, Elixir | S. 207 |
| 12. 3. | Kirpal, Elixir | S. 347 |
| 13. 3. | Sawan, Gems | S. 146 |
| 14. 3. | Thakar, Ton | S. 15 |
| 15. 3. | Thakar, Euro 1 | S. 62 |
| 16. 3. | Thakar, Ton | S. 29 |
| 17. 3. | Geschichten | S. 34 |
| 18. 3. | Thakar, Ton | S. 169 |
| 19. 3. | Adi Granth | S. 23 |
| 20. 3. | Thakar, Euro 1 | S. 233 |
| 21. 3. | Erkenntnis | S. 24 |
| 22. 3. | Geschichten | S. 32 |
| 23. 3. | Kirpal, Morgen | S. 121 |
| 24. 3. | Adi Granth | S. 24 |
| 25. 3. | Kirpal, Morgen | S. 90 |
| 26. 3. | Sant Mat | 7/93 |
| 27. 3. | Ebner, Meister | S. 25 |
| 28. 3. | Sant Mat | 5/94 |
| 29. 3. | Sant Mat | 5/82 |
| 30. 3. | Kirpal, Light | S. 398 |
| 31. 3. | Thakar, Ton | S. 44 |
| 1. 4. | Adi Granth | S. 115 |
| 2. 4. | Sawan, Gems | S. 365 |
| 3. 4. | Thakar, Seele | S. 152 |
| 4. 4. | Thakar, Euro 1 | S. 287 |
| 5. 4. | Thakar, Seele | S. 160 |
| 6. 4. | Geschichten | S. 163 |
| 7. 4. | Kirpal, Morgen | S. 78 |
| 8. 4. | Kirpal, Morgen | S. 27 |
| 9. 4. | Thakar, Seele | S. 130 |
| 10. 4. | Kirpal, Jap Ji | S. 94 |
| 11. 4. | Thakar, Seele | S. 158 |
| 12. 4. | Kirpal, Morgen | S. 149 |
| 13. 4. | Geschichten | S. 135 |
| 14. 4. | Kirpal, Elixir | S. 345 |
| 15. 4. | Thakar, Seele | S. 208 |
| 16. 4. | Thakar, Seele | S. 199 |
| 17. 4. | Thakar, Seele | S. 155 |
| 18. 4. | Thakar Singh | Oregon, 2002 |
| 19. 4. | Thakar, Seele | S. 219 |
| 20. 4. | Thakar, Seele | S. 221 |
| 21. 4. | Erkenntnis | S. 13 |
| 22. 4. | Kirpal, Jap Ji | S. 123 |
| 23. 4. | Thakar, Seele | S. 127 |
| 24. 4. | Sawan, Gems | S. 275 |
| 25. 4. | Thakar, Seele | S. 75 |
| 26. 4. | Thakar, Seele | S. 369 |
| 27. 4. | Thakar, Seele | S. 214 |

| | | | | | | |
|---|---|---|---|---|---|---|
| 28. 4. | Ebner, Meister | S. 27 | | 11. 6. | Kirpal, Lehren 2 | S. 103 |
| 29. 4. | Kirpal, Light | S. 298 | | 12. 6. | Kirpal, Jap Ji | S. 123 |
| 30. 4. | Kirpal, Jungle | S. 18 | | 13. 6. | Thakar, Leben | S. 130 |
| 1. 5. | Kirpal, Elixir | S. 80 | | 14. 6. | Sawan, Gems | S. 161 |
| 2. 5. | Thakar, Euro 1 | S. 117 | | 15. 6. | Geschichten alt | S. 156 |
| 3. 5. | Adi Granth | S. 29 | | 16. 6. | Kirpal, Elixir | S. 75 |
| 4. 5. | Kirpal, Morgen | S. 178 | | 17. 6. | Thakar, Ton | S. 50 |
| 5. 5. | Geschichten | S. 60 | | 18. 6. | Thakar, Leben | S. 125 |
| 6. 5. | Thakar, Euro 2 | S. 35 | | 19. 6. | Sant Mat | 10/88 |
| 7. 5. | Thakar, Leben | S. 210 | | 20. 6. | Kirpal, Morgen | S. 68 |
| 8. 5. | Thakar, Seele | S. 211 | | 21. 6. | Thakar, Seele | S. 356 |
| 9. 5. | Thakar, Euro 2 | S. 23 | | 22. 6. | Kirpal, Morgen | S. 45 |
| 10. 5. | Sant Mat | 2/83 | | 23. 6. | Kirpal Sandesh | 1/89 |
| 11. 5. | Kirpal, Elixir | S. 156 | | 24. 6. | Thakar Singh | Frankr., 5.5.94 |
| 12. 5. | Geschichten | S. 61 | | 25. 6. | Sant Mat | 10/88 |
| 13. 5. | Thakar Singh | Frankr., 6.5.94 | | 26. 6. | Kirpal, Jap Ji | S. 101 |
| 14. 5. | Thakar, Euro 2 | S. 254 | | 27. 6. | Kirpal, Morgen | S. 28 |
| 15. 5. | Ebner, Meister | S. 46 | | 28. 6. | Kirpal, Morgen | S. 96 |
| 16. 5. | Thakar, Leben | S. 208 | | 29. 6. | Thakar, Leben | S. 165 |
| 17. 5. | Kirpal, Elixir | S. 55 | | 30. 6. | Ebner, Meister | S. 53 |
| 18. 5. | Adi Granth | S. 55 | | 1. 7. | Kirpal, Lehren 2 | S. 68 |
| 19. 5. | Kirpal, Morgen | S. 173 | | 2. 7. | Geschichten | S. 97 |
| 20. 5. | Thakar, Euro 1 | S. 133 | | 3. 7. | Sant Mat | 3/94 |
| 21. 5. | Geschichten | S. 63 | | 4. 7. | Thakar, Leben | S. 235 |
| 22. 5. | Thakar, Euro 2 | S. 222 | | 5. 7. | Adi Granth | S. 13 |
| 23. 5. | Thakar, Euro 1 | S. 144 | | 6. 7. | Thakar, Seele | S. 360 |
| 24. 5. | Kirpal, Morgen | S. 200 | | 7. 7. | Sant Mat | 3/94 |
| 25. 5. | Thakar, Euro 2 | S. 218 | | 8. 7. | Geschichten | S. 27 |
| 26. 5. | Thakar Singh | Jesolo, 26.9.96 | | 9. 7. | Thakar, Seele | S. 107 |
| 27. 5. | Thakar, Euro 1 | S. 263 | | 10. 7. | Kirpal, Elixir | S. 177 |
| 28. 5. | Kirpal, Lehren 2 | S. 104 | | 11. 7. | Thakar, Euro 1 | S. 241 |
| 29. 5. | Kirpal, Light | S. 299 | | 12. 7. | Ebner, Meister | S. 65 |
| 30. 5. | Geschichten | S. 186 | | 13. 7. | Sant Mat | 1/83 |
| 31. 5. | Thakar, Leben | S. 300 | | 14. 7. | Sant Mat | 5/94 |
| 1. 6. | Sant Mat | 9/92 | | 15. 7. | Thakar, Leben | S. 285 |
| 2. 6. | Thakar, Euro 1 | S. 38 | | 16. 7. | Geschichten | S. 192 |
| 3. 6. | Kirpal, Morgen | S. 145 | | 17. 7. | Thakar, Ton | S. 35 |
| 4. 6. | Adi Granth | S. 37 | | 18. 7. | Sant Mat | 12/93 |
| 5. 6. | Sawan, Gems | S. 25 | | 19. 7. | Kirpal, Jap Ji | S. 103 |
| 6. 6. | Thakar, Leben | S. 166 | | 20. 7. | Kirpal, Morgen | S. 31 |
| 7. 6. | Sant Mat | 10/81 | | 21. 7. | Kirpal, Morgen | S. 56 |
| 8. 6. | Thakar Singh | Jesolo, 1.6.98 | | 22. 7. | Sant Mat | 10/83 |
| 9. 6. | Thakar, Seele | S. 223 | | 23. 7. | Thakar, Leben | S. 252 |
| 10. 6. | Thakar, Leben | S. 166 | | 24. 7. | Thakar, Euro 1 | S. 65 |

| | | | | | | |
|---|---|---|---|---|---|---|
| 25. 7. | Thakar, Seele | S. 57 | | 7. 9. | Thakar, Ton | S. 162 |
| 26. 7. | Ebner, Meister | S. 63 | | 8. 9. | Thakar, Seele | S. 115 |
| 27. 7. | Sawan, Gems | S. 129 | | 9. 9. | Sant Mat | 5/93 |
| 28. 7. | Sant Mat | 10/88 | | 10. 9. | Adi Granth | S. 47 |
| 29. 7. | Thakar, Leben | S. 305 | | 11. 9. | Ebner, Meister | S. 66 |
| 30. 7. | Kirpal, Elixir | S. 278 | | 12. 9. | Sant Mat | 11/89 |
| 31. 7. | Thakar Singh | Indien, 2.10.83 | | 13. 9. | Thakar, Ton | S. 47 |
| 1. 8. | Kirpal, Light | S. 344 | | 14. 9. | Geschichten | S. 106 |
| 2. 8. | Thakar, Seele | S. 111 | | 15. 9. | Thakar Singh | Jesolo, 21.9.96 |
| 3. 8. | Geschichten | S. 179 | | 16. 9. | Sawan, Gems | S. 144 |
| 4. 8. | Sawan, Gems | S. 253 | | 17. 9. | Thakar, Ton | S. 171 |
| 5. 8. | Thakar, Seele | S. 96 | | 18. 9. | Geschichten | S. 110 |
| 6. 8. | Ebner, Meister | S. 67 | | 19. 9. | Kirpal, Elixir | S. 181 |
| 7. 8. | Sant Mat | 3/87 | | 20. 9. | Sant Mat | 6/82 |
| 8. 8. | Thakar, Briefe | S. 141 | | 21. 9. | Kirpal, Crown | S. 149 |
| 9. 8. | Sant Mat | 3/87 | | 22. 9. | Kirpal, Jap Ji | S. 112 |
| 10. 8. | Adi Granth | S. 46 | | 23. 9. | Sant Mat | 3/89 |
| 11. 8. | Thakar, Seele | S. 139 | | 24. 9. | Thakar, Ton | S. 179 |
| 12. 8. | Geschichten alt | S. 172 | | 25. 9. | Kirpal, Naam | S. 179 |
| 13. 8. | Sant Mat | 10/88 | | 26. 9. | Geschichten | S. 116 |
| 14. 8. | Kirpal, Elixir | S. 117 | | 27. 9. | Sant Mat | 11/89 |
| 15. 8. | Kirpal, Elixir | S. 292 | | 28. 9. | Sant Mat | 12/93 |
| 16. 8. | Geschichten | S. 98 | | 29. 9. | Kirpal, Light | S. 185 |
| 17. 8. | Sant Mat | 12/93 | | 30. 9. | Kirpal, Elixir | S. 69 |
| 18. 8. | Sant Mat | 10/91 | | 1. 10. | Sant Mat | 4/90 |
| 19. 8. | Ebner, Meister | S. 20 | | 2. 10. | Kirpal, Morgen | S. 50 |
| 20. 8. | Kirpal, Elixir | S. 110 | | 3. 10. | Geschichten | S. 112 |
| 21. 8. | Kirpal, Tod | S. 37 | | 4. 10. | Thakar, Briefe | S. 146 |
| 22. 8. | Thakar, Seele | S. 39 | | 5. 10. | Thakar, Leben | S. 303 |
| 23. 8. | Thakar, Seele | S. 70 | | 6. 10. | Adi Granth | S. 121 |
| 24. 8. | Geschichten | S. 104 | | 7. 10. | Thakar, Euro 1 | S. 172 |
| 25. 8. | Thakar, Seele | S. 137 | | 8. 10. | Kirpal, Elixir | S. 200 |
| 26. 8. | Sant Mat | 11/83 | | 9. 10. | Sant Mat | 5/82 |
| 27. 8. | Thakar, Euro 1 | S. 100 | | 10. 10. | Kirpal, Elixir | S. 184 |
| 28. 8. | Ebner, Meister | S. 21 | | 11. 10. | Thakar, Euro 1 | S. 59 |
| 29. 8. | Kirpal, Light | S. 185 | | 12. 10. | Kirpal, Jap Ji | S. 104 |
| 30. 8. | Geschichten | S. 177 | | 13. 10. | Thakar, Euro 2 | S. 139 |
| 31. 8. | Sant Mat | 10/83 | | 14. 10. | Sant Mat | 11/83 |
| 1. 9. | Kirpal, Crown | S. 148 | | 15. 10. | Sant Mat | 2/81 |
| 2. 9. | Kirpal, Elixir | S. 68 | | 16. 10. | Thakar, Seele | S. 211 |
| 3. 9. | Kirpal, Jap Ji | S. 117 | | 17. 10. | Kirpal, Morgen | S. 143 |
| 4. 9. | Kirpal, Morgen | S. 28 | | 18. 10. | Thakar, Seele | S. 120 |
| 5. 9. | Thakar Singh | Jesolo, 16.9.96 | | 19. 10. | Geschichten | S. 111 |
| 6. 9. | Thakar, Seele | S. 125 | | 20. 10. | Kirpal, Morgen | S. 132 |

| | | | | | | |
|---|---|---|---|---|---|---|
| 21. 10. | Thakar, Euro 1 | S. 99 | | 4. 12. | Sant Mat | 8/83 |
| 22. 10. | Sant Mat | 7/93 | | 5. 12. | Thakar, Seele | S. 189 |
| 23. 10. | Adi Granth | S. 54 | | 6. 12. | Sant Mat | 12/89 |
| 24. 10. | Kirpal, Morgen | S. 209 | | 7. 12. | Kirpal, Light | S. 223 |
| 25. 10. | Ebner, Meister | S. 83 | | 8. 12. | Sant Mat | 10/83 |
| 26. 10. | Thakar, Euro 1 | S. 267 | | 9. 12. | Kirpal, Elixir | S. 11 |
| 27. 10. | Master News | 6/97 | | 10. 12. | Geschichten | S.17 |
| 28. 10. | Geschichten alt | S. 160 | | 11. 12. | Kirpal, Lehren 2 | S. 174 |
| 29. 10. | Sant Mat | 10/83 | | 12. 12. | Kirpal, Lehren 1 | S. 107 |
| 30. 10. | Sant Mat | 4/90 | | 13. 12. | Sant Mat | 9/92 |
| 31. 10. | Ebner, Meister | S. 86 | | 14. 12. | Ebner, Meister | S. 98 |
| 1. 11. | Kirpal, Jap Ji | S. 97 | | 15. 12. | Thakar, Seele | S. 182 |
| 2. 11. | Thakar, Euro 3 | S. 172 | | 16. 12. | Kirpal, Morgen | S. 32 |
| 3. 11. | Sant Mat | 11/83 | | 17. 12. | Sant Mat | 12/89 |
| 4. 11. | Geschichten | S. 200 | | 18. 12. | Thakar, Seele | S. 178 |
| 5. 11. | Thakar, Seele | S. 101 | | 19. 12. | Adi Granth | S. 69 |
| 6. 11. | Kirpal, Light | S. 376 | | 20. 12. | Sant Mat | 12/89 |
| 7. 11. | Thakar, Seele | S. 22 | | 21. 12. | Sant Mat | 7/93 |
| 8. 11. | Geschichten | S. 122 | | 22. 12. | Geschichten | S. 145 |
| 9. 11. | Sant Mat | 2/83 | | 23. 12. | Kirpal, Elixir | S. 330 |
| 10. 11. | Thakar, Euro 1 | S. 139 | | 24. 12. | Thakar Singh | Weihn., 1978 |
| 11. 11. | Kirpal Singh | 28.9.62 | | 25. 12. | Kirpal, Elixir | S. 341 |
| 12. 11. | Kirpal, Lehren 2 | S. 131 | | 26. 12. | Thakar Singh | Weihn., 1978 |
| 13. 11. | Thakar, Euro 2 | S. 86 | | 27. 12. | Thakar, Euro 1 | S. 69 |
| 14. 11. | Geschichten | S. 57 | | 28. 12. | Kirpal, Jap Ji | S. 118 |
| 15. 11. | Kirpal, Elixir | S. 102 | | 29. 12. | Thakar Singh | Delhi, 14.3.88 |
| 16. 11. | Sawan, Gems | S. 274 | | 30. 12. | Sant Mat | 9/92 |
| 17. 11. | Kirpal, Elixir | S. 191 | | 31. 12. | Kirpal, Elixir | S. 359 |
| 18. 11. | Thakar, Seele | S. 20 | | | | |
| 19. 11. | Kirpal, Jap Ji | S. 116 | | | | |
| 20. 11. | Thakar, Seele | S. 58 | | | | |
| 21. 11. | Thakar, Seele | S. 194 | | | | |
| 22. 11. | Geschichten | S. 131 | | | | |
| 23. 11. | Thakar, Euro 2 | S. 13 | | | | |
| 24. 11. | Thakar, Seele | S. 179 | | | | |
| 25. 11. | Thakar, Euro 1 | S. 109 | | | | |
| 26. 11. | Geschichten | S. 74 | | | | |
| 27. 11. | Erkenntnis | S. 30 | | | | |
| 28. 11. | Thakar, Ton | S. 42 | | | | |
| 29. 11. | Sant Mat | 2/83 | | | | |
| 30. 11. | Ebner, Meister | S. 89 | | | | |
| 1. 12. | Sant Mat | 10/83 | | | | |
| 2. 12. | Kirpal, Naam | S. 169 | | | | |
| 3. 12. | Sant Mat | 8/82 | | | | |

# Gelebte Spiritualität

**BEGEGNUNGEN MIT EINEM MEISTER**
Maria Ebner,
104 S., Paperback,
ISBN: 3-930103-31-1

**GOTT + ICH**
Fragen und Antworten auf dem spirituellen Weg
Hrsg. Edition NAAM, 284 S.,
Klappenbroschur, ISBN: 3-930103-52-4

„Diese Kurzgeschichten schildern aus allernächster Nähe die mannigfaltige und konkrete Hilfe, die ein geistiger Lehrer unserer Zeit geben kann.
Die Autorin erzählt, was sie erlebt und beobachtet hat bei Gesprächen und Vorträgen ihres Meisters Sant Thakar Singh. Ob Frage und Antwort oder kurze Episode, der Sinngehalt reicht weit über das Gesagte hinaus. Zum Besinnen und Nachdenken - voller Weisheit und Leichtigkeit.

Wer sich kritisch Fragen zur eigenen Existenz stellt, trifft dabei irgendwann auf Gott. In „Gott und ich" wurden vielerlei Fragen zusammengestellt und thematisch miteinander verbunden. Sie entstammen zahlreichen Begegnungen und Interviews von Menschen aus aller Welt mit Sant Thakar Singh. Die Antworten des Meisters enthüllen die Wahrheit in Weisheit und Liebe und betonen eine praktisch gelebte Spiritualität. Inspiration und Lebenshilfe für jeden, der sich diesem spannenden inneren Prozess der Selbsterkenntnis stellen möchte.

EDITION NAAM
Edition Naam GmbH, Regensburgerstr. 55a, 92318 Neumarkt
Tel: 0049-0180-5525664, Fax: 0049-0180-5525665
email: order@edition-naam.com, www.edition-naam.com

# Sant Kirpal Singh

## MYSTERIUM DES TODES
2. Auflage 2000, Neuübersetzung,
Kirpal Singh, 144 S., Paperback,
ISBN: 3-930103-48-6

## DAS RAD DES LEBENS
Unser Karma- unser Schicksal
2. Auflage 2001,
Kirpal Singh, 118 S., Paperback,
ISBN: 3-930103-49-4

„Dieses Buch ist eines der wenigen Werke, in denen östliche und westliche Weisheitslehren eine fruchtbare Beziehung miteinander eingehen. Zitate aus den Evangelien, den Veden, dem Koran, aber auch moderner Philosophen und Lyriker des Westens beleuchten den ihnen gemeinsamen Kern: „Lerne zu sterben, damit du zu leben beginnst."

*LebensART 03/97*

Die Ereignisse und Schicksale auf dieser Welt lassen an der Existenz Gottes zweifeln. Erst durch das Karma, dem Gesetz von Ursache und Wirkung, wird deutlich, welches Prinzip all dem zugrunde liegt. Dieses Werk vermittelt grundlegendes Wissen über das Gesetz des Karma und zeigt dem Leser gleichzeitig den Weg, wie er sich darüber erheben und sein Leben frei gestalten kann, anstatt es zu „erleiden".

Edition Naam GmbH, Regensburgerstr. 55a, 92318 Neumarkt
Tel: 0049-0180-5525664, Fax: 0049-0180-5525665
email: order@edition-naam.com, www.edition-naam.com

EDITION
NAAM